AF878589

JÖRG TENCKHOFF

Die Bedeutung des Ehrbegriffs für die Systematik der Beleidigungstatbestände

Strafrechtliche Abhandlungen · Neue Folge

Herausgegeben von Dr. Eberhard Schmidhäuser
ord. Professor der Rechte an der Universität Hamburg

in Zusammenarbeit mit den Strafrechtslehrern der deutschen Universitäten

Band 21

Die Bedeutung des Ehrbegriffs für die Systematik der Beleidigungstatbestände

Von

Dr. Jörg Tenckhoff

DUNCKER & HUMBLOT / BERLIN

Zur Aufnahme in die Reihe empfohlen
von Prof. Dr. Karl Lackner, Heidelberg

Gedruckt 1974 bei Buchdruckerei Bruno Luck, Berlin 65
Printed in Germany
ISBN 3 428 03238 1

Inhaltsverzeichnis

Abkürzungen

AE	Alternativentwurf
ArchCrimR	Archiv des Criminalrechts
AT 75	Allgemeiner Teil des Strafgesetzbuches i. d. F. des EGStGB v. 2. 3. 1974 (BGBl. I, S. 469)
BayObLGSt	Entscheidungen des Bayerischen Obersten Landesgerichts in Strafsachen (zitiert zunächst nach Band und Seite, ab 1950 zitiert nach Jahr und Seite)
BGHSt	Entscheidungen des Bundesgerichtshofs in Strafsachen
BGHZ	Entscheidungen des Bundesgerichtshofs in Zivilsachen
BVerfGE	Entscheidungen des Bundesverfassungsgerichts
bei Dallinger	Übersicht über die Rechtsprechung des BGH in Strafsachen von Wilhelm Dallinger in der Monatsschrift für Deutsches Recht
DR	Deutsches Recht
DJ	Deutsche Justiz
DÖV	Deutsche Öffentliche Verwaltung
DRZ	Deutsche Rechtszeitschrift
DStR	Deutsches Strafrecht, Neue Folge
E	Entwurf
E 1962	Entwurf 1962
GA	Goltdammer's Archiv für Strafrecht (zitiert zunächst nach Band und Seite, ab 1953 zitiert nach Jahr und Seite)
GroßArch	Archiv für Kriminal-Anthropologie und Kriminalistik
GS	Der Gerichtssaal. Zeitschrift für Strafrecht, Strafprozeß, Gerichtliche Medizin, Gefängnißkunde und ausländische Literatur
HöchstRR	Höchstrichterliche Rechtsprechung auf dem Gebiete des Strafrechts (hrsg. von Feisenberger). Beilage zur ZStW
HRR	Höchstrichterliche Rechtsprechung. Vereinigte Entscheidungssammlung
IKV	Mitteilungen der Internationalen Kriminalistischen Vereinigung
JMBlNRW	Justizministerialblatt für das Land Nordrhein-Westfalen
JR	Juristische Rundschau
JurA	Juristische Analysen
JW	Juristische Wochenschrift
JZ	Juristenzeitung
KglOLGSt München	Sammlung von Entscheidungen des Kgl. Oberlandesgerichts München in Gegenständen des Strafrechts und Strafprozesses

LK	Leipziger Kommentar
LM	Entscheidungen des Bundesgerichtshofs im Nachschlagewerk des Bundesgerichtshofs von Lindenmaier / Möhring
LR	Löwe / Rosenberg
Logos	Logos. Internationale Zeitschrift für Philosophie und Kultur
Materialien	Materialien zur Strafrechtsreform. Bonn 1956 ff.
MDR	Monatschrift für deutsches Recht
MoKrimBi	Monatsschrift für Kriminalbiologie und Strafrechtsreform
Motive	Motive zum Strafgesetzbuch für den Norddeutschen Bund. In: Stenographische Berichte, Bd. 3, S. 67 ff.
MschrKrim	Monatsschrift für Kriminologie und Strafrechtsreform
NdsRpfl	Niedersächsische Rechtspflege
Niederschriften	Niederschriften über die Sitzungen der Großen Strafrechtskommission. 9. Band. Bonn, 1959
NJW	Neue Juristische Wochenschrift
OGHSt	Entscheidungen des Obersten Gerichtshofes für die Britische Zone in Strafsachen
Recht	Das Recht
RGSt	Entscheidungen des Reichsgerichts in Strafsachen
RGZ	Entscheidungen des Reichsgerichts in Zivilsachen
RiStBV	Richtlinien für das Strafverfahren und das Bußgeldverfahren
RMG	Entscheidungen des Reichsmilitärgerichts
Rspr	Rechtsprechung des Deutschen Reichsgerichts in Strafsachen
SchwZStR	Schweizerische Zeitschrift für Strafrecht
Sitzungsbericht	Niederschriften über die Sitzungen der Unterkommissionen zur Vorbereitung eines Entwurfs des Besonderen Teils eines Strafgesetzbuchs. 3. Bd., III. Unterkommission. Bonn 1961
Stenographische Berichte	Stenographische Berichte über die Verhandlungen des Reichstages des Norddeutschen Bundes, 1. Leg.Per., Sess. 1870
StRZ	Deutsche Strafrechtszeitung
VDB	Vergleichende Darstellung des Deutschen und Ausländischen Strafrechts, Besonderer Teil
VE	Vorentwurf
VersR	Versicherungsrecht. Juristische Rundschau für die Individualversicherung
ZAkDR	Zeitschrift der Akademie für Deutsches Recht
ZfdR	Zeitschrift für deutsches Recht und deutsche Rechtswissenschaft
ZStW	Zeitschrift für die gesamte Strafrechtswissenschaft

Einleitung

Seit Adolph Dietrich *Webers* dreibändiger Monographie „Über Iniurien und Schmähschriften“ ist die Flut strafrechtlicher — aber auch außerstrafrechtlicher[1] — Abhandlungen über das Wesen der Ehre nicht zum Stillstand gekommen, wobei zahlreiche grundlegende Fragen geklärt und wesentliche Erkenntnisse erzielt werden konnten. Da es bei einer Reihe von Streitfragen „fast Sache des Temperaments ist, für welchen Standpunkt man sich entscheiden“ soll[2], hat jedoch die Fülle des Schrifttums allenthalben zu einem „bellum omnium contra omnes“[3] geführt, der dem unbefangenen Leser um so unverständlicher erscheinen muß, als in der Terminologie geradezu eine babylonische Sprachverwirrung herrscht[4]. In dieser Situation hat *Hirsch* in seiner Bonner Habilitationsschrift[5] die Diskussion mit wertvollen neuen Gedanken bereichert und weitergeführt.

Gleichwohl ist keineswegs das Ehrproblem abschließend gelöst und „das Wissenswerte schon ausgesprochen“[6]. Vielmehr müssen gerade auf Grund der Arbeit *Hirschs* bislang als gesichert geltende Positionen überdacht[7] und neu auftretende Probleme gelöst und eingeordnet werden. Noch ein weitgespannter Aufgabenbereich liegt darin, das Erarbeitete zusammenzufassen, dogmatische Fehler und kriminalpolitische Unzuträglichkeiten aufzuzeigen sowie Lücken auszufüllen.

Daß es sich bei der Bestimmung des Ehrbegriffs nicht einfach um eine dogmatische Spielerei handelt, mag ein Blick auf die Rechtsprechung

---

[1] Insbesondere seit der mit BGHZ 13, 334 einsetzenden Anerkennung des allgemeinen Persönlichkeitsrechts (vgl. hierzu den Überblick bei *Erman / Weitnauer*, Anh. zu § 12 BGB, Rn. 33 ff.).

[2] *v. Lilienthal*, VDB IV, S. 454 zur Frage der Zulassung des Wahrheitsbeweises.

[3] *Hurwicz*, ZStW 31, 873; vgl. auch Hans-Werner *Hoffmann*, S. 1.

[4] So bezeichnen im Gegensatz zu der gängigen Terminologie (vgl. dazu *Frank*, StGB, I vor § 185) beispielsweise *Kohler*, GA 47, 1 den guten Ruf als „subjektive Ehre“, *v. Dohna*, DStR 1941, 34/36; *Hälschner*, Deutsches Strafrecht, S. 158 Anm. 1 sowie *Krug*, S. 94 das Ehrgefühl als „innere Ehre“ und *Binding*, BT I, S. 138 Anm. 2 den inneren Wert als „subjektive Ehre“.

[5] *Hirsch*, Hans Joachim: Ehre und Beleidigung, Karlsruhe 1967.

[6] So *Delaquis*, S. 157 zur Problematik des Wahrheitsbeweises.

[7] So haben sich *Welzel* in der 11. Auflage seines Lehrbuchs *Hirsch* völlig, *Herdegen* in der Neubearbeitung des Leipziger Kommentars weitgehend angeschlossen.

dartun: Im Gegensatz zu Fällen der üblen Nachrede (§ 186 StGB) wird bei ehrenrührigen Tatsachenbehauptungen gegenüber dem Betroffenen Vorsatz auch hinsichtlich der Unwahrheit gefordert[8], ein Ergebnis, das einen Ehrenschutz in diesem Bereich praktisch illusorisch macht[9] und eindeutig auf einer Entscheidung des Großen Senats in Strafsachen beruht, die als Angriffsobjekt der Beleidigung die innere Ehre des Menschen *und* seine darauf beruhende Geltung festgelegt hat[10]. Die systematische Abgrenzung und Auslegung der Beleidigungstatbestände ist somit abhängig von dem Verständnis des Ehrbegriffs.

Wenn *Kern*[11] schon im Jahre 1912 die Vernachlässigung der Systematik bedauert hat, so hat dieser Hinweis in der Zwischenzeit nichts an Aktualität eingebüßt. Will man dem Manko ernsthaft beikommen, ist deshalb eine eingehende *Klärung des Ehrbegriffs* unerläßlich; jeder andere Weg gliche „der Fahrt eines Schiffes ohne Kompaß"[12]. Denn nahezu alle strafrechtlichen Tatbestände sind nach einem oder mehreren Rechtsgütern ausgerichtet, so daß Ausgangspunkt jeglicher Systematisierung nur die Festlegung des Rechtsguts[13] sein kann; dabei müssen ihm, wenn es sich wie bei der Ehre — anders als bei dem Leben oder Eigentum — nicht um ein „handfestes" materielles Gut handelt, nach Form und Inhalt feste Konturen gegeben werden.

Das ist insofern mit nicht geringen Schwierigkeiten verbunden, als die Ehre nicht nur „ein überaus zartes Gewebe, ... das jeder Windhauch zerstören kann"[14], sondern auch ein derart undurchsichtiges ist, daß man in der großen Fülle der Literatur vergebens nach einer klaren, leicht verständlichen und überzeugenden *Darstellung der für die Systematik wesentlichen Ehraspekte* Ausschau hält. Ziel der vorliegenden Arbeit ist es, diese Lücke zu schließen.

Dabei soll nicht die Bedeutung des Ehrbegriffs für andere Fragen, insbesondere der nach der Beleidigungsfähigkeit von Kollektivpersonen, verkannt werden. Da aber unter diesem Blickwinkel bereits überzeugende Darstellungen vorliegen[15], erschien eine Beschränkung der Untersuchung auf die Bedeutung des Ehrbegriffs für die Systematik

---

[8] Vgl. BayObLG NJW 1959, 57; OLG Köln NJW 1964, 2121.

[9] Zutreffend *Hartung*, NJW 1959, 640; 1965, 1743.

[10] BGHSt 11, 67/70 f.

[11] Abgrenzung, S. 1.

[12] *Hirsch*, Ehre, S. 12.

[13] Vgl. *Baumann*, Lehrbuch, S. 154; *Binding*, BT I, S. 5 f.; *Jescheck*, Lehrbuch, S. 194 f.; *Maurach*, AT, S. 213; BT, S. 8 f.; *Hassemer*, S. 28, 57 f.; *Mittasch*, S. 102. a. A. *Eisler*, S. 51.

[14] *Allfeld*, GS 93, 225/231.

[15] Vgl. aus neuerer Zeit insbesondere *Krug*, Paul Eberhard: Ehre und Beleidigungsfähigkeit von Verbänden, Berlin 1965.

der Beleidigungstatbestände angebracht, zumal — gewissermaßen als Abfallprodukt — die hier gewonnenen Ergebnisse der Lösung weiterer Probleme nutzbar gemacht werden können.

Unter *Beleidigungstatbeständen* werden im folgenden lediglich die §§ 185 - 187 StGB unter Ausschluß der Kreditgefährdung, bei der es sich nach ganz herrschender Ansicht [16] um ein selbständiges, in den 14. Abschnitt verirrtes Vermögensdelikt handelt, verstanden. Denn erst wenn geklärt ist, wie der Ehrbegriff aussieht, der den §§ 185 ff. StGB zugrundeliegt, kann die weitere Frage beantwortet werden, ob auch andere Straftatbestände[17] die gleiche Schutzrichtung haben[18].

Der im Gesetz nirgendwo definierte Begriff „Ehre" soll also in seiner Bedeutung als Rechtsgut der Beleidigungstatbestände erarbeitet werden. Vor allem wird interessieren, ob die oben skizzierte Rechtsprechung zutrifft, die dem § 185 StGB einen anderen Ehrbegriff zuweist als den §§ 186, 187 StGB. Sollte dies nicht zutreffen, kann die Abgrenzung der Tatbestände voneinander allein nach der Art der Angriffshandlung[19] erfolgen[20].

---

[16] Vgl. RGSt 31, 63/65; 44, 158/160; *Binding*, BT I, S. 160, 499; *Herdegen*, LK, 9 zu § 187; *Kohlrausch / Lange*, III zu § 187; *Olshausen / Hörchner*, 6 zu § 187; *Schaefer*, LK, 8. Aufl., II zu § 187; *Lackner*, Niederschriften, S. 45; *v. Lilienthal*, VDB IV, S. 458; Vorbem. vor § 137 AE, Begr. S. 17; a. A. *Maurach*, BT, S. 147; *Schönke / Schröder*, 6 zu § 187. *Koschmann*, S. 25 ff. betont die enge Verwandtschaft und wechselseitige Abhängigkeit von Kredit und Ehre. Eine ganz andere Frage ist es, ob der Ehrinhalt auch materieller Natur sein kann (vgl. etwa den bei *Kattenbusch*, S. 53 angeführten Ausspruch des Begründers des Hauses Rothschild: „Wer mir mein Geld nimmt, nimmt mir meine Ehre.").

[17] Außerhalb des 14. Abschnitts die §§ 90, 90 a, 103, 130 und 131 StGB.

[18] Vgl. zu § 189 StGB überzeugend *Hirsch*, Ehre, S. 125 ff.

[19] Dagegen keinesfalls nach dem dolus (so aber *Freudenstein*, S. 6).

[20] Ähnlich *Kern*, Abgrenzung, S. 6.

Erster Teil

Versuche, den Beleidigungstatbeständen ein anderes Rechtsgut als die Ehre zugrundezulegen

In den bisherigen Ausführungen wird als selbstverständlich die Ehre als das den §§ 185 ff. zugrundeliegende Rechtsgut betrachtet; und auch in Rechtsprechung[1] und Lehre[2] findet sich im allgemeinen nur die lapidare Behauptung, das legislatorische Schutzobjekt der Beleidigungstatbestände sei die Ehre. Doch so ganz unstreitig war das nicht immer. So wurde in der Vergangenheit die Beleidigung auch als Persönlichkeitsverletzung[3], als Seelenschmerzzufügung[4] und als Angriff auf den öffentlichen[5] oder privaten[6] Frieden verstanden[7]. Es ist daher zunächst im Wege der Auslegung zu ermitteln, ob diese Auffassungen zutreffen oder ob in den §§ 185 - 187 StGB nicht doch die Ehre und — abgesehen von der bereits ausgeschiedenen Kreditgefährdung — nur die Ehre das geschützte Rechtsgut ist.

I. Beleidigung als Persönlichkeitsverletzung

Bei der — namentlich von *Eckstein*[1] — vertretenen Ansicht, die die Beleidigung als Persönlichkeitsverletzung sieht[2], ist zu beachten, daß

---

[1] Vgl. u. a. RGSt 3, 433/435; 71, 159/160; RG Rspr 9, 572; BGHSt 1, 228/289.

[2] So etwa bei *Herdegen*, LK, 1 vor § 185; *Kern*, Abgrenzung, S. 7; *Schönke / Schröder*, 1 vor § 185.

[3] Vgl. insbesondere *Eckstein*, S. 76.

[4] Vor allem *v. Bar*, GS 52, 81/87.

[5] Vgl. insbesondere *Bassenge*, S. 27 ff., 50 ff.

[6] Anklänge bei *Bockelmann*, Niederschriften, S. 23.

[7] Die Ansicht, daß zwar nicht die Ehre selbst, wohl aber Ruf und Ehrgefühl als Ehrreflexe geschützt werden (so vor allem *v. Dohna*, ZStW 57, 158 und DStR 1941, 34/35), wird des systematischen Zusammenhanges wegen gemeinsam mit den Ansichten, die in Ruf und Ehrgefühl Ehraspekte sehen, behandelt werden.

[1] S. 76; ebenso *Zimmermann*, GA 25, 97/101; Anklänge finden sich auch bei *Eisler*, S. 82. Nicht hierher gehörig *Bruhns*, GS 27, 481 ff.; wenn er den „Menschen selbst" als Objekt der Beleidigung bezeichnet (S. 498), so beruht dies auf einer Verwechslung von Rechtsgut und Handlungsobjekt.

[2] In diesem Sinne wird bekanntlich auch die römisch-rechtliche iniuria verstanden; vgl. *Mommsen*, S. 784 ff.

die Persönlichkeit keineswegs als Rechtsgut aufgefaßt wird[3]. *Eckstein* erblickt vielmehr das Wesen der Beleidigung darin, daß sie im Gegensatz zu den anderen Delikten, die ja alle auf der Nichtachtung der Persönlichkeit der Mitmenschen beruhten, *einzig und allein* die Nichtachtung bezwecke[4]; hier liege zwischen dem allen Delikten gemeinsamen Objekt, der ideellen Persönlichkeit, und dem Subjekt des Delikts gerade keinerlei Rechtsgut[5]. Es stünden sich also bei den sog. Ehrverletzungen ideelle Persönlichkeit und deren Nichtachtung *unvermittelt* gegenüber[6].

Für diese Ansicht scheinen zunächst die Ausführungen des Berichterstatters bei den Reichtagsverhandlungen[7] zu sprechen, nämlich „daß man in der Tat hier zu dem weiteren römischen Begriffe der iniuria zurückkehren wollte und daß man gewisse Dinge unter die Strafbedingungen des Abschnitts bringen wollte, die bisher nicht darunter fielen und die auch durch die Bezeichnung „Verletzung der Ehre" nicht ohne weiteres getroffen werden würden"[8].

Diese Ausführungen dürfen indes nicht zu wörtlich genommen werden. Es bestand ja keine Veranlassung, das Verdienst der gemeinrechtlichen Doktrin, die Herausarbeitung der Beleidigung als ein Delikt, das die Persönlichkeit nur in bestimmter Beziehung, der Ehre, angreift[9], wieder rückgängig zu machen. Das Hauptanliegen des Gesetzgebers ging vielmehr dahin, die einfache Beleidigung, die in § 343 PrStGB als Übertretung strafbar war, in die Beleidigungsdelikte einzubeziehen[10]; ähnlich mag die Lage hinsichtlich der Kreditgefährdung gewesen sein, die ebenfalls in den 14. Abschnitt aufgenommen wurde, obwohl man keineswegs die Ehre als das Schutzgut ansah[11]. Man hat es daher allgemein nicht als sachliche Änderung verstanden, daß der 14. Abschnitt des Strafgesetzbuchs im Gegensatz zu dem entsprechenden Titel des PrStGB nicht mehr mit „Verletzungen der Ehre" überschrieben wurde[12].

---

[3] Vgl. aber auch RGSt 41, 61/62: „Da die Ehre mit der Persönlichkeit untrennbar verbunden ist, kann mithin als Gegenstand des Schutzes auch die Person des anderen bezeichnet werden."

[4] S. 70.

[5] S. 71.

[6] S. 76.

[7] Abgeordneter Dr. Meyer.

[8] Stenographische Berichte, Bd. 1, S. 645.

[9] *Köstlin*, ZfdR 15, 151 ff.; Abhandlungen, S. 7 ff.; vgl. hierzu auch *Eisler*, S. 28 ff.; *Thiel*, S. 22 ff.

[10] Vgl. *Beseler*, S. 320 ff.

[11] Vgl. oben S. 15.

[12] *Bickert*, S. 5 f.; *Dochow*, Handbuch III, S. 336.

Aus der Entstehungsgeschichte kann folglich kein zwingendes Argument für die Ansicht *Ecksteins* gewonnen werden.

Auf der anderen Seite ist ihr entgegenzuhalten, daß sie schwerlich mit der heute im Schrifttum herrschenden Auffassung vom Verbrechen als Rechtsgutsverletzung[13] zu vereinbaren ist. Denn, wie *Bassenge* zu Recht betont[14], kann Angriff gegen die Persönlichkeit nur so gemeint sein, daß Pflichten in Ansehnung der Persönlichkeit verletzt würden[15]. Hiermit aber geht diese Meinung in die Pflichtverletzungstheorie der sog. „Kieler Schule“[16] über, die die liberal-rechtsstaatliche Forderung, daß das Strafrecht nur zum Schutz von Rechtsgütern oder Interessen berufen sei, durch die Auffassung vom Verbrechen als einer „entmaterialisierten Pflichtwidrigkeit“ ersetzte[17].

Eine Auseinandersetzung mit dieser Grundfrage staatlichen Strafens würde den Rahmen der vorliegenden Arbeit sprengen[18]. Es sei nur soviel bemerkt: Auf ein bestimmtes Rechtsgut kann, wenn überhaupt, nur in ganz seltenen Ausnahmefällen verzichtet werden, nämlich wenn das unter Strafe gestellte Verhalten wirklich ein derartiges Maß an Sozialschädlichkeit aufweist, daß eine Pönalisierung unabweisbar erscheint[19]. Ob dieses Maß bei jeglicher Persönlichkeitsverletzung erreicht wird, mag indes mit Fug bezweifelt werden.

Aber auch ganz abgesehen von allen dogmatischen Erwägungen ist uns die Rückkehr zum römisch-rechtlichen Iniurienbegriff bereits aus verfassungsrechtlichen Erwägungen verschlossen: Gemäß Art. 103 Abs. 2 GG[20] kann eine Tat nur bestraft werden, wenn die Strafbarkeit

---

[13] *Baumann*, Lehrbuch, S. 143 f.; Hellmuth *Mayer*, Grundriß, S. 52 Anm. 5; *Maurach*, AT, S. 216; *Schmidhäuser*, AT, S. 111 f.; *Schönke / Schröder*, 21 und 23 vor § 1; wohl auch *Stratenwerth*, AT, S. 29 f.; *Welzel*, Lehrbuch, S. 2 ff. Nicht zutreffend ist hingegen die Behauptung *Maurachs* (AT, S. 216), die von *Frank* (StGB, IV vor § 1) vertretene Auffassung, es seien auch Verbrechen ohne Rechtsgutsbeziehung denkbar, werde heute nur noch ganz vereinzelt geteilt; vgl. etwa *Gallas*, GA 1957, 315/318; ders. in Heidelberger Jahrbücher 1965, 1/8, 11; *Hanack*, Gutachten, S. 32; *Jescheck*, Lehrbuch, S. 195.

[14] S. 25.

[15] Der Einwand richtet sich daher nicht nur gegen *Eckstein*, der ja bei der Beleidigung ausdrücklich auf ein Rechtsgut verzichtet (vgl. oben S. 17), sondern auch gegen diejenigen, die dies nicht expressis verbis tun.

[16] *Dahm*, Grundfragen, S. 62 ff.; ZStW 57, 225 ff.; *Kempermann*, S. 1 ff.; *Schaffstein*, Grundfragen, S. 108 ff.; DStR 1937, 335 ff.; ZStW 57, 295 ff.; siehe aber auch BGHSt 2, 364/368 mit Anm. *Krumme*, LM 13 zu § 263.

[17] *Maurach*, AT, S. 213. Gegen die Aufgabe des Rechtsgutsbegriffs, wenn auch mit anderer Begründung, *Mittasch*, S. 100 ff.

[18] Eine eingehende Untersuchung dieser Problematik findet sich bei *Gallas*, Gleispach-Festschrift, S. 50 ff., *Hassemer*, S. 87 ff. und *Jäger*, Strafgesetzgebung und Rechtsgüterschutz, S. 18 ff.

[19] *Hanack*, Gutachten, S. 32; sehr weitgehend aber E 1962, Begr. S. 376.

[20] In wörtlicher Übereinstimmung mit § 2 Abs. 1 StGB; vgl. auch Art. 7 Abs. 1 Menschenrechtskonvention (BGBl. 1952 II, S. 686).

gesetzlich bestimmt war, bevor die Tat begangen wurde. Das bedeutet u. a. auch, daß die Straftatbestände so formuliert sein müssen, daß sie eine feste und zuverlässige Grundlage für die Rechtsprechung bilden[21]. Das ist aber nur dann der Fall, wenn Sinn und Umfang eines Tatbestandes durch Auslegung eindeutig ermittelt werden können[22].

Der Gesetzgeber hat jedoch den Tatbestand des § 185 StGB überhaupt nicht formuliert, die §§ 186 und 187 StGB aber nur in einer Weise, die das tatbestandliche Angriffsobjekt[23] nicht einmal mit annähernder Deutlichkeit erkennen läßt[24]. Aus dem Wortlaut lassen sich daher Sinn und Umfang der Tatbestände nicht entnehmen. Dies wäre nur dann unschädlich, wenn ihnen Rechtsprechung und Lehre durch langandauernde gleichmäßige Übung feste Konturen gegeben hätten[25].

Wie oben gezeigt[26], hat die Rechtsprechung einhellig und das Schrifttum überwiegend die Beleidigung als Delikt gegen die Ehre aufgefaßt[27], wobei der Ehrbegriff zwar in seinen Randbezirken verschieden, in seinem Kern jedoch insofern einheitlich ausgelegt wird, als hierunter stets ein ethisch wertvolles Attribut der menschlichen Persönlichkeit verstanden wird[28]. Ob eine dahingehende Auslegung dem Bestimmtheitsgrundsatz des Art. 103 Abs. 2 GG Genüge leistet, mag hier dahinstehen. Jedenfalls aber verstößt infolge der gefestigten Rechtsprechung eine Auslegung, die den §§ 185 ff. StGB ein anderes und unbestimteres Schutzgut als die Ehre zugrundelegt, gegen den Grundsatz „nullum crimen sine lege".

---

[21] *Schönke / Schröder*, 64 zu § 2 mit weiteren Nachweisen.

[22] *Maunz / Dürig / Herzog*, Grundgesetz, 107 zu Art. 103; vgl. auch BGHSt 11, 365/377.

[23] Nur das Angriffsobjekt kann in den einzelnen Tatbeständen bezeichnet sein, nicht aber das Rechtsgut als bloßes Motiv des Normerlasses (vgl. Max *Hirschberg*, S. 34 f.); da beide aber nicht beziehungslos nebeneinander stehen (vgl. statt aller *Schmidhäuser*, AT, S. 25), vermag eine Fixierung des Rechtsguts das Fehlen der Angabe des Angriffsobjekts zu ersetzen (vgl. auch *Baumann*, Lehrbuch, S. 146).

[24] Vgl. *Kern*, Abgrenzung, S. 13. Den Schluß, den *Kern* aus dieser Tatsache zieht, daß gesetzliches Schutzobjekt und tatbestandliches Angriffsobjekt identisch sein müßten, ist allerdings verfehlt, was später noch ausführlich zu begründen sein wird. Zur Unterscheidung von Rechtsgut und Handlungsobjekt siehe *Baumann*, Lehrbuch, S. 146; *Maurach*, AT, S. 215 f.

[25] Vgl. BVerfGE 14, 245/252; 26, 41/43; *Lackner / Maassen*, 1 b zu § 2 sowie die Begründung zum E 1962, S. 317. Kritisch *Schroeder*, JZ 1969, 775/778.

[26] Vgl. oben S. 16 Fußn. 1 und 2.

[27] Meist wird dies historisch begründet; vgl. statt aller *Schierloh*, S. 2. Auch in ausländischen Rechten wird die Beleidigung durchweg in diesem Sinne verstanden (vgl. *Deipser*, Materialien Bd. 2, S. 199 ff.; *Hirsch*, Ehre, S. 40 ff.; *Sauer*, System, S. 351; *Simson / Geerds*, S. 303); so spricht etwa das österr. StGB in §§ 487 ff. ausdrücklich von „Ehrenbeleidigung".

[28] Vgl. unten S. 74 f.

Das gilt auch für die Lehre von der Beleidigung als *Persönlichkeitsverletzung,* obwohl die Judikatur infolge einer extensiven Auslegung des den konstanten Teil der Ehre bildenden Menschenwertes zahlreiche Verletzungen des sogenannten allgemeinen Persönlichkeitsrechts als Beleidigung behandelt[29]. Denn ausdrücklich wird der Anwendungsbereich auf herabwürdigende Achtungsverletzungen beschränkt[30], also stets auf eine soziale, sittliche oder eine den Kernbereich des Menschseins ausmachende *Werthaftigkeit* abgestellt[31]. Demgegenüber ist es nach der Ansicht *Ecksteins* gleichgültig, welche Aspekte der Persönlichkeit angegriffen werden, so daß etwa der Vorwurf von Krankheiten, aber auch *jegliche* Beeinträchtigung von Rechtspositionen sich als Beleidigungen darstellen.

Damit wird auf jede Beziehung zu einem noch so weit verstandenen Ehrbegriff verzichtet, so daß bereits aus verfassungsrechtlichen Erwägungen[32] die Theorie von der Beleidigung als Persönlichkeitsverletzung zu verwerfen ist[33] und daher im folgenden außer Betracht gelassen werden kann.

II. Beleidigung als Seelenschmerzzufügung

Hat das Verständnis der Beleidigung als einer Persönlichkeitsverletzung ihren Ursprung im römischen Recht[1], so beruht die Ansicht, das Wesen der Beleidigung sei allein in einer Gefühlsverletzung, der Erregung eines Seelenschmerzes, zu erblicken[2], auf germanischem Rechtsdenken[3]. Ihr Hauptvertreter, *v. Bar,* geht dabei davon aus, daß „Belei-

---

[29] Vgl. zu Einzelheiten unten S. 43 f.

[30] Vgl. statt aller OLG Oldenburg NJW 1963, 920 f.

[31] Die Zugrundelegung der Ehre als Schutzgut der §§ 185 ff. StGB ist daher kein bloßes Lippenbekenntnis, wenngleich die weite Auslegung nicht unbedenklich ist (vgl. unten S. 44 f.).

[32] Es erübrigt sich aus diesem Grunde eine Untersuchung der Frage, ob nicht die Strafbarkeitsgrenze unerträglich weit ausgedehnt würde, wenn durch die §§ 185 ff. StGB all das geschützt werden sollte, was im Zivilrecht als „allgemeines Persönlichkeitsrecht“ Anerkennung gefunden hat (vgl. *Erman / Weitnauer,* Anh. zu § 12 BGB, Rn. 27 ff.). Bereits *Eisler,* S. 75 und *Heins,* S. 9 haben hiergegen Bedenken angemeldet.

[33] Im Ergebnis ebenso *Gallas,* ZStW 75, 16/38 f.; vgl. auch *Rogowski,* GA, 58, 367/384.

[1] Vgl. *Mommsen,* S. 784 ff.

[2] So insbesondere *v. Bar,* GS 52, 81 ff.; gleicher Ansicht *Wachenfeld,* Lehrbuch, S. 353 und *Heß,* S. 21, letzterer jedoch nur für § 185 StGB; vgl. i. ü. *Eisler,* S. 82, der ebenfalls das „Selbstgefühl“ nicht auf das Ehrgefühl beschränkt, sowie Richard *Schmidt,* Lehrbuch, S. 266, der den Zustand eines seelischen Gleichgewichts schützen möchte.

[3] *Binding,* BT I, S. 133; *Maurach,* BT, S. 130; *Mezger / Blei,* BT, S. 105; teilweise abweichend *Heins,* S. 54 ff.

digung" dem Wortsinne nach nichts anderes bedeute als eine Handlung, durch welche jemandem ein „Leid" zugefügt werde[4].

Um Ausuferungen zu vermeiden und den Begriff der Seelenschmerzzufügung juristisch brauchbar zu machen[5], wird er in dreifacher Weise eingeschränkt: Nur solche Leidzufügungen sind als Beleidigung anzusehen, die

a) objektiv, also nach allgemeiner Verkehrsansicht, einen Seelenschmerz hervorrufen[6],

b) nicht durch ein anderes Gesetz mit Strafe bedroht sind[7] und

c) absichtlich erfolgen[8].

Mit Recht ist diese Konzeption *v. Bars* durchweg auf Ablehnung gestoßen[9]. Soweit sich die Kritik gegen die Konstruktion der Beleidigung als eine Verletzung des *Gefühls* wendet, wird an dieser Stelle auf eine Würdigung verzichtet, da die völlig gleichgelagerte Problematik bei der Untersuchung des Ehrbegriffs[10] einer ausführlichen Erörterung bedarf. Aber auch im übrigen ist der wohlfundierten Kritik, die die Lehre von der Schmerzzufügung gefunden hat, wenig hinzuzufügen. So hat bereits *Liepmann* an *v. Bars* eigenen Beispielen nachgewiesen, daß dieser „sich fortgesetzt genötigt sieht, bei anderen Gesichtspunkten Anleihen zu machen", um zu einer Lösung seiner Fälle kommen zu können[11].

Auch die drei Einschränkungen, die *v. Bar* vornimmt, erfüllen nicht ihren Zweck. So setzt sich *v. Bar,* der jede Beziehung der Beleidigung zur Ehre leugnet[12], durch die erste Einschränkung mit seiner Grund-

---

4 GS 52, 81/83; ebenso *Heß*, S. 22; ähnlich Wachenfeld, S. 353.

5 S. 84.

6 S. 84 und 86 ff.; a. A. *Heß*, S. 26, der damit die subjektive Empfindlichkeit honoriert. Das Strafrecht darf aber eine solche Beurteilung nicht zur Norm erheben, wenn es nicht lediglich zum Werkzeug individuellen Schmerzes, zur reinen Rachereaktion ohne objektiv bindende Kraft werden soll (vgl. *Liepmann,* VDB IV, S. 245).

7 S. 86.

8 S. 86. Unter Absicht versteht *v. Bar* allerdings den dolus directus, nicht die Zielvorstellung (vgl. GS 52, 81/117 f.). Der Einwand *Wetzels* (S. 19), daß nach einhelliger Auffassung (seit Adolph *Weber,* Iniurien I, S. 44 ff.; a. A. in neuerer Zeit lediglich *Eckstein,* S. 112) die Beleidigung keinen animus iniuriandi erfordere, geht daher fehl.

9 Vgl. u. a. (in zeitlicher Reihenfolge) *Kohler,* GA 47, 1/7; *Binding,* BT I, S. 133 Anm. 2; *Thiel,* S. 82; *Liepmann,* VDB IV, S. 242 ff.; *Engelhard,* Ehre, S. 54; Max *Hirschberg,* S. 114.

10 Das Ehrgefühl wird teilweise als die Ehre an sich (so *Thiel,* S. 11), vielfach aber nur als der durch § 185 StGB geschützte Ausschnitt aus einem komplexen Ehrbegriff (so vor allem *Liepmann,* VDB IV, S. 228 ff.; weitere Nachweise bei *Hirsch,* Ehre, S. 1 Anm. 2) verstanden.

11 VDB IV, S. 243 ff.

12 GS 52, 81/83.

auffassung in Widerspruch. Denn objektiv geeignet, das Selbstgefühl zu kränken und einen Seelenschmerz hervorzurufen, sind nur Angriffe, die sich — soll die Einschätzung seitens der Rechtsgenossen nicht auf irgendwelchen Affektionsinteressen beruhen — gegen den spezifischen Wert der Person, nämlich die Ehre, richten[13].

Schließlich führt die zweite Einschränkung *v. Bars*, der die Beleidigung nur als subsidiäres Delikt ansieht, zu dem oben abgelehnten Iniurienbegriff des römischen und gemeinen Rechts[14] und damit zu einer zu weiten Ausdehnung des Strafbarkeitsbereichs[15].

Diese sachliche Übereinstimmung hat zur Folge, daß auch die Theorie von der Seelenschmerzzufügung sich im Widerspruch zu dem Verfassungssatz „nullum crimen sine lege" befindet[16]. Eine Auslegung der Beleidigungstatbestände in ihrem Sinne verstieße daher ebenfalls gegen Art. 103 Abs. 2 GG[17].

III. Beleidigung als Angriff auf den öffentlichen Frieden

In der älteren Beleidigungsgesetzgebung, insbesondere in den Gesetzen und Gesetzesentwürfen gegen das „Duellunwesen"[1], findet sich häufig der Hinweis, ihr Motiv sei die Vermeidung von Tätlichkeiten seitens des Iniuriierten. Im gleichen Sinne versteht auch *v. Almendingen*[2] die Beleidigung als Bruch des öffentlichen Friedens, da es dem Staate nicht gleichgültig sein dürfe, wenn der Beleidigte in seinem erregten Gemütszustande infolge nicht ausreichender staatlicher Reaktion sich zur unrechtmäßigen Retorsion hinreißen lasse[3].

Gegen diese Auffassung hat sich *Bassenge* mit aller Schärfe gewandt[4]. In der Tat wäre es unzulässig, den Beleidiger nur um deswillen zu

---

[13] *Liepmann*, VDB IV, S. 245 f.; *Wetzel*, S. 24.

[14] Vgl. *Liepmann*, VDB IV, S. 243.

[15] *Binding*, BT I, S. 133 f. Anm. 2; vgl. ferner *Eisler*, S. 75; *Heins*, S. 9.

[16] Vgl. *Rogowski*, GA 58, 367/383 f.

[17] Im Hinblick auf die ständige Rechtsprechung, die in der Beleidigung ein Ehrdelikt sieht (vgl. oben S. 16 Fußn. 1), hätte sich das gleiche Ergebnis, nämlich ein Verstoß gegen den Bestimmtheitsgrundsatz, auch ohne näheres Eingehen auf die sachlichen Einwendungen erzielen lassen. Es lag mir jedoch daran, wenigstens kurz darzustellen, *warum* sich in Lehre und Rechtsprechung keine Auffassungen durchsetzen konnten, die nicht die Ehre als das geschützte Rechtsgut anerkennen.

[1] Vgl. die Nachweise bei *Bassenge*, S. 35.

[2] Bei *Grolman*, Magazin Bd. I, S. 62 ff.

[3] Zustimmend *Klein*, ArchCrimR 1800, II, 88/89 ff.; Anklänge finden sich auch bei Adolph *Weber*, Iniurien II, S. 4 f.; *v. Bar*, GS 52, 81/88 f.; *Scheunert*, S. 16 f.; *Spiecker*, S. 37 und *Engelhard*, Ehre, S. 86. Zu Unrecht hält *Hirsch*, Ehre, S. 28 Anm. 38 die Ansicht *Bassenges* für eine Wiederbelebung dieser Theorie; vgl. dazu die weiteren Ausführungen im Text.

[4] S. 28 ff.

bestrafen, weil sonst der Beleidigte Unrecht tut oder tun könnte; denn aus Art. 1 GG folgt, daß niemand zum Mittel eines außerhalb seiner selbst liegenden Zweckes herabgewürdigt und zum Spielball der Kriminalpolitik gemacht werden darf[5]. Unrecht darf nicht über die Grenzen der §§ 47 ff. StGB hinaus dem angelastet werden, der es „provoziert", sondern nur dem, der es begeht[6]. Das Gespenst der Privatrache auf diese Weise bekämpfen zu wollen, mag zwar zweckmäßig sein, innerlich gerechtfertigt ist es jedoch nicht[7].

So sieht *Bassenge* in der Retorsion, die er nicht nur für rechtmäßig, sondern sogar für geboten hält[8], lediglich das Indiz für das Vorliegen eines *Friedensbruches*[9]. Ein solcher sei schon mit *der Beleidigung selbst* gegeben, weil hier die Ehre (sic!) Selbsthilfe geradezu gebiete und der einzelne deshalb nicht allein an die staatliche Strafjustiz verwiesen werden dürfe[10]; wer eine Situation herbeiführe, die nur durch eine Reaktion des Betroffenen bereinigt werden könne, breche damit den *öffentlichen Frieden.* Demgegenüber sei die Verfolgung aller anderen Angriffe gegen konkrete Individualrechtsgüter Privileg des Staates geworden; weil die Gemeinschaft selbst sich dieser Angriffe annehme, werde der öffentliche Friede nicht mehr durch sie bedroht[11].

---

[5] Vgl. statt aller *Maunz / Dürig / Herzog,* 28 zu Art. 1 GG. Die scheinbar abweichende Ansicht *Schmidhäusers* (AT, S. 36 ff.) betrifft die Berechtigung staatlichen Strafens überhaupt; hier wird nicht dem Einzelnen im Interesse der Allgemeinheit ein Sonderopfer auferlegt (so aber *Schmidhäuser,* AT, S. 39), sondern es besteht in jeder Rechtsordnung von vornherein für jedermann eine „Sozialbindung" des Individuums, der staatlichen Strafgewalt unterworfen zu sein. Dadurch *allein* wird es aber noch nicht „unter die Gegenstände des Sachenrechts gemengt" (*Kant,* Metaphysik, zu § 43 ff.) oder zum Spielball der Kriminalpolitik gemacht.

[6] Eine ganz andere Frage ist es, inwieweit der Beleidiger gegenüber dem Provozierten Notwehr üben darf; vgl. hierzu BayObLG NJW 1962, 1782 mit abl. Anm. *Erdsiek,* NJW 1962, 2240; *Schönke / Schröder,* 33 zu § 53 mit weiteren Nachweisen.

[7] Vgl. *Ramm,* S. 56.

[8] S. 29 ff.; sogar nach geltendem Recht sei sie auf Grund der §§ 199 und 233 StGB „halb und halb" zugelassen (S. 32). Zur Rechtsnatur der Retorsion vgl. *Küper,* JZ 1968, 651.

[9] S. 34.

[10] S. 27 ff., 50 ff.; ebenso — ohne Begründung — *Noack,* JW 1937, 2345/2346. Nicht hierher gehörig — auch nicht de lege ferenda (so aber *Hirsch,* Ehre, S. 13; ähnlich *Krug,* S. 82 Anm. 105) — *Bockelmann,* Niederschriften, S. 17 ff. und Beleidigung, S. 476 ff. Friedensschutz ist für *Bockelmann* nur ein Argument dafür, daß im Rahmen des § 186 StGB nicht der berechtigte Geltungsanspruch, sondern der tatsächlich bestehende Ruf — also etwas, was gemeinhin auch als Ehre oder doch als Ehraspekt angesehen wird — des Strafrechtsschutzes würdig sei (vgl. Niederschriften, S. 18 und Beleidigung, S. 477). *Gallas,* ZStW 75, 16/26 hat diesen Gedanken auf die Kurzformel „Rufschutz um des lieben Friedens willen" gebracht.

[11] S. 28 f.

Daß diese Thesen wegen ihrer Diskrepanz zu der überkommenen und allgemein herrschenden Auffassung[12] eingehender geistesgeschichtlicher Studien bedurft hätten[13], scheint auch *Bassenge* selbst empfunden zu haben[14]. Jedenfalls dürfte heute der Hinweis auf das „gesunde Rechtsgefühl des Volkes“[15] allein nicht mehr ausreichen. Im übrigen trägt auch die gegebene Begründung nicht; denn einerseits verweigert die Gesamtheit keineswegs ausreichenden Rechtsschutz gegen Beleidigungen[16], und zum anderen liegt in jedem Verbrechen eine Verletzung der Friedensordnung[17]. Was aber Objekt eines jeden Verbrechens ist, kann nicht das spezifische Schutzobjekt einer bestimmten Verbrechenskategorie sein[18]. Schließlich ist es auch nicht Aufgabe des Strafrechts, einen bestehenden Zustand ohne Rücksicht auf die dahinter stehenden Werte und Unwerte zu schützen[19].

Aus dem gleichen Grunde wäre es auch verfehlt, den *individuellen Ehrfrieden* zu schützen, indem man als Rechtsgut nicht einen tatsächlichen guten Ruf, sondern einen Durchschnittsruf zugrundelegt[20]. Zudem kann unmöglich wegen „übler Nachrede“ bestraft werden, wenn der „Beleidigte“ gerade des vorgeworfenen Verhaltens überführt oder deswegen verurteilt wurde[21]. Ein solcher „keimfreier“ Zustand widerspräche überdies den Notwendigkeiten menschlichen Zusammenlebens, wonach ein gewisses Maß an Redefreiheit gewährleistet bleiben muß; die Welt darf nicht in ein Auburnsches Zuchthaus verwandelt werden[22].

---

[12] Wie das Antragserfordernis des § 194 StGB zeigt, geht auch das Gesetz selbst von einem Individualrechtsgut aus.

[13] Vgl. *Henkel*, ZStW 58, 722/724.

[14] Vgl. die Ausführungen S. 40.

[15] S. 30. In Wirklichkeit kommt bei *Bassenge* wieder „germanisches“ Rechtsdenken zum Durchbruch (vgl. insbesondere S. 27 und 48). Auch bei „unseren Altvorderen“ erforderte das verletzte Selbstgefühl in Sachen Ehre eine tätliche Zurückweisung sogenannter „unduldbarer Worte“ (vgl. S. 27; siehe aber auch *Heins*, S. 61 ff.).

[16] Sogar für die einfache Beleidigung ist Freiheitsstrafe bis zu einem Jahr vorgesehen. Vgl. i. ü. die Begr. zu § 172 E 1962, S. 312.

[17] Vgl. *Goehrs*, S. 2, 6 ff., 36; *Wetzel*, S. 29.

[18] So bereits Max *Hirschberg*, S. 15.

[19] Darüber, daß es sich um den Schutz eines wertfreien Zustands handelt, darf auch das Schlagwort „Friedensordnung“ nicht hinwegtäuschen; vgl. auch *Ramm*, S. 74.

[20] Dieser von *Bockelmann*, Niederschriften, S. 23 zur Diskussion gestellte, aber nicht ernsthaft verfochtene Gedanke vom Schutz des „Gewohnheitsverbrechers Schulze“ (so *Dreher*, ebenda) würde allerdings der Ansicht *Bassenges* nahekommen (insoweit zutreffend *Hirsch*, Ehre, S. 13).

[21] Vgl. *Gallas*, Niederschriften, S. 24, der in diesem Falle eine Friedensstörung verneint, dabei jedoch nicht zwischen öffentlichem und privatem Frieden unterscheidet.

[22] Vgl. *Köstlin*, GA 3, 306/317.

Vor allem aber darf nicht verkannt werden, daß die Theorie *Bassenges* aus den gleichen Gründen wie die *Ecksteins* und *v. Bars* nicht mit dem Bestimmtheitsgebot des Art. 103 Abs. 2 GG zu vereinbaren ist. Auch sie muß daher aus der weiteren Betrachtung ausscheiden.

Schon *aus verfassungsrechtlichen Erwägungen sind* folglich alle *Ansichten, die nicht die Ehre als* das legislatorische *Schutzobjekt der §§ 185 ff. StGB behandeln, abzulehnen*[23].

---

[23] Daß auch eine historische oder rechtsvergleichende Betrachtungsweise zum gleichen Ergebnis gelangen würde, ist bereits oben S. 19 Fußn. 27 angedeutet worden. Nicht legitim ist hingegen die Überlegung *Sauers*, die abweichenden Ansichten erlaubten nicht, „den Richter bei seinem Urteilsspruch auf seine hohe Pflicht zur Schärfung des Ehrbewußtseins und zur Erziehung der Bevölkerung zu Ehre und Moral hinzuweisen" (System, S. 351).

Zweiter Teil

Der Ehrbegriff in Literatur und Rechtsprechung

Mit der Feststellung, daß nur die Ehre das legislatorische Schutzobjekt der Beleidigungstatbestände sein kann, ist indes nicht allzuviel gewonnen. Es muß vielmehr geklärt werden, was eigentlich unter Ehre zu verstehen ist, insbesondere ob es sich bei ihr um einen für alle Tatbestände in gleicher Weise geltenden einheitlichen[1] oder aber um einen komplexen, d. h. einen mehrgestaltigen Begriff handelt. Im letzteren Falle nämlich läge eine systematische Abgrenzung nach dem Rechtsgut, wie sie vielfach vorgenommen wird[2], nahe.

Die Abhängigkeit der Systematik der §§ 185 ff. StGB von der genauen Bestimmung des Ehrbegriffs verbietet es, sich kritiklos irgendeiner der bislang vertretenen Meinungen anzuschließen und deren Ehrvorstellungen der weiteren Untersuchung zugrunde zu legen[3]. Andererseits wäre es in hohem Maße unzweckmäßig, unter Außerachtlassung der bisherigen Forschung sich nicht deren Früchte nutzbar zu machen.

Es wird daher Aufgabe dieses zweiten Teils sein, die umfangreiche Literatur über die Ehre nach den für die Systematik wesentlichen Ge-

---

[1] Eine monistische Betrachtungsweise findet sich vor allem bei den Anhängern des normativen und eines formalen Ehrbegriffs (siehe dazu eingehend 2. Abschnitt, I und III), die unter Ehre den wirklichen Wert einer Person bzw. eine Verrechtlichung dieses Personenwertes verstehen (so das moderne Schrifttum; vgl. statt aller *Schaefer*, LK, 8. Aufl., I 1 und 2 vor § 185, IV zu § 185 und *Hirsch*, Ehre, S. 29 ff.). Hingegen werden psychologisch-faktische Ehrauffassungen (siehe dazu 2. Abschnitt, II), die entweder allein auf den Reflex des inneren Wertes im Urteil der Mitmenschen, das Ansehen, den guten Ruf, die sog. äußere Ehre (so aber noch Adolph *Weber*, Iniurien I, S. 6; *Kohler*, GA 47, 1/3; vgl. auch RG GA 38, 434) oder allein auf den Reflex im Inneren des Betroffenen, das Ehrbewußtsein oder Ehrgefühl, die sog. subjektive Ehre (so aber noch *Hälschner*, Deutsches Strafrecht, S. 158 f., 163 und *Thiel*, S. 11) abstellen, heute nicht mehr vertreten.

[2] So die sog. dualistische Ehrauffassung, die in drei verschiedenen Formen auftritt, wobei jeweils der Schutz der äußeren Ehre den §§ 186, 187 StGB zugewiesen wird. Während die rein psychologische Richtung (so die früher h. L.; vgl. *Liepmann*, VDB IV, S. 228; *Olshausen / Hörchner*, 1 a vor § 185) die subjektive Ehre als Schutzobjekt des § 185 StGB („Beleidigung im engeren Sinne"; vgl. *Binding*, BT I, S. 135 Anm. 2) ansieht, vertritt der Bundesgerichtshof (vgl. BGHSt 11, 67/70 f.) und ein Teil der Lehre (vgl. *Dreher*, StGB, 1 A zu § 185) in diesem Bereich einen normativen, ein anderer Teil (vgl. *Frank*, StGB, I vor § 185) einen formalen Ehrbegriff.

[3] So verfahren aber *Kohler*, GA 47, 1 ff. und *Helle*, Schutz der Ehre, S. 6.

sichtspunkten — aber auch nur nach diesen[4] — zu ordnen und einer ersten kritischen Würdigung zu unterziehen. Erst im folgenden 3. Teil soll sodann hierauf aufbauend der eigene Ehrbegriff entwickelt werden.

1. Abschnitt

Schwierigkeiten bei der systematischen Erfassung des Ehrphänomens

So wenig in der Strafrechtswissenschaft[1] Einigkeit über den Handlungsbegriff zu erzielen ist, so weit gehen auch die Meinungen bei der begrifflichen Erfassung der Ehre auseinander. Dies ist zwar angesichts einer fehlenden gesetzlichen Definition trotz sprachlicher Vieldeutigkeit[2] nicht verwunderlich. Bedauerlicherweise aber scheitert auch der Versuch, sich wenigstens aus Lehrbüchern oder Kommentaren einen verläßlichen Überblick über den Streitstand zu verschaffen, neben der stofflichen Begrenztheit derartiger Werke im allgemeinen daran, daß die dort gegebenen Übersichten einander widersprechen, ja vielfach unzutreffend sind. So werden häufig zu Unrecht Übereinstimmungen behauptet oder Gegensätze gesehen, die in Wirklichkeit gar nicht bestehen[3].

Diese Unzulänglichkeiten beruhen nicht nur darauf, daß gerade „die Ehre ... das subtilste, mit den hölzernen Handschuhen des Strafrechts am schwersten zu erfassende ... Rechtsgut unseres Strafrechtssystems“[4]

---

[4] Außer den in der Einleitung aufgezeigten Gründen gebietet auch die Übersichtlichkeit der Darstellung, auf die Erörterung weiterer Ehraspekte zu verzichten und sich auf die Angabe weiterführender Literatur zu beschränken.

[1] Nicht unerwähnt sollte bleiben, daß sich auch in der Dichtung und schöngeistigen Literatur außerordentlich zahlreiche und höchst heterogene Stellungnahmen zum Ehrbegriff aufweisen lassen. Auch hier gilt also das Wort von *Camus:* „Die Ehre, Sie verstehen, das ist ein unklarer, ein sehr unklarer Begriff“ (Die Besessenen I 4).

[2] Vgl. hierzu *Sauer,* Ehre, S. 2 f.

[3] So berufen sich beispielsweise *Schönke / Schröder,* 3 zu § 185 zur Frage der Bedeutung der Wahrheit im Rahmen des § 185 zu Unrecht auch auf *Schaefer,* LK, 8. Aufl., II 3 a zu § 185, der gerade den entgegengesetzten Standpunkt einnimmt; oder es werden *v. Liszt / Schmidt,* Lehrbuch, S. 506 ff. von *Sauer,* System, S. 350 und *Schönke / Schröder,* 2 vor § 185 der monistisch-psychologischen, von *Schaefer,* LK, 8. Aufl., I 1 vor § 185 und *Ramm,* S. 37 der dualistisch-psychologischen Ehrauffassung zugerechnet, während sie in Wahrheit einen formal-psychologischen Ehrbegriff vertreten. Die Beispiele ließen sich unschwer vermehren (weitere Nachweise bei *Hirsch,* Ehre, S. 5 Anm. 16), doch werden die angeführten ausreichen, die in der Literatur herrschende Verwirrung zu veranschaulichen.

[4] *Maurach,* BT, S. 130.

ist, sondern sind auf weitere und vielschichtige Ursachen zurückzuführen:

a) Es handelt sich häufig gar nicht um Divergenzen zwischen den verschiedenen *Ehrauffassungen,* sondern um unterschiedliche Ansichten über die formale Struktur des *Rechtsguts* schlechthin.

b) Vielfach werden *Rechtsgut* und *Handlungsobjekt* verwechselt.

c) Weiter wird nicht immer klar geschieden zwischen Ehre im allgemeingültigen, metarechtlichen Sinne und *Ehre im strafrechtlichen Sinne.*

d) Schließlich bereitet eine exakte Einordnung der verschiedenen Ehransichten insofern Schwierigkeiten, als — einmal ganz abgesehen von terminologischen Differenzen[5] — ein eindeutiges Einteilungsschema angesichts der zahlreichen heterogenen Gesichtspunkte, die alle von Bedeutung sind, und der *fließenden Übergänge* zwischen den einzelnen Ehrtheorien nicht vorgegeben ist.

Bevor daher die Ergebnisse der bisherigen Ehranalysen dargestellt werden können, müssen diese Vorfragen geklärt und so ein fester Ausgangspunkt für die weiteren Untersuchungen geschaffen werden.

I. Die formale Struktur der Rechtsgüter

Vor Beantwortung der Frage, was unter dem Rechtsgut der *Ehre* zu verstehen ist, muß zunächst über die formale Struktur der *Rechtsgüter* an sich Klarheit gewonnen werden, d. h. ob und gegebenenfalls welche gemeinsamen äußeren Merkmale[1] die ihrer Funktion nach so verschiedenartigen Güter wie Leben, Eigentum und Sicherheit des Straßenverkehrs, um nur einige zu nennen, aufweisen, die folglich auch bei dem Rechtsgut Ehre vorliegen müssen.

Ein Teil der Lehre verneint eine homogene Struktur aller Rechtsgüter. So bezeichnet *Oppenheim* die Schutzobjekte als Zustände, Gefühle, Rechte und Pflichten[2], *Baumann* als Rechtsgüter, Werte oder Interessen[3]. Meist wird jedoch ein „gemeinsamer Nenner" für erforderlich gehalten[4], wobei sich — wenn auch nur in groben Zügen und mit

---

[5] Siehe dazu oben S. 13 Fußn. 4.

[1] *Jäger,* S. 9 spricht von der Substanz. Nur vereinzelt wird diese Objekthaftigkeit des Rechtsguts völlig übergangen, wenn es schlichtweg mit der ratio legis gleichgesetzt wird (so bereits *Honig,* S. 109; weitere Nachweise bei *Baumann,* Lehrbuch, S. 143 f.); eine Auffassung, die indes zur „Entleerung" des Rechtsgutsbegriffs führt (so auch *Jäger,* S. 14).

[2] S. 153, 184.

[3] S. 142.

[4] Vgl. statt aller *Jäger,* S. 14.

zahlreichen Überschneidungen — eine historische Entwicklung[5] verfolgen läßt:

In der Naturrechtsepoche wurde unter der Führung *Feuerbachs*[6] als Kern eines jeden Verbrechens die Verletzung der *subjektiven Rechte* anderer gesehen. Der Konstruktion einer Rechtsverletzung setzte *Birnbaum* im Jahre 1834 die Verletzung eines *Gutes* gegenüber[7], da das Recht weder vermindert noch entzogen werde, wenn der *Gegenstand* des Rechtes entzogen oder vermindert werde[8]. Während der Gutsbegriff bei *Birnbaum* noch durchaus undeutlich war, setzte ihn *v. Liszt* mit rechtlich geschützten *Interessen* gleich[9], da es Sinn allen Rechtes sei, menschliche Interessen zu schützen. Diese Identifikation lehnte *Frank* mit der Begründung ab, daß das Rechtsgut Objekt des Interesses nicht aber das Interesse selbst sei[10]; allerdings bestünden insoweit enge Zusammenhänge, als erst durch ein Interesse ein Objekt zum Gut werde[11]. Eine ähnlich ideelle Sicht des Rechtsgutsbegriffs findet sich bei *Schmidhäuser*, der hierunter den von den Gütern ausgehenden und gegenüber jedermann bestehenden *Achtungsanspruch* versteht[12]. Schließlich wurden unter Rechtsgütern werthafte *Zustände* verstanden, die durch menschliches Handeln verändert und daher vor solchen Veränderungen durch strafrechtliche Regelungen bewahrt werden könnten[13]. In einer derartigen Betrachtungsweise liegt aber nach den Worten *v. Hippels* eine „Verwässerung" des Rechtsgutsbegriffs, da sich alles unter diesen farblosen Begriff bringen lasse[14].

Es liegt auf der Hand, daß die Stellungnahmen der Literatur zum Ehrphänomen weitgehend von der grundsätzlichen Einstellung zu dem

---

[5] Vgl. hierzu und wegen weiterer Einzelheiten der Dogmengeschichte *Amelung*, S. 15 ff.; *Honig*, S. 32 ff.; *Sina*, S. 1 ff.

[6] Lehrbuch, § 23. Etwas anderes solle nur für die sog. Polizeivergehen gelten (Lehrbuch, § 27).

[7] ArchCrimR 1834, 149/174, 177 f.

[8] S. 172.

[9] ZStW 3, 1/19; 8, 133 ff.; *v. Liszt / Schmidt*, AT, S. 4. So heute noch *Maurach*, AT, S. 212 f. Vgl. auch *Engelhard*, Ehre, S. 73 ff., der die Interessentheorie als die herrschende Lehre bezeichnet.

[10] StGB, IV vor § 1; nur als „Bequemlichkeitsausdruck" dürfe der Ausdruck Rechtsgut anstelle Interesse passieren.

[11] So bereits *Eisler*, S. 21; *Oppenheim*, S. 39; vgl. auch *Honig*, S. 73 f.

[12] Engisch-Festschrift, S. 444 f.; AT, S. 25, 112, 169; ebenso *Stratenwerth*, SchwZStR 79, 233/243.

[13] So *Jäger*, S. 13 im Anschluß an Max *Hirschberg*, S. 68 ff.; vgl. auch *Mezger*, Lehrbuch, S. 200. Da dem Begriff „Zustand" etwas Statisches anhaftet, die Bedeutung der Rechtsgüter aber auf den ihren Potenzen innewohnenden Wirkungsmöglichkeiten beruht, möchte ihn *Rudolphi*, Honig-Festschrift, S. 162 ff. durch den Begriff der Funktion ersetzen (vgl. auch *Otto*, Rechtsgutsbegriff, S. 3, 6 ff.; *Sina*, S. 102).

[14] Strafrecht I, S. 13; folgend *Sina*, S. 96.

oben geschilderten Theorienstreit abhängig sind. Wer das Schutzobjekt mit rechtlich geschütztem Interesse gleichsetzt, wird konsequenterweise auch in der Ehre ein Interesse sehen müssen[15], während die Anhänger der Zustandstheorie auch im Beleidigungsrecht von einem Zustand sprechen werden[16].

Diese Zusammenhänge darf man bei der Diskussion um den Ehrbegriff nicht außerachtlassen. Dann wird einerseits die Vielfalt der unterschiedlichen Anschauungen verständlicher; andererseits liegt die Vermutung nahe — und bei der Darstellung der verschiedenen formalen Ehrtheorien[17] wird sich ihre Richtigkeit erweisen —, daß in Wahrheit über das Wesen der Ehre selbst eine größere Einigkeit als zunächst angenommen besteht und daß vielfach nur aus Gründen eines allgemeingültigen Systems die Ehre in bestimmte Formen gepreßt wird.

Mit dieser Erkenntnis ist der eigentliche Zweck der vorstehenden Rechtsgutsbetrachtung erreicht. Denn ob es überhaupt sinnvoll ist, einen Oberbegriff Rechtsgut herauszuarbeiten, um erst durch das Hinzufügen von Artunterschieden zu dem Begriff der Ehre zu gelangen[18], erscheint durchaus zweifelhaft:

Angesichts der zahlreichen höchst heterogenen von der Strafrechtswissenschaft anerkannten Rechtsgüter endeten nämlich alle bisherigen „Versuche, einen ... allgemein gültigen Rechtsbegriff zu definieren, ... in abstrakten Verallgemeinerungen mit mehr plakativem als informativem Charakter“ ohne dogmatische oder kriminalpolitische Relevanz[19]. Im Rahmen dieser Untersuchung eine allgemeine Rechtsgutslehre zu erarbeiten, deren Aussagekraft für den Ehrbegriff selbst nahezu unbedeutend sein muß, erscheint aber unangebracht[20].

---

[15] Vgl. *v. Liszt / Schmidt,* AT, S. 4 einerseits und andererseits *v. Listz / Schmidt,* Lehrbuch, S. 506, wobei jedoch seltsamerweise das Interesse des einzelnen an seiner Wertung durch die Umwelt nur einen Teilbereich der Ehre ausmachen soll.

[16] So etwa *Gerland* (Lehrbuch, S. 492 und in Lehmann-Festschrift, S. 301/307), der in GS 59, 81/100 die Zustanstheorie anhand der Geldfälschungsdelikte mitbegründet hatte.

[17] Vgl. unten 2. Abschnitt, III.

[18] In aller Regel ist der Rechtswissenschaft die induktive Methode angemessen! Zur deduktiven Methode vgl. *Jhering,* Geist des römischen Rechts, S. 25 ff.

[19] *Hassemer,* S. 63; vgl. auch dens. S. 21.

[20] Zu einer allgemeingültigen und doch aussagekräftigen Rechtsgutslehre kann man allenfalls dadurch gelangen, daß jedes einzelne als Schutzgut in Betracht kommende Phänomen auf seine Struktur sowie seinen Inhalt hin durchleuchtet wird und sodann die bestehenden Gemeinsamkeiten dargestellt werden (zweifelnd hinsichtlich der systematischen Ergiebigkeit *Hassemer,* S. 62). Einen kleinen Teilbeitrag hierzu kann vielleicht auch die vorliegende Untersuchung des Rechtsguts Ehre leisten.

Der Vollständigkeit halber sei jedoch immerhin soviel bemerkt: Denkgesetzlich notwendig ist die Annahme einer einheitlichen Struktur aller Rechtsgüter keineswegs[21]. Wenn *Jäger* dies aus dem Vorhandensein eines gemeinsamen Begriffes „Rechtsgut" folgert[22], so verkennt er, daß hierfür nicht unbedingt übereinstimmende Merkmale hinsichtlich der Form vorliegen müssen, sondern daß auch Inhalts- oder Funktionsübereinstimmungen einen Oberbegriff zu rechtfertigen vermögen. Daß auf der anderen Seite jede einheitliche Betrachtungsweise gewichtigen Bedenken ausgesetzt ist, ist bereits bei dem kurzen dogmengeschichtlichen Abriß zum Ausdruck gekommen[23]. So scheint denn vieles für die Auffassung *Oppenheims* zu sprechen, der eine allgemeingültige strukturelle Aussage über das Rechtsgut für ausgeschlossen hält[24].

Neben der Kritik der „Einheitstheorien" bleibt als das wesentliche Ergebnis der Untersuchung des Rechtsgutsbegriffes folgende Hypothese festzuhalten:

In zahlreichen Fällen beruhen unterschiedliche Ehrauffassungen nur auf einer begriffsjuristischen Ableitung von einem Oberbegriff „Rechtsgut"; *insoweit bestehen also keine eigentlichen inhaltlichen Divergenzen.*

II. Die Unterscheidung von Rechtsgut und Handlungsobjekt[1]

Heute besteht im wesentlichen Übereinstimmung über die Abgrenzung von Rechtsgut und Handlungsobjekt[2]. Das war nicht immer der Fall; insbesondere hatte sich in das Rechtsgutsdenken eine konkretgegenständliche Betrachtungsweise eingeschlichen, so etwa in *Bindings* Normen[3], obwohl dort erstmals der Begriff Rechtsgut definiert worden war[4]. Es ist daher nicht verwunderlich, daß sich diese Verwirrung auch im älteren beleidigungsrechtlichen Schrifttum niederschlug[5].

---

[21] Das anerkennt selbst Max *Hirschberg*, S. 69 f., der sich aber im übrigen um die Auffindung einer homogenen Struktur bemüht (S. 43 ff.).

[22] S. 9 f.

[23] Zahlreiche weitere Einwände finden sich bei dem dort aufgeführten Schrifttum; vgl. insbesondere die Nachweise bei *Sina*, S. 58 Anm. 102.

[24] S. 17 und 60.

[1] Die Ausdrücke „Rechtsgut" und „Schutzobjekt" sowie „Handlungsobjekt" und „Angriffsobjekt" werden synonym verwendet; abw. H. *Mayer*, Grundriß, S. 52 und *Mezger / Blei*, AT, S. 120.

[2] Vgl. statt aller *Baumann*, Lehrbuch, S. 142 f.; *Jescheck*, Lehrbuch, S. 195; *Maurach*, AT, S. 215 f.; *Stratenwerth*, AT, S. 79. Siehe auch die Dreiteilung bei *Schmidhäuser*, AT, S. 25.

[3] Normen I (1. Aufl.), S. 194; zur Kritik vgl. *v. Liszt*, ZStW 6, 657/675 ff. Vgl. auch *Welzel*, der die Rechtsgutsverletzung mit der Erfolgsverursachung gleichsetzt (Lehrbuch, S. 62).

[4] S. 188 f., 193.

Nur so ist verständlich, daß beispielsweise *Allfeld* den tatsächlichen Zustand, daß niemandem die Achtungswürdigkeit versagt werde, als das Angriffsobjekt bezeichnet[6], während *Bruhns* in dem Menschen selbst das Schutzobjekt der Beleidigungstatbestände sah[7].

Es ist das Verdienst Max *Hirschbergs,* klare Abgrenzungskriterien zwischen beiden Begriffen herausgearbeitet zu haben[8]: Während sich beim *Rechtsgut* die Frage nach dem Objekt des einzelnen Verbrechenstyps, hier also nach dem der Beleidigungstatbestände, stellt, betrifft das *Handlungsobjekt* die Frage nach dem Objekt der konkreten verbrecherischen Tat; so ist beispielsweise das Rechtsgut des § 246 StGB das Eigentum, Handlungsobjekt die zugeeignete Sache.

Das Handlungsobjekt muß also aus dem äußeren Verlauf der Handlung ohne Rücksicht auf die Normwidrigkeit, das Schutzobjekt dagegen allein aus der Normwidrigkeit konstruiert werden[9].

Da die vorliegende Arbeit sich nur mit dem Verbrechenstyp der Beleidigung befaßt und nicht einzelne Beleidigungshandlungen unter die Tatbestände der §§ 185 ff. StGB subsumieren möchte, *ist grundsätzlich nur die Frage nach dem Rechtsgut von Interesse.*

Weiter ist folgendes zu beachten: Wenn auch heute die Gefahr einer Verwechslung der beiden Begriffe kaum mehr besteht[10], so ist das Wissen um diesen vor dem letzten Kriege noch häufig begangenen Fehler[11] für das Verständnis der älteren beleidigungsrechtlichen Literatur unerläßlich. Es ergibt sich auch hier, daß hinsichtlich des strafrechtlichen Ehrbegriffs vielfach keine sachlichen Unterschiede bestehen, wenn die Grundbegriffe einheitlich angewandt werden.

III. Die Ehre im strafrechtlichen Sinne

Seit *Grolman*[1] ist anerkannt, daß die Fragen „was ist Ehre" und „was hat das Strafrecht als Ehre zu schützen" zu trennen sind[2]. Im allge-

---

[5] Vgl. etwa *Gabler,* S. 17: „Das Angriffsobjekt einer jeden Art der Beleidigung ist das Rechtsgut der Ehre."

[6] GS 93, 225/226.

[7] GS 27, 481/498.

[8] S. 14 ff.; vgl. bereits *Oppenheim,* S. 153 f.

[9] So Max *Hirschberg,* S. 21.

[10] Vgl. aber Hans-Werner *Hoffmann,* der als das Rechtsgut der Beleidigungsdelikte das Interesse, nicht unter Wert behandelt zu werden (S. 13), und als Angriffsobjekt die äußere Ehre (S. 21) bezeichnet; vgl. auch *Sauer,* System, S. 349.

[11] Er findet sich 21 Jahre nach den Untersuchungen *Hirschbergs* noch bei *Frank,* StGB, IV vor § 185.

[1] Magazin I, S. 7.

meinen wird dann auch so verfahren, zuweilen aber bleibt durchaus unklar, ob Ehre im allgemeinen oder aber im strafrechtlichen Sinne gemeint ist[3]. Auch diese Tatsache hat zu zahlreichen Unklarheiten im Bereich der Ehrdiskussion beigetragen.

Die folgende Gegenüberstellung der verschiedenen Ehransichten berücksichtigt nur den strafrechtlichen Ehrbegriff, da es für die Systematik der Tatbestände nur auf diesen, nicht aber auf irgendeinen außerstrafrechtlichen[4] oder gar metarechtlichen Begriff ankommen kann[5]. Der letztere wird erst für die Herausarbeitung des eigenen Ehrbegriffs, auf dem dann die weitere Untersuchung aufbauen soll, von Bedeutung sein[6]; gänzlich vernachlässigt werden kann er um deswillen nicht, weil die Rechtsordnung, die ja keine Ehrdefinition enthält, nur an einen allgemeinen Begriff der Ehre anknüpfen kann[7].

IV. Die Einteilungsmethode

Eine Systematisierung ist nur dann von Wert, wenn ihr ein einheitlich durchgeführter Einteilungsmaßstab, der alle wesentlichen Strukturelemente erkennen läßt, zugrunde liegt. Angesichts der Tatsache, daß für die Abgrenzung der Tatbestände zahlreiche und heterogene Gesichtspunkte, die sich teilweise überschneiden, von Belang sind, ist einerseits eine sachgerechte Einordnung schwierig, andererseits bieten sich hierzu mehrere Möglchikeiten an:

Eine historische Betrachtungsweise scheitert an der systematischen Unergiebigkeit, da in den für uns bedeutsamen letzten einhundert Jahren stets sehr viele und verschiedenartige Theorien vertreten wurden, von denen sich keine hat durchsetzen können[1]. Sodann käme

---

[2] Vgl. *Liepmann,* VDB IV, S. 221; *Sauer,* Ehre, S. 4; *Siess,* GroßArch 38, 1/2; *v. Volkmann,* S. 7; a. A. *Wilhelm,* GS 45, 161/162.

[3] Etwa bei *Hammeley,* S. 6 ff.

[4] Vgl. zum Verhältnis eines verfassungsrechtlichen Ehrbegriffs zum strafrechtlichen *Maunz / Dürig / Herzog,* 275 ff. zu Art. 5 GG; Karlheinz *Schmid,* S. 17 ff.

[5] Etwas Gegenteiliges kann auch nicht den Ausführungen von *Eisler,* S. 51 und *Bassenge,* S. 3 entnommen werden. *Eisler* wendet sich gegen die Konstruktion einer juristischen Ehre, weil er eine begriffliche Erfassung der Beleidigungsdelikte nur durch eine Analyse der Angriffshandlung, nicht aber des Rechtsguts für möglich hält (S. 51), *Bassenge,* weil er nicht die Ehre, sondern den öffentlichen Frieden als das Rechtsgut ansieht (vgl. oben 1. Teil, III).

[6] Vgl. unten S. 74.

[7] Vgl. *Sauer,* Ehre, S. 4; *Wilhelm,* GS 45, 161/162; VE 1909, Begr. S. 701.

[1] Gemeint sind damit natürlich nur Theorien bezüglich der Ehrstruktur, auf die es für die Abgrenzung allein ankommt. Hingegen läßt sich bezüglich der Ehrinhalte eine historische Entwicklung verfolgen; vgl. hierzu *Welzel,* ZStW 57, 28 ff.; siehe auch *Haider,* S. 26 ff.; *Korff,* S. 3 ff.

eine Aufgliederung nach monistischen und dualistischen Ehrauffassungen in Betracht; allein ein solches Verfahren wäre zu grob und ließe keinerlei Aussagen über die einzelnen Elemente zu, die den Ehrbegriff ausmachen. Mehr schon spricht für die von *Krug*[2] und *Hirsch*[3] gewählte Unterscheidung von normativen und faktischen[4] Ehransichten[5]; indes kommt hierbei nicht genügend zum Ausdruck, daß sich zwischen beide formale Theorien einschieben, die zwar in der Regel von einem normativen Ehrbegriff ausgehen[6], bei der Frage der Verletzbarkeit jedoch wie die psychologischen einen kausal-naturalistischen Standpunkt einnehmen[7].

Danach bietet sich eine erste gröbere *Dreiteilung* an:

1. Ehre als innerer Wert (normative Betrachtungsweise),
2. Ehre als psychologischer Sachverhalt und
3. Ehre als formaler Sachverhalt[8].

Dabei darf allerdings nicht verkannt werden, daß die Übergänge fließend sind. So muß sich etwa die Auffassung von der Ehre als psychologischem Sachverhalt an einem Wertmaßstab, nämlich der inneren Ehre, orientieren[9]. Vor allem aber ist es häufig nur schwer erkennbar, ob die Ehre als psychologisch-faktischer Sachverhalt angesehen wird, der nur eine normative Korrektur erfährt[10], oder ob der Wertgesichtspunkt derart in den Vordergrund tritt, daß nicht mehr ein tatsächlich gefälltes, sondern nur ein sachlich begründetes Werturteil — also eine Fiktion — die Ehre sein soll[11].

Diese Unzulänglichkeiten müssen aber in Kauf genommen werden, will man das bisher Erarbeitete in ein gewisses System einordnen.

---

[2] S. 69 ff.

[3] Ehre, S. 1 ff.

[4] Im Gegensatz zu dieser Terminologie wird im folgenden die Bezeichnung „faktisch" nur für den Ehrinhalt, nicht aber für die äußere Struktur der Ehre verwandt werden.

[5] Damit soll keine Einordnung in den bloß normativen oder bloß faktischen Bereich erfolgen (so aber *Wolff*, ZStW 81, 886/887), sondern nur das Schwergewicht bestimmt werden.

[6] Vgl. dazu näher unten S. 64.

[7] Auf die enge Verwandtschaft dieser Ansichten mit den „Einheitstheorien" in der Rechtsgüterlehre sei bereits an dieser Stelle hingewiesen.

[8] Ähnlich *Ramm*, S. 13.

[9] Selbst *Engelhard*, der an sich von einem wertfreien Ehrbegriff ausgeht (vgl. Ehre, S. 31 f.), muß bei der Frage der Schutzwürdigkeit der Ehre auf allgemeingültige Wertmaßstäbe zurückgreifen (S. 86 ff.).

[10] Vgl. statt aller *v. Dohna*, DStR 1941, 34/36.

[11] So *Sauer*, Ehre, S. 10; ders. in Logos 9, 64/72; unklar *Kern*, Abgrenzung, S. 11.

2. Abschnitt

Die verschiedenen Ehransichten

Für eine systematische Darstellung der drei Grundansichten kommt es nicht darauf an, ein lückenloses Bild dessen, was in der Vergangenheit über die Ehre gedacht und geschrieben wurde, zu reproduzieren oder gar allen Differenzierungen und Nuancierungen eines jeden Schriftstellers — von der mehr pragmatischen als dogmatischen Rechtsprechung einmal ganz abgesehen — im einzelnen nachzugehen. Denn es soll nicht Kritik um der Kritik willen geübt, sondern der Versuch unternommen werden, das Ehrphänomen insoweit begrifflich zu erfassen, wie es für das Verhältnis der §§ 185 - 187 StGB bedeutsam sein kann. Das ist aber nur möglich, wenn — unter Außerachtlassung völlig abweichender oder belangloser Ansichten — die großen Linien erkennbar gemacht werden.

Im folgenden sollen nicht nur die Strukturen der drei oben skizzierten Ehrtheorien herausgearbeitet, sondern auch kurz ihre Konsequenzen aufgezeigt werden. Schließlich darf auch die Kritik, die sie in Rechtsprechung und Literatur gefunden haben, nicht fehlen, da ansonsten die Vielfalt der in diesem Bereich vertretenen Meinungen kaum verständlich wäre und als juristische Spielerei abqualifiziert werden könnte.

Hingegen bleibt die eigene Stellungnahme zur formalen Struktur und der inhaltlichen Ausfüllung des Ehrbegriffs dem 3. Teil vorbehalten, es sei denn, die einzig mögliche Entscheidung liege auf der Hand.

I. Ehre als innerer Wert

Da das Strafrecht nicht um seiner selbst willen da ist, bietet es sich geradezu an, einen ethischen, unabhängig vom Recht bestehenden Wert als das durch die §§ 185 ff. StGB geschützte Gut anzusehen. *Unter Ehre wäre demnach der wahre innere Wert* (= die Achtungswürdigkeit) *einer Person*[1] *zu verstehen.*

---

[1] Ob auch Gemeinschaften — also nicht nur ihre Mitglieder unter einer Gesamtbezeichnung — beleidigungsfähig sind, ist eines der Zentralprobleme des Beleidigungsrechts, dessen Lösung indes für die Aufgabenstellung der vorliegenden Arbeit ohne Belang ist. Es mag daher eine kurze Übersicht genügen:

Während die ältere Rechtsprechung des *Reichsgerichts* den Ehrbegriff auf den Personenwert beschränkte und daher die Beleidigungsfähigkeit von Personengemeinschaften mit Ausnahme der in §§ 196, 197 StGB positivrechtlich geregelten Fälle durchweg verneinte (vgl. RGSt 1, 178; 3, 246; 4, 75; 44, 143/147; 68, 123), waren die Meinungen in der Literatur geteilt (ebenfalls ablehnend *v. Bar*, GS 52, 81/185 ff.; *Liepmann*, VDB IV, S. 350; *Schierloh*,

So sieht etwa *Scheler*[2] in der Ehre einen objektiven Wert, der unabhängig von der Anerkennung durch die Umwelt besteht. Im juristischen Schrifttum wird der normative Ehrbegriff teils ausschließlich[3], teils beschränkt auf die Beleidigung im engeren Sinne (§ 185 StGB)[4],

---

S. 12; *Binding*, BT I, S. 140; *v. Liszt / Schmidt*, Lehrbuch, S. 508; demgegenüber stellten *Bolze*, GA 26, 1/3; *Frank*, StGB, II 4 vor § 185; *Hammeley*, S. 35; *Hurwicz*, ZStW 31, 873 ff.; *Kohler*, GA 47, 1/141 der natürlichen Person die juristische gleich).

Nachdem im Zuge der Aufwertung des Gemeinschaftsgedankens (vgl. dazu *Olshausen / Hörchner*, 4 b, c zu § 185) bereits das *Reichsgericht* mit seiner bisherigen Rechtsprechung gebrochen hatte (Urt. v. 12. 3. 1936 - RGSt 70, 140; bereits zuvor OLG Hamburg HRR 1935 Nr. 1348), hat auch der *Bundesgerichtshof* nach anfänglichem Schwanken (vgl. hinsichtlich der Familienehre BGH LM 2 zu § 185 mit Anm. *Krumme* = JZ 1951, 520 mit Anm. *Mezger* = MDR 1951, 500 mit Anm. *Welzel*) den Ehrenschutz auf Personengemeinschaften ausgedehnt, die eine rechtlich anerkannte gesellschaftliche Aufgabe erfüllen und einen einheitlichen Willen bilden können, ohne daß es dabei auf ihre Rechtsform ankomme (Urt. v. 8. 1. 1954 - BGHSt 6, 186; vgl. dazu *Bruns*, NJW 1955, 689).

Das neuere Schrifttum anerkennt überwiegend gleichfalls die Ehrfähigkeit von Gemeinschaften (vgl. *Dreher*, StGB, 3 A zu § 185; *Flatten*, S. 13 ff.; *Lackner / Maassen*, 3 b zu § 185; *Maurach*, BT, S. 133 ff.; *Sauer*, System, S. 354 ff.; *Schaefer*, LK, 8. Aufl., II 2 und III 1 vor § 185; *Schönke / Schröder*, 4 ff. vor § 185. Anderer Ansicht *Herdegen*, LK, 15 vor § 185; *Krug*, S. 75 ff.; *Welzel*, Lehrbuch, S. 306 sowie — de lege ferenda — *Hirsch*, Ehre, S. 91 ff.), jedoch teilweise mit von der Rechtsprechung abweichenden Einschränkungen (vgl. eingehend Arthur *Kaufmann*, ZStW 72, 418 ff.).

Der Entwurf 1962 möchte die weitere Entwicklung dieser Streitfrage der Rechtsprechung und Lehre überlassen (Begr. S. 313); ähnlich die Begründung zu § 144 AE, S. 25). Zur gesetzgeberischen Zurückhaltung vgl. *Lackner*, Niederschriften, S. 89 f.

[2] Formalismus, S. 568.

[3] So insbesondere *Binding*, BT I, S. 135 und Rede, S. 23; *Hirsch*, Ehre, S. 29 ff. und JR 1972, 516; *Sauer*, Ehre, S. 20 f.; Logos 9, 64/65; ZStW 46, 349/352; System, S. 344. Ebenso *Beling*, Grundzüge, S. 81 (anders aber noch in Nachrede, S. 11 f., 35); *Herdegen*, LK, 4 vor § 185; *Welzel*, Lehrbuch, S. 304; *Baltin*, S. 18; *Bemmann*, MDR 1956, 387/389; *Brandes*, S. 41 f., 72 (vgl. aber S. 119 f.); *v. Buri*, GS 26, 561/562; 28, 233/234; 33, 409/422; *Eßlinger*, S. 13; *Freudenstein*, S. 3; Arthur *Kaufmann*, ZStW 72, 418/430; *Müllereisert*, S. 22; *Otto*, MSchrKrim 1967, 420 (anders aber in Schwinge-Festschrift, S. 75); *Passauer*, S. 5 f.; Karlheinz *Schmid*, S. 29 f.; *Siess*, GroßArch 38 1/2; *Stranz*, ZStW 19, 212/235; wohl auch *Brockamp*, S. 76.

[4] So vor allem der *Bundesgerichtshof* (vgl. Beschluß des Großen Senats v. 12. 11. 1957 - BGHSt 11, 67/70 f. = LM 19 zu § 185 mit Anm. *Busch* = JZ 1958, 617 mit Anm. *Kern*). Siehe bereits RGSt 27, 366/368; die Rechtsprechung des *Reichsgerichts* läßt jedoch eine einheitliche Linie vermissen (vgl. etwa RGSt 13, 95; 70, 94; RG Rspr 9, 572; GA 38, 434; JW 1932, 1742). Im Schrifttum wird diese normativ-psychologische Auffassung vertreten von *Dalcke / Fuhrmann / Schäfer*, I a zu § 185; *Dreher*, StGB, 1 A zu § 185; *Beling*, Nachrede, S. 11, 35; *Hartung*, ZStW 71, 385/387; *Peters*, Staatslexikon, Sp. 1049. — Hier sind allerdings die Übergänge zu der formal-psychologischen Theorie, von der etwa *Frank*, StGB, I vor § 185 ausgeht, besonders fließend (vgl. statt aller *Busch*, a.a.O.; BayObLG GA 1963, 20/21; OLG Oldenburg NJW 1963, 920).

wobei dann Schutzobjekt des § 186 StGB die äußere Geltung sein soll[5], vertreten.

Übereinstimmung unter den Verfechtern des normativen Ehrbegriffs besteht aber nur hinsichtlich der Gleichsetzung von Ehre und innerem Wert. Was aber unter diesem Wert zu verstehen ist, ist wiederum heillos umstritten[6], was nicht allein auf dogmatische, sondern vor allem auch auf weltanschauliche Differenzen zurückzuführen ist.

Eine Klärung des vielschichtgen Begriffs des „wahren inneren Wertes" kann nur in der Weise erfolgen, daß man ihn von jeweils verschiedenen Standpunkten aus durchleuchtet. Hierzu soll die Beantwortung der nachstehenden sieben Fragen dienen:

a) Auf welcher Grundlage beruht der innere Wert?
b) In welcher Gestalt ist er für das Recht bedeutsam?
c) Aus welchen Komponenten setzt er sich zusammen?
d) Nach welchen Maßstäben bemessen sich diese?
e) In welchem Umfang wird der wahre Wert geschützt?
f) Auf welche Weise kann der innere Wert verletzt werden?
g) Welche Bedenken bestehen gegen den solchermaßen gewonnenen Ehrbegriff?

Die Aufspaltung des Ehrproblems in verschiedene Einzelfragen soll dazu dienen, nicht durch eine abstrakte — und daher in den Auswirkungen kaum übersehbare — Definition, sondern gewissermaßen mosaikartig Struktur und Inhalt des normativen Ehrbegriffs zu verdeutlichen. Da aber auch zahlreiche Teilfragen selbst im Schrifttum höchst kontrovers sind, kann ein klares Bild nur dadurch gewonnen werden, daß zwar die neuralgischen Punkte aufgezeigt werden, im allgemeinen aber lediglich die jeweils herrschende Meinung dargestellt wird; ob diese auch geeignet ist, der auftretenden Schwierigkeiten Herr zu werden, und welche Möglichkeiten für eine eventuelle Korrektur denkbar sind, bleibt im wesentlichen einer im 3. Teil der Arbeit vorzunehmenden kritischen Würdigung vorbehalten.

Die auf diesem Wege gewonnene Bestimmung dessen, was unter dem wahren inneren Wert verstanden wird, ist aber nicht nur als Fixierung

---

[5] Nach *Mirkoff*, S. 55 ff. gilt diese Einteilung nur im Regelfall, doch soll auch durch § 186 StGB die objektive Ehre, durch § 185 StGB der gute Name geschützt werden können.

[6] Vgl. *Lackner*, Niederschriften, S. 14. So durchzieht etwa der Streit „nur sittlicher oder auch sozialer Wert" die gesamte Beleidigungsliteratur von den Anfängen bis zur Gegenwart (vgl. die Nachweise bei *Krug*, S. 121 Anm. 326); inwieweit diese Fragestellung zutreffend ist, mag einstweilen dahingestellt bleiben.

des normativen Ehrbegriffs bedeutsam. Vielmehr gelten die zu den ersten vier Fragen erarbeiteten Ergebnisse für alle Ehrtheorien, die ja sämtlich nach der inneren Ehre ausgerichtet sind[7]. Hinzu kommt, daß zahlreiche Autoren die Ehre zwar nicht mit dem wahren inneren Wert gleichsetzen, wohl aber das Vorliegen von Ehre nur bejahen, wenn Übereinstimmung mit dem wahren Wert besteht[7a]; für diese *normativ korrigierten Ehrtheorien* bestimmt sich der Ehrenumfang[7b] nach den gleichen Grundsätzen wie beim normativen Ehrbegriff.

1. Die Ehrgrundlagen

Die Diskussion um das Ehrphänomen leidet vielfach darunter, daß nicht vorab geklärt wird, auf welcher *Grundlage* der als Ehre bezeichnete innere Wert einer Person beruht.

Sieht man den Akt des Wertens als entscheidend an, so wird man vorzugsweise das Subjekt der Wertung als die Ehrbasis bezeichnen; legt man dagegen das Schwergewicht auf die Qualität als solche, so kann sie eigentlich nur auf dem Objekt, d. h. der Persönlichkeit, beruhen. Daneben aber scheint die Kontroverse weitgehend durch das jeweilige Menschenbild (animal sociale aut individuale)[8] beeinflußt[9] und durch eine verfehlte Verquickung mit der Frage nach den Maßstäben, nach denen sich die Ehre bemißt[9a], in ihrer Bedeutung verkannt zu sein.

Wie fast immer in der Rechtswissenschaft so lassen sich auch hier zwei extreme und eine vermittelnde Theorie unterscheiden[10]:

a) Nach einer — insbesondere von *Sauer* vertretenen[11] — *sozialen Ehrauffassung* hat jegliche Ehre ihre Wurzeln in der Gemeinschaft. Während *Sauer* grundsätzlich jede beliebige Gemeinschaft als ehrbildend ansah[12] und unerlaubten lediglich den Rechtsschutz versagen

---

[7] Vgl. S. 34 Fußn. 9.

[7a] Vgl. unten S. 61, 62 und 70.

[7b] Vgl. Frage 5.

[8] Zur Frage, inwieweit der Dualismus von Glied- und Einzelperson berechtigt ist, vgl. Arthur *Kaufmann*, ZStW 72, 418/440 mit weiteren Nachweisen.

[9] Nur so ist eigentlich die nahezu einhellige „völkische“ Auffassung (vgl. die Nachweise bei *Olshausen / Hörchner*, 1 a vor § 185) während des Dritten Reiches zu erklären.

[9a] Vgl. dazu unten S. 42 ff.

[10] Vgl. zum Folgenden eingehend *Hirsch*, Ehre, S. 45 ff.

[11] Ehre, S. 66 ff.; Logos 9, 64/69 ff.; System, S. 343 ff.; vgl. auch Gerhard *Steiner*, S. 52.

[12] Ebenda. Über die Einschränkungen, die auch *Sauer* anerkennen muß, siehe Ehre, S. 28; System, S. 344.

wollte[13], führte die Überbetonung des Gemeinschaftsgedankens in den Dreißigerjahren zur sog. „völkischen Ehre“: Ehre sei nur die Gliedhaftigkeit des Einzelnen in der Volksgemeinschaft[14]. Infolge zahlreicher unangenehmer Konsequenzen[15], beispielsweise beschränkte — u. U. sogar völlige — Ehrlosigkeit von Kindern und Geisteskranken[16], aber auch Ehrverlust beim Ausscheiden aus einem Gemeinschaftsverband(!), wird die *soziale Ehrauffassung* heute nur noch von *Maurach*[17] verfochten.

b) Ihr gegenüber leitet eine *rein personale Ansicht* die Ehre ausschließlich von der (menschlichen) Persönlichkeit ab[18]. Die Personenwürde könne zwar vermindert sein, aber nie ganz verloren gehen[19].

c) Da die Rückführung der Ehre allein auf die Personwürde einer — zumindest in Grenzen wünschenswerten — passiven Beleidigungsfähigkeit von Personengemeinschaften[20] entgegenstehen würde, kombiniert die *herrschende Meinung* zu Recht beide Elemente; danach *ist die eine wesentliche Grundlage* der inneren Ehre *die Personwürde, die andere die Gemeinschaft*[21].

Der Meinungsstreit, der häufig mit der auf ganz anderer Ebene liegenden Kontroverse, ob auch die Nichterfüllung sozialer Pflichten die Ehre zu beeinträchtigen vermag, verquickt und verwechselt wird, ist von großer Bedeutung nicht nur für das Verständnis des Ehrphänomens, sondern auch für den Umfang des Beleidigungsrechts. Da sich von

---

[13] Vgl. System, S. 344.

[14] So deutlich *Ramm*, S. 59; Erwin *Schmidt*, S. 60; *Olshausen / Hörchner*, 1 a vor § 185 mit zahlreichen Nachweisen.

[15] Zur Kritik vgl. ausführlich *Hirsch*, Ehre, S. 45 ff.

[16] Die Beleidigungsfähigkeit von Kindern und Geisteskranken ist seit RGSt 10, 372 und 27, 366 grundsätzlich anerkannt (vgl. statt aller *Schönke / Schröder*, 3 vor § 185; a. A. lediglich *Heß*, S. 29, 31; einschränkend auch *Liepmann*, VDB IV, S. 335 ff.).

[17] BT, S. 130 f.; vgl. auch *Christiansen*, S. 19, 22.

[18] Vgl. *Binding*, BT I, S. 137; *Hälschner*, Deutsches Strafrecht, S. 157; *Kohler*, GA 47, 1; *Köstlin*, Abhandlungen, S. 2; *Mirkoff*, S. 12 ff.; neuerdings vor allem *Hirsch*, Ehre, S. 52 ff.; ihm folgend *Herdegen*, LK, 5 vor § 185; *Welzel*, Lehrbuch, S. 303.

[19] Vgl. *Hirsch*, Ehre, S. 51 und 53 Anm. 24. Dort auch zur Unterscheidung von Personen- und Menschenwürde.

[20] Vgl. die Nachweise oben Fußn. 1.

[21] So legt BGHSt 6, 186/190 das Schwergewicht auf das soziale, BGHSt 11, 67/71 mit Anm. *Busch*, LM 19 zu § 185 und *Kern*, JZ 1958, 617 auf das personale Element. Im Schrifttum wird diese Auffassung vertreten u. a. von *Dreher*, StGB, 1 A zu § 185; *Niethammer*, Lehrbuch, S. 192; *Schaefer*, LK, 8. Aufl., I 1 vor § 185; *Helfer*, GA 1969, 351; *Lentner*, S. 4; *Otto*, Schwinge-Festschrift, S. 78, 80; *Rehbinder*, S. 50; *Roeder*, Maurach-Festschrift, S. 350; *Rogowski*, GA 58, 367/375; *Tiedemann*, JurA 1970, 257/271; *Wolff*, ZStW 81, 886/896 f.

seiner Entscheidung jedoch keine Folgerungen für das Verhältnis der §§ 185 ff. StGB zueinander ergeben[22], erübrigt sich eine eingehende Darlegung.

2. *Der „negative Charakter" der Ehre*

Auf die mannigfachen Bedeutungen, die dem Wort „Ehre" durch den Sprachgebrauch beigemessen werden[23], ist es zurückzuführen, daß das *Wesen der Ehre als „ein bloß negatives Recht"*[24] zuweilen verkannt wird[25].

Demgegenüber hat bereits *Binding* darauf hingewiesen, daß die Ehre im Rechtssinne vom Bereich der „freien Tat" scharf zu scheiden sei[26] und daß nicht Verminderung fremder Ehre, sondern „der Versuch, Ehre in Unehre zu verkehren", das Wesen der Beleidigung ausmache[27]; denn nur hierdurch wird die Vollwertigkeit des Menschen, deren Schutz die Rechtsordnung zu gewährleisten hat, in Frage gestellt.

Ehre bedeutet folglich nur, daß das Persönlichkeitsbild unbefleckt ist, während das Vorliegen besonderer Verdienste (= Ruhm)[28] der durch keine Strafvorschrift eingeschränkten freien Würdigung (Art. 5 Abs. 1 GG) unterliegt[29]. Die Straftatbestände des 14. Abschnitts schützen also nur gegen Beeinträchtigungen der *Ehre im Sinne des Freiseins von Geltungsmängeln*[30].

Aus dem „negativen Charakter" der Ehre[31] ergibt sich nicht nur, daß im Bestreiten besonderer Verdienste keine Beleidigung liegt, sondern auch, daß ganz allgemein positive Ehrbezeugungen rechtlich nicht geboten sind[32].

---

[22] Ein dahingehender Versuch ist bislang noch nicht unternommen worden. Er müßte auch daran scheitern, daß die Zuweisung eines Elementes zu § 185 StGB, die des anderen zu §§ 186, 187 StGB kriminalpolitisch höchst unerwünschte Strafbarkeitslücken zeitigen würde.

[23] Vgl. dazu *Engelhard*, Ehre, S. 59 ff.; *Sauer*, Ehre, S. 2 f.

[24] *Fichte*, Naturrecht II, S. 76, nach *v. Bar*, GS 52, 81/204 Anm. 166 a.

[25] Vgl. etwa *v. Bar*, GS 52, 81/87 Anm. 6; *Bockelmann*, Niederschriften, S. 18; gegen letzteren zutreffend *Hirsch*, Ehre, S. 58. Im Grundsätzlichen besteht heute jedoch Übereinstimmung; vgl. *Hirsch*, Ehre, S. 56.

[26] Rede, S. 21 f.; BT I, S. 145.

[27] BT I, S. 141.

[28] Vgl. *Engelhard*, Ehre, S. 65.

[29] Vgl. *Hirsch*, Ehre, S. 57; ebenso *Herdegen*, LK, 12 zu § 185.

[30] Vgl. *Allfeld*, Lehrbuch, S. 369; *Binding*, Rede, S. 22 und BT I, S. 141; *v. Buri*, GS 28, 233/236; *Hälschner*, Deutsches Strafrecht, S. 163; *Hirsch*, Ehre, S. 57 f.; *Kohler*, GA 47, 1/2 f.; *Köstlin*, Abhandlungen, S. 2; *Krug*, S. 106; *Lorsch*, S. 10; *Müllereisert*, S. 22; *Ramm*, S. 46; *Welzel*, ZStW 57, 28/40.

[31] *Schopenhauer*, Aphorismen, S. 73.

[32] Vgl. *v. Buri*, GS 26, 561; *Freudenstein*, S. 4; *Kronecker*, GS 38, 481/482; *Wolff*, ZStW 81, 886/901; *Frank*, StGB, I 2 zu § 185; *Hälschner*, Deutsches

3. *Die Ehrkomponenten*

Mit der Erkenntnis, daß Ehre im Rechtssinne nur das Freisein von Unehre bedeutet, ist das Wesen der Ehre indes erst in groben Umrissen bestimmt, die es nunmehr inhaltlich näher auszufüllen gilt. Dazu muß zunächst festgestellt werden, aus welchen Komponenten sich die Ehre zusammensetzt, sodann nach welchen Maßstäben sie sich bemißt.

Es ist ein Verdienst *Bindings*[33], als erster auf die grundlegende *Scheidung von Ehre als „angeborenem" und als „wol erworbenem Gut"* hingewiesen zu haben[34].

Ehre besteht sonach einmal in dem allgemeinen *Menschenwert,* der jedem Menschen kraft seines Menschseins zukommt. Diesem vorgegebenen konstanten Faktor steht ein individueller und variabler gegenüber, nämlich der Persönlichkeitswert, der durch *werthafte Lebensführung* erworben wird[35].

In dieser Zweiteilung will *Baltin* gleichzeitig die grundsätzliche Unterscheidung der beiden typischen Ehrverletzungstatbestände (§ 185 StGB einerseits und §§ 186, 187 StGB anderseits) erkennen[36]: Verletzung der allgemeinen Menschenehre durch Kundgebung der Mißachtung, sog. Formalbeleidigung (§ 185 StGB), und Verletzung des individuellen Persönlichkeitswertes durch Negieren einer ehrbegründenden Eigenschaft (§§ 186, 187 StGB)[37].

Strafrecht, S. 163; *Schaefer,* LK, 8. Aufl., I 2 vor § 185; anders *Grolman,* Grundsätze, S. 299 für den Bereich der sog. „bürgerlichen Ehre". — Natürlich aber kann in der Nichtabwendung eines ehrverletzenden Erfolges seitens eines Garanten eine Beleidigung liegen; vgl. dazu ausführlich *Hirsch,* Ehre, S. 238 ff. mit weiteren Nachweisen.

[33] Rede, S. 14 f.; vgl. auch BT I, S. 136.

[34] Ebenso *Baltin,* S. 10; *v. Bar,* GS 52, 81/104 Anm. 166 b; *Bickert,* S. 14 ff.; *Brügger,* S. 6 Anm. 2; *Gallas,* Sitzungsbericht, S. 328; Niederschriften, S. 50; ZStW 75, 16/38; Arthur *Kaufmann,* ZStW, 72, 418/430; *Kratz,* S. 20 f.; *Otto,* MSchrKrim 1967, 420; *Pfleiderer,* S. 5; *Rehbinder,* S. 51 f.; Karlheinz *Schmid,* S. 40; *Siess,* GroßArch 38, 1/3; *v. Liszt / Schmidt,* Lehrbuch, S. 507; *Schaefer,* LK, 8. Aufl., I 3 vor § 185; ähnlich auch *Engelhard,* Ehre, S. 31; *v. Hippel,* Lehrbuch, S. 212; *Lackner,* Niederschriften, S. 14, 61; *Schmitz,* S. 36 f.; a. A. wohl *Hirsch,* Ehre, S. 85. — *Rehbinder,* S. 51 f. weist darauf hin, daß der gleiche Dualismus auch für das allgemeine Persönlichkeitsrecht gelte; hier werde der Mensch in seinem „statischen Sein" durch Art. 1 GG, in seiner „Dynamik, seiner Initiative" durch Art. 2 GG geschützt; vgl. auch BGHZ 24, 72/76.

[35] Zusätzlich zu diesen beiden objektiven Komponenten verlangen *Binding* (Rede, S. 24, 27; BT I, S. 141 f.) und *Sauer* (Ehre, S. 20; Logos 9, 64/76; ähnlich Gerhard *Steiner,* S. 54 f.) als subjektives Element einen Ehrwillen, nämlich daß der Betroffene auf den Vollbesitz der Ehre Wert lege.

[36] S. 18 ff.

[37] S. 19.

Baltin verkennt hierbei aber, daß es sich auch bei dem konstanten Faktor des allgemeinen Menschenwertes um eine Tatsache im Sinne der §§ 186, 187 StGB handeln kann[38]. So muß etwa die wahrheitswidrige Behauptung des A gegenüber B, der C sei ein Zwitter, angesichts des klaren Wortlauts des § 186 StGB unter diese Vorschrift fallen. Die von *Baltin* vorgeschlagene Systematik läßt sich folglich nicht durchführen.

Zwar ist also die Unterscheidung von angeborener und erworbener Ehre für die Abgrenzung der Tatbestände nicht geeignet; gleichwohl ist sie unentbehrlich, da in ihr, wie sich noch zeigen wird, der Schlüssel für eine sinnvolle Setzung der Ehrmaßstäbe zu finden ist.

4. *Die Ehrmaßstäbe*

Eine exakte Festlegung der Ehrmaßstäbe scheitert häufig daran, daß die Fragestellung nicht richtig gesehen wird[39] oder auf beide Ehrkomponenten unterschiedslos die gleichen Regeln angewandt werden. Es kann indes dieses Kernproblem des Beleidigungsrechtes nur bei Beachtung der oben geschilderten Differenzierung befriedigend gelöst werden.

A. Der Menschenwert

Bei Beantwortung der Frage, was denn eigentlich den konstanten Faktor der Ehre, den angeborenen Menschenwert, ausmache, besteht insoweit Übereinstimmung, als nicht jeder Angriff auf den Menschen als Leib-Seele-Geist-Einheit eine Ehrverletzung bilden kann. Darüber, welche Einschränkungen im einzelnen vorzunehmen sind, besteht jedoch keine Einigkeit. Im wesentlichen haben sich vier Meinungen herausgebildet:

a) Am engsten ist die Auffassung *Bindings*, der nur Angriffe, die sich gegen die *sittliche oder rechtliche Integrität* der Person richten, ausreichen läßt und das Absprechen körperlicher, geistiger oder ästhetischer Eigenschaften als „Pseudo-Beleidigungen" bezeichnet[40]. Ähnlich verfährt auch *Eichmann*, der vom Grundgedanken der Verantwortlichkeit des Menschen ausgeht und deshalb die Behauptung unverschuldeter Personmängel nicht als beleidigend ansieht[41].

---

[38] Zum Tatsachenbegriff siehe *Engelhard*, Ehre, S. 99 ff.; *Maurach*, BT, S. 144; *Schönke / Schröder*, 3, 4 zu § 186, jeweils mit zahlreichen Nachweisen sowie unten S. 132 f.

[39] Vgl. dazu *Sauer*, Ehre, S. 16.

[40] BT I, S. 143 f. Vgl. auch *Hälscher*, Deutsches Strafrecht, S. 165; *Kohler*, GA 47, 1/29 ff.; *Rehbinder*, S. 51; *Schaefer*, LK, 8. Aufl., I 1 vor § 185.

[41] S. 36 ff.

Da diese enge Auffassung den Bereich strafwürdiger Ehrverletzungen zu Unrecht verkürzt, insbesondere die so beliebten Angriffe auf den Intellekt wie „Depp" oder „Idiot" ungeahndet lassen muß, war sie stets heftiger Kritik ausgesetzt[42]. *Kohler* will zwar die schlimmsten Konsequenzen der Beschränkung auf den sittlichen Bereich dadurch vermeiden, daß er bei zahlreichen Schimpfworten, wie etwa „Trottel, Esel, Schaf" und dergleichen, eine Beleidigung bejaht, weil hierdurch zum Ausdruck gebracht werde, daß der Mensch in seinem Intellekt so tief stehe, daß er einer sittlichen Auffassung gar nicht fähig sei[43].

Sein dahingehender Versuch ist jedoch gekünstelt und legt derartigen Ausdrücken eine Bedeutung bei, die ihnen gar nicht zukommt[44].

Zu Recht dehnt deshalb die ganz überwiegende Meinung[45] den Schutzbereich der Beleidigungstatbestände *auch* auf den *geistig-körperlichen Bereich* des Menschenwertes aus.

b) Sehr weit geht dabei — mit Billigung einer Mindermeinung im Schrifttum[46] — vor allem die *Rechtsprechung* des Bundesgerichtshofs und der Obergerichte[46a]. Nachdem der *Bundesgerichtshof* die Ehre als den „Anspruch eines Menschen auf Achtung seiner Persönlichkeit" definiert hatte[47], lag es nahe, auch strafrechtlich große Teilbereiche dessen zu erfassen, was zivilrechtlich als *allgemeines Persönlichkeitsrecht* geschützt wird[48].

So wurden, um nur einige Beispiele zu nennen[48a], als Beleidigung angesehen: Angriffe Außenstehender auf das Interesse an Ruhe und Ungestörtheit[49], das Recht am eigenen Bild[50], den Anspruch auf körperliche Unverletzlichkeit[51], die Schamhaftigkeit[52] und das Schamgefühl[53],

---

[42] Vgl. *Baltin*, S. 4 f.; *Gerland*, Lehmann-Festschrift, S. 302 Anm. 7; *Hammeley*, S. 8; *Hirsch*, Ehre, S. 82 ff.; *Liepmann*, VDB IV, S. 277.

[43] S. 30. Ähnlich bereits *Hälschner*, Preußisches Strafrecht, S. 252; gegen ihn *Kratz*, S. 31.

[44] So auch *Liepmann*, VDB IV, S. 277.

[45] Vgl. RG GA 38, 434; 45, 423; 46, 204; *Kern*, Materialien Bd. 1, S. 306, der dies sogar als allgemein anerkannt bezeichnet; *Sauer*, Ehre, S. 17 sowie die in Fußn. 42 Genannten.

[46] *Brügger*, S. 4; *Krug*, S. 147 ff., 156, 171; *Merkel*, Lehrbuch, S. 289 f. Vgl. auch die Beispiele bei *Heins*, S. 121 f.

[46a] Zur Entwicklung dieser Rechtsprechung vgl. *Droste*, S. 44 ff.

[47] BGHSt 1, 288/289. Vgl. bereits RGSt 41, 61/62; 65, 337.

[48] Vgl. hierzu *Erman / Weitnauer*, Anh. zu § 12 BGB, Rn. 27 ff.

[48a] Weitere Beispiele bei *Droste*, S. 122 ff.

[49] BayObLG JR 1963, 468 mit Anm. *Schröder*.

[50] OLG Oldenburg NJW 1963, 920.

[51] BGH v. 23. 4. 1969 - 4 StR 73/69.

[52] BGHSt 9, 17/18 = LM 16 zu § 185 mit zust. Anm. *Hülle*.

[53] BGH v. 15. 7. 1970 - 2 StR 244/70.

das elterliche Züchtigungs-[54], Sorge-[55] und Erziehungsrecht[56], das Recht der Ehegatten auf eigenverantwortliche Gestaltung der ehelichen Beziehungen[57] und eheliche Treue[58] sowie das Recht der Frau auf die Freiwilligkeit sexueller Hingabe[59]. Auf der gleichen Grundlage beruhen die zahlreichen Entscheidungen, die bei Vornahme sexueller Handlungen — insbesondere vor oder mit Kindern und Geisteskranken — eine Beleidigung annehmen, wenn der Tatbestand eines Sittlichkeitsdeliktes nicht vorliegt oder sich nicht nachweisen läßt[60].

Die Einwände gegen diese extensive Rechtsprechung liegen auf der Hand[61]: In jeder körperlichen Beeinträchtigung, Nötigung, Verletzung

[54] OLG Koblenz NJW 1955, 602 mit Anm. *Friese*, NJW 1955, 843 und *Schultz*, NJW 1955, 1121.

[55] BGHSt 7, 129/130 = LM 13 zu § 185 mit zust. Anm. *Kohlhaas;* ablehnend *Jescheck*, GA 1956, 97/110.

[56] BGHSt 16, 58/60 = LM 4 zu § 235 mit zust. Anm. *Martin;* einschränkend OLG Hamm JMBlNRW 1966, 236.

[57] BGHSt 11, 67/71 = LM 19 zu § 185 mit zust. Anm. *Busch* = JZ 1958, 617 mit abl. Anm. *Kern;* zust. OLG Stuttgart MDR 1969, 684; vgl. bereits RG JW 1913, 154; zur Tragweite dieser Entscheidungen vgl. auch BGH bei *Dallinger*, MDR 1970, 730.

[58] BayObLG MDR 1958, 264 und GA 1963, 20 im Anschluß an RGSt 70, 94. Auf dieses „sich aus dem Begriffe und Wesen der Ehe ergebende Recht auf ausschließliche Beiwohnung behufs Zeugung ehelicher Nachkommen“ (RGSt 19, 250/252) ist es dann zurückzuführen, daß ein Ehebruch „in der Regel auch als eine Ehrenkränkung und Mißachtung des verletzten Ehegatten“ angesehen wurde (RGSt 65, 1; a. A. jetzt OLG Zweibrücken, NJW 1971, 1225 unter Berufung auf den Wandel der Ehrauffassungen) und so trotz bestehender Ehe entgegen der bis zum 31. 8. 1969 geltenden Vorschrift des § 172 StGB bestraft werden konnte (vgl. RGSt 65, 1/2; RG DR 1941, 45 mit Anm. *Mittelbach;* DR 1941, 149 mit Anm. *Mezger;* BGH NJW 1952, 476; *Schönke / Schröder*, 14. Aufl., 12 zu § 172). Nach Wegfall der Sperrwirkung des § 172 müßte nach dieser Ansicht § 185 erst recht Anwendung finden (vgl. *Dreher*, StGB, 1 A a aa zu § 185; *Pauli*, JR 1971, 194), ein Ergebnis, das den Intentionen des 1. StrRG widerspricht.

[59] BGH NJW 1951, 368; vgl. bereits RGSt 65, 337.

[60] RGSt 10, 372; 74, 224 = DR 1940 mit zust. Anm. *Bruns;* BGHSt 8, 357 = LM 14 zu § 185 mit Anm. *Werner;* BGH v. 19. 1. 1966 - 2 StR 474/65; weitere Nachweise bei *Olshausen / Hörchner*, 6 e zu § 185 und *Pfeiffer / Maul / Schulte*, 8 - 10 zu § 185; zustimmend *Mezger*, DR 1941, 147; *v. Weber*, MoKrimBi 31, 273/276; *Dreher*, StGB, 1 A a zu § 185; *Schaefer*, LK, 8. Aufl., II 2 c zu § 185.

Engisch, ZAkDR 1939, 568; *Gallas*, ZAkDR 1941, 15/16; wohl auch *Kohlrausch / Lange*, VI zu § 185 bejahen ebenfalls einen Angriff auf die Ehre, lehnen aber wegen der abschließendenden Regelung der Vorschriften des 13. Abschnitts eine Strafbarkeit ab, wenn das beleidigende Verhalten sich in der Vornahme der geschlechtsbezogenen Handlung erschöpft. Nach *Bassenge*, S. 76 f.; *v. Dohna*, DStR 1941, 34/40 f. (der die „Geschlechtsehre“ nicht dem angeborenen, sondern dem erworbenen Wert zurechnet); *Hanack*, Gutachten, S. 11; *Hirsch*, Ehre, S. 62 f.; *Lippert*, S. 29 und *Welzel*, MDR 1951, 501/502 ist bereits begrifflich keine Beleidigung gegeben.

[61] Zur Kritik im einzelnen vgl. *Gallas*, ZAkDR 1941, 15/16 und ZStW 75, 16/38 f.; *Hirsch*, Ehre, S. 60 ff.; *Herdegen*, LK, 14 zu § 185; *Welzel*, MDR 1951, 501/502.

von Eigentum usw. liegt gleichzeitig eine Mißachtung der Persönlichkeit des Mitmenschen. Die Beleidigung würde daher zum Auffangtatbestand für nahezu alle Straftaten gegen Individualrechtsgüter werden, selbst wenn der Anwendungsbereich auf herabwürdigende, das heißt gegen die Werthaftigkeit des Menschen gerichtete, Angriffe beschränkt wird[62]. Denn auch dann liegt, wie die angeführten Beispiele zeigen, die Gefahr nahe, daß durch die Einbeziehung der verschiedenartigsten Persönlichkeitsrechtsverletzungen die Grenzen des Beleidigungsrechts flüssig werden. Diese bedenklich nahe Verwandtschaft zur *iniuria* des römischen Rechts begründet einen Verstoß gegen die Verfassungsgarantie „nullum crimen sine lege" (Art. 103 Abs. 2 GG) und führt zu einer Ausdehnung der Strafbarkeit auf nicht — zumindest nicht als Beleidigung[62a] — strafbedürftige Fallgruppen[63].

c) Zwischen den beiden extremen Standpunkten liegt eine insbesondere von *Hirsch*[64] verfochtene Lösung. Nach ihr können Ehrmängel auch in objektiven, vom menschlichen Verhalten unabhängigen Zuständen bestehen. Ausuferungen werden dadurch vermieden, daß nur der Vorwurf *elementarer menschlicher Unzulänglichkeiten,* wie sie z. B. bei Geisteskranken, intellektuell Beschränkten, Zwittern usw. vorlägen, eine Beleidigung darstellen soll[65].

Auch hier erfolgt also die *Begrenzung rein nach qualitativen Gesichtspunkten.*

d) Demgegenüber stellt eine weitere vermittelnde Theorie auf die *Art und Intensität der Einwirkung* ab. Nach ihr liegt eine Ehrverletzung vor, wenn der Betroffene als ein minderwertiges Glied der bürgerlichen Gesellschaft hingestellt oder geringer behandelt wird, als es seiner Ehre entspricht[66]. *Durch quantitative Steigerung* können demnach Taktlosigkeiten, Unhöflichkeiten oder Foppereien die *Qualität von Ehrangriffen* gewinnen[67], wobei das *Wesen der Beleidigung in der Form* der Kundgebung zu finden ist[68].

---

[62] Vgl. OLG Oldenburg NJW 1963, 920 f.

[62a] Vgl. §§ 182 ff. E 1962 mit Begr. S. 326 ff.

[63] Vgl. außer den in Fußn. 61 Genannten OLG Hamm NJW 1972, 883; *Eisler,* S. 75; *Heins,* S. 9; *Rogowski,* GA 58, 367/384.

[64] Ehre, S. 82 ff.; in Umrissen bereits *Welzel* in früheren Auflagen seines Lehrbuchs und *Kohlrausch / Lange,* II vor § 185.

[65] Ebenso *Herdegen,* LK, 10 vor § 185; *Welzel,* Lehrbuch, S. 303.

[66] So vor allem *Sauer,* Ehre, S. 96 f., 130 f.; System, S. 347, 369 f.; *Frank,* StGB, I 2 a zu § 185; vgl. auch *Allfeld,* Lehrbuch, S. 376; *Heins,* S. 120 ff.; Karlheinz *Schmid,* S. 46; *Schönke / Schröder,* 5, 10 zu § 185; enger *v. Bar,* GS 52, 81/90 (Behandlung als „nicht zu beachtendes Nichts, eine Null").

[67] Vgl. *Schröder,* JR 1963, 468.

[68] Vgl. *Hammeley,* S. 15.

Verschiedentlich werden hierfür sogar objektiv ehrindifferente Äußerungen oder Handlungen für ausreichend erachtet, sofern der Täter ihnen erkennbar einen mißachtenden Sinn beimißt[69]. Danach werden aber nicht nur die Grenzen von Versuch und Vollendung verwischt, sondern diese weitergehende Auffassung unterscheidet sich der Sache nach auch nur unwesentlich von der Meinung, die die Beleidigung als Verletzung des allgemeinen Persönlichkeitsrechts versteht[70], und ist daher den gleichen Einwänden ausgesetzt.

Hammeley glaubt, mit Hilfe der *Formbeleidigung* zu einer befriedigenden Abgrenzung der Tatbestände zu gelangen, die der gesetzlichen Systematik entspricht[71]: Bei den §§ 186, 187 StGB beleidige der Inhalt, bei § 185 StGB die Form der Äußerung. Da *Hammeley* aber auch bei der *Formbeleidigung* nicht auf den Ehrbegriff verzichten will, ist er auf die Hilfskonstruktion angewiesen, daß der Hörer „den entsprechenden Inhalt ... hinzudenken und die leere Form mit einem Vorwurf ausfüllen werde“[72]. Es läuft also wieder auf eine *Inhaltsbeleidigung* hinaus, so daß für die Systematik letztlich nichts gewonnen ist.

Die Darstellung der vier Auffassungen, die zum Inhalt des konstanten Ehrfaktors vertreten werden, hat insofern eine erste Klärung ergeben, als die *Binding / Kohlersche* Konzeption als *zu eng* und die der *Judikatur* als *zu weit* aus der weiteren Betrachtung auszuscheiden haben. Ob einer der beiden vermittelnden Theorien gefolgt werden kann oder ob nach einer neuen, systemgerechteren Lösung gesucht werden muß, hängt von der Entscheidung der Frage ab, inwieweit der allgemeine Menschenwert des Rechtsschutzes bedürftig ist[73].

B. Die werthafte Lebensführung

a) Während es sich bei dem konstanten Ehrfaktor, dem Menschenwert, ohne Zweifel um eine *Eigenschaft* handelt, besteht hinsichtlich der *Natur des variablen Faktors* in der Literatur weder Klarheit[74] noch Übereinstimmung.

---

[69] So insbesondere RGSt 1, 390; BGHSt 8, 325/326 mit zust. Bespr. *Jescheck*, GA 1958, 1/11; vgl. bereits *Beling*, ZStW 18, 267/285. Das Erfordernis eines objektiv beleidigenden Inhalts betont demgegenüber vor allem *Kern*, Abgrenzung, S. 23 ff. und Äußerungsdelikte, S. 15 ff., 20 ff.; vgl. auch RGSt 65, 21; BayObLG NJW 1957, 1607; JR 1963, 468 mit Anm. *Schröder;* OLG Stuttgart MDR 1969, 684.

[70] So berufen sich OLG Oldenburg NJW 1963, 920; BayObLG JR 1963, 468 mit Anm. *Schröder* und insbesondere *Krug*, S. 147 ff., 155 ff. allgemein auf das „Behandeln unter Wert“, ohne einen hinreichenden Bezug zur Ehre herzustellen.

[71] S. 16.

[72] S. 22; zur Kritik vgl. *Feisenberger*, ZStW 31, 723/731.

[73] Vgl. unten 3. Teil, 4. Abschnitt, II 1.

Vielfach wird auch unter dem „wol erworbenen Gut“[75] die Tatsache bereits erbrachter *Leistungen* und (oder) der Besitz bestimmter *Eigenschaften* verstanden[76]. Es stellt sich aber sogleich die Frage, welche Qualität die Eigenschaften aufweisen müssen, um ehrbildend zu sein. Nach *Liepmann*[77] sind hierzu nur die *wesentlichen*, d. h. die zur Pflichterfüllung erforderlichen, geeignet[78]. Das bedeutet, daß zu den Eigenschaften noch bestimmte Aufgaben hinzukommen müssen[79].

Nach anderer Auffassung bilden die Eigenschaften und Aufgaben nur die Grundlage des variablen Ehrfaktors, während sein Wesen allein in der Erfüllung der anvertrauten Aufgaben beruht. Ehre ist demnach Pflichterfüllung, korrekter ausgedrückt[80]: das *Unterbleiben von Pflichtverletzungen*[81].

Der Streit ist nur für den Umfang des Beleidigungsschutzes von Belang, und von hier aus ergibt sich auch seine Lösung: Es wäre nicht nur weithin unverständlich, sondern geradezu unsittlich, wollte man bei einem erblindeten Maler oder einem tauben Komponisten[82] den

---

[74] So sieht etwa van *Calker*, DJZ 1902, 277 eine Beleidigung unterschiedslos in der Behauptung einer Pflichtverletzung oder mangelnder Eigenschaften oder minderwertiger Leistungen.

[75] *Binding*, Rede, S. 15.

[76] So vor allem *Liepmann*, VDB IV, S. 224; Beleidigung, S. 12 f.; vgl. auch RG Rspr 1, 28; *Baltin*, S. 6; *Engelhard*, Ehre, S. 21; *Frank*, StGB, I vor § 185; *v. Hippel*, Lehrbuch, S. 212 Anm. 5; *Kohlrausch / Lange*, II vor § 185; *Schönke / Schröder*, 10 zu § 185. *Sauer*, der neben der Pflichterfüllung auch die Tauglichkeit zur Pflichterfüllung als ehrkonstituierend ansieht (Ehre, S. 11, 18; Logos 9, 64/70; System, S. 341), eliminiert letzteres wieder in seiner für die Bedürfnisse des Rechts vereinfachten „Verkehrsehre“ (Ehre, S. 22; Logos 9, 64/78; System, S. 346 ff.) sowie durch eine unwiderlegbare Vermutung (vgl. Ehre, S. 35; Logos 9, 64/78; System, S. 347).

[77] VDB IV, S. 227, 232 f.

[78] So auch *Baltin*, S. 6; *Koschmann*, S. 23; *Frank*, StGB, I vor § 185; *Kohlrausch / Lange*, II vor § 185; *Maurach*, BT, S. 131; *Welzel*, Lehrbuch, bis zur 10. Auflage; vgl. auch *v. Liszt / Schmidt*, Lehrbuch, S. 507.

[79] Damit werden die Eigenschaften jedoch nicht zu Aufgaben (so aber *Hammeley*, S. 14).

[80] Der negative Charakter der Ehre darf nicht außer acht gelassen werden (vgl. oben S. 40).

[81] So vor allem *Binding*, Rede, S. 16 und BT I, S. 136; *Hammeley*, S. 14 f.; *Hirsch*, Ehre, S. 72; vgl. auch *Herdegen*, LK, 8 vor § 185; Arthur *Kaufmann*, ZStW 72, 418/430; *Kern*, Abgrenzung, S. 12; *Kratz*, S. 22; *Pfleiderer*, S. 5; *Rehbinder*, S. 51; *Rogowski*, GA 58, 367/379; *Sauer*, Ehre, S. 11; *Schaefer*, LK, 8. Aufl., I 1 vor § 185; *Siess*, GroßArch 38, 1/3; Gerhard *Steiner*, S. 53.

Wenn zusätzlich auch das Fehlen pflichttreuer Gesinnung als ehrmindernd bezeichnet wird (so von *Hirsch*, Ehre, S. 73 und *Sauer*, Ehre, S. 15; ähnlich *Otto*, Schwinge-Festschrift, S. 79), so kann das, wenn überhaupt, nur den konstanten Ehrfaktor betreffen.

[82] Diese Beispiele *Hammeleys* (S. 13) finden sich in der Beleidigungsliteratur immer wieder (vgl. statt aller *Frank*, StGB, I 1 a zu § 185 und *Krug*, S. 142 f., 144 ff.). Ähnliches gilt hinsichtlich der bekannten Reichsgerichts-

Vollbesitz der Ehre verneinen[83]. Dann aber kann auch ein dahinzielender Vorhalt nicht beleidigend sein, es sei denn, es werde damit gleichzeitig der Vorwurf pflichtwidriger Berufsausübung trotz erkannter Untauglichkeit zum Ausdruck gebracht[84]. Es ist deshalb *Hammeley* zuzustimmen, wenn er die *Pflichtverletzung als „die einzige Quelle der Unehre“* bezeichnet[85].

b) Daneben hat sich eine weitere Meinungsverschiedenheit herausgebildet, nämlich die — vielfach mit der Kontroverse „nur sittlicher oder auch sozialer Wert“[86] vermengte[87], ja deren eigentlichen Kern bildende[88] — Frage, ob nur *vorwerfbare* Eigenschaften beziehungsweise *schuldhafte* Pflichtverletzungen die Ehre beeinträchtigen können[89].

Da man im Ehrbereich von keinem anderen Menschenbild ausgehen kann als im übrigen Strafrecht, hängt die Entscheidung des Streites von der jeweiligen Einstellung zur *Willensfreiheit* des Menschen ab. Diese ist aber sowohl in der Auslegung des geltenden Rechts[90] als auch für das kommende[91] überwiegend anerkannt. Man kann deshalb *nicht vorwerfbare Pflichtverletzungen nicht* als *ehrmindernd* bezeichnen.

c) Will man das Beleidigungsrecht nicht unerträglich überspannen, so darf man nicht jede Pflichtverletzung für geeignet erachten, Unehre zu begründen. Es ist daher festzustellen, *auf welche Bereiche sich die ehrrelevanten Pflichten beziehen*[92].

---

entscheidung in Rspr 1, 28, nach der jeder Spitzenpolitiker über ein besonders hohes Maß an Eloquenz und Aussagekraft zu verfügen hat (vgl. hierzu die Schrifttumsnachweise bei *Hirsch*, Ehre, S. 81 Anm. 85, der die Entscheidung mit zutreffender Begründung ablehnt).

[83] Es braucht hier nur an *Beethoven* erinnert zu werden!

[84] So auch *Schaefer*, LK, 8. Aufl., II 2 b zu § 185; vgl. bereits *Frank*, StGB, I 1 a zu § 185.

[85] S. 14 f. Natürlich gilt dieser Satz nur für den Bereich der „werthaften Lebensführung“, nicht für den konstanten Ehrfaktor.

[86] Siehe dazu unten im Text.

[87] Darauf hat bereits *Sauer*, Ehre, S. 15 f. hingewiesen.

[88] Vgl. *Krug*, S. 125.

[89] So namentlich *Binding*, Rede, S. 16, 21 und BT I, S. 136 f.; vgl. auch OLG Braunschweig NdsRpfl 1965, 210; *Eichmann*, S. 36; *Hirsch*, Ehre, S. 72, 79 f.; *Kratz*, S. 22; *Krug*, S. 143. Anderer Ansicht *Engelhard*, Ehre, S. 21; *Otto*, Schwinge-Festschrift, S. 80 f. sowie insbesondere die Vertreter des sozialen Ehrbegriffs (vgl. oben S. 38 f.): *Heins*, S. 118; *Maurach*, BT, S. 148; *Passauer*, S. 8; *Sauer*, Ehre, S. 17.

[90] Vgl. BGHSt 2, 194/200 = LM 5 zu § 59 mit Anm. *Jagusch* = JZ 1952, 335 mit Anm. *Welzel; Baumann*, Lehrbuch, S. 379 f.; *Jescheck*, Lehrbuch, S. 303 ff.; *Maurach*, AT, S. 424 ff.; weitere Nachweise, insbesondere auch zur Gegenansicht, bei *Jescheck*, Lehrbuch, S. 303 f. Anm. 2 - 4 und *Mezger*, Lehrbuch, S. 251 ff.

[91] Vgl. Begr. zu §§ 23 ff. E 1962, S. 137 und zu § 2 II AE, S. 29.

[92] Es stellt sich nur die Frage nach der *Art* der Pflicht, nicht nach ihrer Bedeutsamkeit oder der *Intensität* der Verletzung. Selbstverständlich ver-

aa) *Liepmann* versucht eine Einteilung nach den Lebensbereichen und Aufgabenkreisen in eine Geschlechts-, Standes-, Berufs-, Menschen- und Kulturehre[93]. Mit Recht weist *Baltin* darauf hin, daß diese Unterscheidung nicht nur wegen der fließenden Übergänge nutzlos, sondern auch wegen ihrer nicht gerechtfertigten abschließenden Begrenzung gefährlich ist[94].

bb) Als bedeutsamer hat sich die von *v. Lilienthal* hervorgehobene Unterscheidung von moralischen und sozialen Werten[95] erwiesen:

Ähnlich wie bei dem allgemeinen Menschenwert sind nach einer weit verbreiteten Meinung auch im Bereich des variablen Ehrfaktors nur *sittliche* Aspekte ehrrelevant[96], wobei vereinzelt daneben auch *rechtliche* Gesichtspunkte anerkannt werden[97]. Da durch die Beschränkung auf den sittlich-rechtlichen Sektor aber viele als strafwürdig empfundene Fälle nicht erfaßt werden[98], bezieht heute die *herrschende Lehre*[99] — wie bereits die ständige Rechtsprechung des *Reichsgerichts*[100] — auch den *sozialen Wert* in den Ehrbegriff ein[101].

---

mögen Verstöße gegen geringfügige Pflichten oder solche unerheblicher Art den Ehrenstatus nicht zu beeinträchtigen (vgl. *v. Bar*, GS 52, 81/103; *Binding*, BT I, S. 137; *Sauer*, Ehre, S. 13, 121 f.).

[93] VDB IV, S. 225 f.; Beleidigung, S. 13.

[94] Vgl. *Baltin*, S. 8 f.

[95] VDB IV, S. 393 Anm. 10.

[96] Vgl. OLG Karlsruhe GA 70, 27 mit Anm. F. *Müller; Binding*, Rede, S. 15; BT I, S. 136; *v. Buri*, GS 28, 233; *Dochow*, Handbuch III, S. 337; *Hälschner*, Deutsches Strafrecht, S. 164 f.; *Hammeley*, S. 13, 17; *Hirsch*, Ehre, S. 77 ff., der jedoch den Bereich des „Sittlichen" sehr weit ausdehnt (vgl. S. 75 f., 78; ebenso *Herdegen*, LK, 17 zu § 185); Hans-Werner *Hoffmann*, S. 74; Arthur *Kaufmann*, ZStW 72, 418/430; *Kohler*, GA 47, 1/29; Arthur *Müller*, NJW 1947/48, 349; Alfred *Weber*, JW 1930, 948. Weitere Nachweise bei *Krug*, S. 121 Anm. 326.

[97] So *Binding*, BT I, S. 136; vgl. auch *Frank*, StGB, I vor § 185; *Rehbinder*, S. 51 f.; *Schaefer*, LK, 8. Aufl., I vor § 185. Hingegen will *Hirsch*, Ehre, S. 75 ff. (ebenso *Herdegen*, LK, 16 zu § 185) dem rechtlichen Wert neben dem sittlichen überhaupt keine selbständige Bedeutung beimessen (vgl. dazu oben Fußn. 96).

[98] Eine ausführliche Zusammenstellung der Einwände gegen den sog. „sittlichen Ehrbegriff" findet sich bei *Krug*, S. 129 ff.; vgl. dort auch zur Widerlegung der dogmatischen Argumentation *Franks* (StGB, I vor § 185; wie *Frank* auch *Kern*, Frank-Festgabe, S. 338 und *Mahlberg*, S. 7) aus § 193 StGB (S. 132 f.).

[99] *Dalcke / Fuhrmann / Schäfer*, 1 a zu § 185; *Dreher*, StGB, 1 B zu § 185; *Kohlrausch / Lange*, II vor § 185; *Lackner / Maassen*, 4 a zu § 185; *Mezger / Blei*, BT, S. 106; *Olshausen / Hörchner*, 1 a vor § 185; *Schaefer*, LK, 8. Aufl., I vor § 185; *Schönke / Schröder*, 1 vor und 10 zu § 185; *Welzel*, Lehrbuch bis zur 10. Aufl.; *Bockelmann*, Beleidigung, S. 479; *Bruns*, NJW 1955, 689/690; *Flatten*, S. 10; *Gallas*, Beleidigung, S. 454 und Niederschriften, S. 24; *Otto*, Schwinge-Festschrift, S. 76 ff.; *Rehbinder*, S. 51 f., Karlheinz *Schmid*, S. 50; *Schmitz*, S. 42. Aus dem älteren Schrifttum vgl. *Baltin*, S. 9; *Frank*, StGB,

Dieser Theorienstreit ist ebenfalls nur für den Umfang des Beleidigungsschutzes bedeutsam. Es mag daher der kurze Hinweis genügen, daß die gegen die Ausdehnung auf den sozialen Bereich erhobenen Bedenken[102], insbesondere das der Gefahr einer Ausuferung[102a], nicht durchschlagend sind, da nur vorwerfbare Pflichtverstöße Unehre zu begründen vermögen. Auch darf nicht verkannt werden, daß der Inhalt des Ehrbegriffs im Laufe der Zeit starken Veränderungen ausgesetzt ist[103] und heute eben die Erfüllung sittlicher Pflichten von geringerem Interesse ist als die sozialer[104], so daß gerade ein Verstoß gegen letztere allgemein als Ehrmakel angesehen wird. Schließlich ist es angesichts der Unzahl gesetzlicher Bestimmungen, die keinen Bezug zum Sittengesetz aufweisen, ja diesem sogar widersprechen können[105], unumgänglich, auch die rechtliche Integrität in den Ehrenschutz einzubeziehen.

5. *Der Ehrumfang*

Liegt das Wesen der Ehre im „Freisein von Unehre[106], so muß bei allen Menschen die theoretische *Obergrenze der Ehre die gleiche* sein[107].

I vor § 185; *Heins,* S. 119 f.; *Hurwicz,* ZStW 31, 873/874; *Kern,* Abgrenzung, S. 9; Frank-Festgabe, S. 338; Materialien Bd. 1, S. 306; *Rogowski,* GA 58, 367/381; *Sauer,* Ehre, S. 17 f. und System, S. 342; *Schierloh,* S. 5.

[100] RG Rspr 1, 28; GA 38, 434; 45, 423; 46, 204; JW 1932, 1742 mit zust. Anm. *Engelhard;* DR 1943, 189. Auch der *Bundesgerichtshof* scheint dieser Auffassung folgen zu wollen (vgl. BGHSt 6, 186/190).

[101] Nach OLG Kiel StRZ 1921, 185 ist sogar allein der soziale Wert erheblich; vgl. auch *Christiansen,* S. 17 f.; *Maurach,* BT, S. 131 f.

[102] Vgl. hierzu im einzelnen *Krug,* S. 137 ff.

[102a] So aber *Hammeley,* S. 11.

[103] Vgl. *Kratz,* S. 5: „Ehre ist ... das Spiegelbild der kulturellen, wirtschaftlichen und sozialen Verhältnisse". Siehe auch *Freudenstein,* S. 1, *Korff,* S. 38 ff.; *Krug,* S. 65; *Osenbrüggen,* S. 1 ff.; *Welzel,* ZStW 57, 28/38 ff.

[104] Natürlich bedarf es im Einzelfall einer Abgrenzung gegenüber anderen Phänomenen wie etwa der nur ausnahmsweise geschützten Amtsstellung (vgl. zu § 95 a. F. = § 90 n. F. StGB BGHSt 16, 338/341 = LM 1 zu § 95 mit Anm. *Jagusch*) oder dem Prestige (vgl. hierzu *Korff,* S. 111 ff.). Nach *Binding,* BT I, S. 135 und *Maurach,* BT, S. 133, der sich zu Unrecht auf RGSt 76, 366/369 beruft, beziehen sich auch die §§ 196, 197 StGB nicht auf die Ehre, sondern auf die (staatliche) Autorität.

[105] Vgl. *Radbruch,* Rechtsphilosophie, S. 158. Im Kollisionsfalle ist der Rechtspflicht nachzukommen (so auch *v. Bar,* GS 52, 81/100; *Frank,* StGB, II 2 zu § 186; *Engelhard,* Ehre, S. 95; *Sauer,* Ehre, S. 30; *Waack,* DJZ 1911, 1439 f.; a. A. *Liepmann,* VDB IV, S. 236; *v. Lilienthal,* VDB IV, S. 395; unklar *Binding,* BT I, S. 136), so daß etwa — um ein früher immer wieder heiß diskutiertes Beispiel (vgl. *Sauer,* Ehre, S. 30) zu bringen — der Vorwurf, ein Duell abgelehnt zu haben, auch bei Zugrundelegung längst obsolet gewordener Ehrencodices nicht beleidigend wäre.

[106] Vgl. zum „negativen Charakter" der Ehre oben S. 40.

[107] So RG DJ 1936, 1268; BVerfGE 4, 352/355; *Binding,* BT I, S. 137; *Olshausen / Hörchner,* 2 b bb zu § 185; *Baltin,* S. 6 f.; *Hirsch,* Ehre, S. 55 und 73 f.

Unbestritten ist dies hinsichtlich des allgemeinen Menschenwertes, während es hinsichtlich des „erworbenen Gutes“ zuweilen bezweifelt wird[108]. Aber auch in dem letzteren Bereich kann nichts anderes gelten; denn entscheidend ist nicht das Vorhandensein besserer Eigenschaften oder höherer Pflichten, sondern das Unterbleiben von Pflichtverletzungen. Demjenigen also, dem mehr und schwerwiegendere Pflichten obliegen, kommt keine erhöhte Ehre zu[109]; wohl aber ist sowohl für ihn selbst die Gefahr, durch eigene Handlungen seine Ehre zu vermindern, als auch für andere die Möglichkeit, ihm Ehrenrühriges nachzusagen, vergrößert[110], eine Tatsache, die bei der Strafzumessung zu berücksichtigen ist[111].

Vielfach ist jedoch die Obergrenze nicht erreicht; der Menschenwert bleibt hinter dem Normalmaß zurück oder das Ehrsubjekt hat sich Pflichtverletzungen zuschulden kommen lassen. Bis dies indes erwiesen ist, kann das Recht nicht zulassen, daß die Menschen einander „nach Maaß willkürlich angenommener Ehrlosigkeit“[112] behandeln[113]. *Für den vollen Ehrbestand* einer Person streitet vielmehr die *Rechtsvermutung* „quisquis praesumitur bonus“[114]. Sie ist, wie sich bereits aus dem Wortlaut des § 186 StGB ergibt, *widerlegbar*[115]; wird sie entkräftet, so fehlt es schon an einem tatbestandlichen Angriffsobjekt[116].

---

[108] So wurde zuweilen angenommen, daß dem sozial Höherstehenden eine höhere (Standes-)Ehre zukomme; vgl. RGSt 23, 347; *v. Buri*, GS 28, 233/236; *Hälschner*, Deutsches Strafrecht, S. 160, 162; *Kratz*, S. 23; *Rehbinder*, S. 56; *Sauer*, Ehre, S. 36 und System, S. 347 f.

[109] Selbstverständlich ist jedoch zu beachten, daß das Vorliegen einer Beleidigung von der jeweiligen Verkehrssitte, die sich nach Alter, Geschlecht, Stand, Beruf etc. bestimmt, abhängig sein kann (vgl. RG JW 1930, 2540; *Binding*, BT I, S. 142; *Herdegen*, LK, 11 zu § 185; *Olshausen / Hörchner*, 1 a vor § 185; *Simson / Geerds*, S. 314). So dient bekanntlich in manchen Gegenden Deutschlands das beliebte Götz-Zitat (III, 17 a. E.) nur dazu, ein Gespräch zu beginnen, zu beenden oder ihm eine andere Wendung zu geben.

[110] Vgl. BVerfGE 4, 352/356.

[111] Vgl. RG JW 1933, 1414; *Bruns*, Strafzumessungsrecht, S. 407; *Lackner / Maassen*, 3 zu § 187 a.

[112] *Binding*, BT I, S. 137.

[113] So auch *Binding*, BT I, S. 137; *Krug*, S. 106.

[114] Vgl. RGSt 19, 386/387; *Binding*, BT I, S. 137; *Feuerbach*, Lehrbuch, § 272; *Schaefer*, LK, 8. Aufl., I 4 vor § 185; *Welzel*, Lehrbuch bis zur 10. Aufl.; *Brügger*, S. 11 f.; *Engelhard*, Ehre, S. 117; *Freudenstein*, S. 4; *Henkel*, Gutachten, S. 103; Arthur *Kaufmann*, ZStW 72, 418/435; *Kleinschrod*, ArchCrimR 1799, IV, 1/15; *Koschmann*, S. 23; *Krug*, S. 106; *Rehbinder*, S. 56; *Roeder*, Maurach-Festschrift, S. 357; Ferdinand *Schmid*, S. 68. Gegen eine Ehrvermutung wenden sich insbesondere *Beling*, Nachrede, S. 21 ff.; *Brandes*, S. 68 ff.; *Bruns*, GS 27, 481/502; *Friedmann*, S. 11; *Hafter*, SchwZStR 47, 405/408; *Hirsch*, Ehre, S. 162 ff.; *Rosenfeld*, S. 101 Anm. 58.

[115] A. A. *v. Bülow*, GS 46, 261/268; Hans-Werner *Hoffmann*, S. 74; differenzierend *Sauer:* Nur die — im wesentlichen allein von ihm geforderten — Ehrelemente „Ehrinteresse“ (vgl. oben Fußn. 35) und „Tauglichkeit zur

6. *Die „Verletzung" der Ehre*

Die Hauptschwierigkeit, mit der die Verfechter des normativen Ehrbegriffs stets zu kämpfen hatten, lag — insbesondere unter dem Einfluß eines kausalnaturalistischen Denkens[117] — in einer befriedigenden Erklärung, wie der innere Wert einer Person durch Außenstehende verletzt werden könne.

So haben selbst *Binding* und *Sauer*, die eigentlichen Wegbereiter der normativen Betrachtungsweise, ihre These, daß das Wesen der Beleidigung in dem „Versuch, Ehre in Unehre zu verkehren"[118], in der „Behandlung zuwider der Ehre"[119] bzw. „nach Maß nicht vorhandener Unehre"[120] liege, nicht konsequent durchgeführt und sich durch Einführung von Hilfskonstruktionen den formalen und psychologischen Theorien genähert[121].

Die Erkenntnis, daß der Begriff der *Verletzung keine Beeinträchtigung der Substanz* erfordert[122], ermöglicht indes den Vertretern des normativen Ehrbegriffs eine anscheinend friktionslose Durchführung ihrer Ansicht: Das Wesen der *Beleidigung liegt in der Nichtanerkennung des wahren inneren Wertes*[123]. Aus letzterem „fließt der durch

---

Pflichterfüllung" (vgl. oben Fußn. 76) sollen unwiderlegbar vermutet werden (Ehre, S. 34 f.; Logos 9, 64/78; System, S. 347).

[116] Demgegenüber wollen *Beling*, Grundzüge, S. 80 f.; *Kern*, Abgrenzung, S. 12 und *Pfleiderer*, S. 8 die „hypothetische Ehrenstellung" schützen, d. h. diejenige Beurteilung, die eine Person unter der Unterstellung genießt, daß er seinen Aufgaben genüge; der Wahrheitsbeweis führe lediglich zur Rechtfertigung oder Straflosigkeit (vgl. *Kern*, Abgrenzung, S. 13). Diese Auffassung ist indes mit dem rein normativen Ehrbegriff, nach dem die Ehre sich als der wahre innere Wert einer Person darstellt, unvereinbar. Entsprechendes muß hinsichtlich der sog. „Verkehrsehre" (vgl. *Sauer*, Ehre, S. 21 ff., 35 f.; Logos 9, 64/78; System, S. 346 ff./350; *Passauer*, S. 12; Gerhard *Steiner*, S. 55; siehe auch *Gerland*, Lehrbuch, S. 492; Lehmann-Festschrift, S. 307 und GS 110, 9/18) gelten.

[117] Vgl. vor allem *v. Liszt*, ZStW 6, 663 ff.

[118] *Binding*, BT I, S. 141.

[119] *Sauer*, Ehre, S. 32, 71; Logos 9, 64/65; System, S. 349.

[120] *Binding*, Rede, S. 23.

[121] Vgl. den Ehrwillen bei *Binding* (Rede, S. 24, 27 und BT I, S. 136, 141 f.), bei *Sauer* den Ehranspruch (Ehre, S. 69 f.) bzw. das Ehrinteresse (System, S. 349). Vgl. auch Arthur *Kaufmann*, ZStW 72, 418/430; *Rehbinder*, S. 57; *Schaefer*, LK, 8. Aufl., I 2 vor § 185.

[122] Für die „Ehrverletzung" vgl. bereits *Mittasch*, S. 136 f.; *Radbruch*, Frank-Festgabe, S. 161; *Sauer*, Ehre, S. 32; allgemein zur Preisgabe des naturalistischen Handlungsbegriffs *Gallas*, Gleispach-Festschrift, S. 54 f., 61; *Maurach*, AT, S. 173 f.

[123] Vgl. *Baltin*, S. 18; *v. Buri*, GS 26, 561; 28, 233/234. — Da die Beleidigung ein Äußerungsdelikt ist (vgl. *Kern*, Äußerungsdelikte, S. 11), genügt nicht eine in der Brust des „Täters" verschlossene Gesinnung; die Mißachtung muß vielmehr erklärt werden (unstr.) und zur Kenntnis eines anderen ge-

§ 185 StGB strafbewehrte Rechtsanspruch eines jeden, daß er ... entsprechend seiner inneren Ehre behandelt werde"[124]. Mit anderen Worten: *Der wahre innere Wert bildet den Maßstab, gemäß dem jedermann zu behandeln ist*[125].

7. *Bedenken gegen den normativen Ehrbegriff*

Nach Darstellung von Wesen, Inhalt und Umfang des normativen Ehrbegriffs soll abschließend die Kritik, die er immer wieder gefunden hat, kurz erwähnt werden. Im wesentlichen handelt es sich stets um die gleichen Bedenken:

a) Der Begriff „Wert", der die faktischen Seiten dieses Phänomens nicht angebe, sei etwas Unwirkliches[126].

b) Der wahre innere Wert sei zu unbestimmt, als daß er im Einzelfalle festgestellt werden könne[127].

c) Er sei nur relativer Natur, d. h. eine einheitliche und ausnahmslos geltende Bewertung sei ausgeschlossen[128].

d) Der innere Wert einer Person könne durch Dritte nicht — oder allenfalls nur mittelbar[129] — verletzt werden[130].

---

langen (vgl. *Kern*, Äußerungsdelikte, S. 25; *Schönke / Schröder*, 19 zu § 185; abweichend lediglich *Kohler*, GA 47 1/15 f. und *Liepmann*, VDB IV, S. 264. Zur Frage, inwieweit hierzu das Verständnis des beleidigenden Sinngehalts erforderlich ist, vgl. *Brockamp*, S. 14 ff. und passim; *Hirsch*, Ehre, S. 218 Anm. 39 mit weiteren Nachweisen); darüber hinausgehende Einwirkungen auf die Außenwelt sind nicht erforderlich (a. A. *Heß*, S. 8 Anm. 8; *Spiecker*, S. 19 f.).

[124] BGHSt 11, 67/71 = LM 19 zu § 185 mit Anm. *Busch* = JZ 1958, 617 mit Anm. *Kern*; vgl. auch *Herdegen*, LK, 13 vor § 185; *Hirsch*, Ehre, S. 30; Arthur *Kaufmann*, ZStW 72, 418/430; *Schaefer*, LK, 8. Aufl., I 2 vor § 185; *Welzel*, Lehrbuch, S. 303.

[125] Vgl. BGHSt 11, 67/71; *Binding*, Rede, S. 23; *Hirsch*, Ehre, S. 29 ff.; *Passauer*, S. 11; *Sauer*, Ehre, S. 32, 71; Logos 9, 64/65; System, S. 349; *Schaefer*, LK, 8. Aufl., I 2 vor § 185; Karlheinz *Schmid*, S. 31.

[126] *Wolff*, ZStW 81, 886/887, 892; vgl. auch *Heins*, S. 27 f.

[127] Vgl. *Bockelmann*, Niederschriften, S. 18; *Brügger*, S. 9; *v. Bülow*, GS 46, 261/265; *Kern*, Abgrenzung, S. 11, 32; vgl. auch *Sauer*, Ehre, S. 32 f.

[128] Vgl. *v. Bülow*, GS 46, 261/265; wohl auch *Bockelmann*, Niederschriften, S. 18.

[129] Vgl. *Allfeld*, Lehrbuch, S. 368; *v. Bar*, GS 52, 81/96 Anm. 18; *Liepmann*, VDB IV, S. 229; *Mahlberg*, S. 23 f.

[130] Dieser Einwand (siehe dazu auch oben im Text) wird immer wieder vorgebracht; vgl. RG GA 38, 434 mit zust. Anm. *Meves*; *Frank*, StGB, I vor § 185; *v. Liszt / Schmidt*, Lehrbuch, S. 506; *Wachenfeld*, Lehrbuch, S. 352; *Allfeld*, GS, 93, 225/226; *Bassenge*, S. 8 f.; *Bickert*, S. 10; *Bleeck*, S. 14 f.; *Bockelmann*, Beleidigung, S. 477 und Niederschriften, S. 18; *v. Bülow*, GS 46, 261/265; *Delaquis*, S. 163 f.; *v. Dohna*, ZStW 57, 158 und DStR 1941, 34/35; *Gallas*, Sitzungsbericht, S. 328; *Helle*, Schutz der Ehre, S. 6; Max *Hirschberg*,

e) Nach dem Grundsatz „in dubio pro reo" müsse dann stets die Unwahrheit und das Bewußtsein der Unwahrheit nachgewiesen werden[131].

f) Schutzwürdig schließlich sei nicht die verdiente, sondern die tatsächlich bestehende Geltung[132].

g) Der normative Ehrbegriff erlaube keine praktikable Abgrenzung zum Indiskretionsdelikt[133].

Ob und gegebenenfalls inwieweit die geschilderten Bedenken gerechtfertigt sind, soll erst im 3. Teil untersucht werden.

8. *Zusammenfassung*

Nach *normativer Auffassung* ist Ehre der wahre innere Wert einer Person, der seine Grundlagen in der Persönlichkeit und in der Gemeinschaft findet. Ehre bedeutet nur Freisein von Unehre. Sie besteht aus zwei Komponenten, dem vorgegebenen allgemeinen Menschenwert und einem individuellen Wert, der durch schuldhafte Verletzung sittlicher, rechtlicher oder sozialer Pflichten beeinträchtigt werden kann. Für den Vollbestand der Ehre spricht eine widerlegbare Rechtsvermutung. Verletzung der Ehre ist durch Kundgabe der Nichtanerkennung möglich.

II. Ehre als psychologischer Sachverhalt

Die psychologischen Ehransichten sind vor allem aus der Suche nach einem „verletzbaren" Schutzgut erwachsen. Nach ihnen bildet die Ehre ein *sozialpsychologisches Phänomen*[1], nämlich die empirisch feststellbare Beurteilung gewisser Eigenschaften einer Person seitens der Rechtsgenossen oder des Ehrenträgers selbst[2].

S. 112; *Kohler*, GA 47, 1; *Liepmann*, Beleidigung, S. 14; *Lippert*, S. 15; *Rehbinder*, S. 57; *Rosenfeld*, S. 101; *Schmitz*, S. 42; *Spiecker*, S. 16 ff.; *v. Volkmann*, S. 15 f.; *Wolff*, ZStW 81, 886/889 f.

131 *Friedmann*, S. 7 f.; *Kern*, Abgrenzung, S. 32; *Lissner*, ZStW 51, 742/766; *Pfleiderer*, S. 17.

132 So *Bockelmann*, Beleidigung, S. 476 ff. und Niederschriften, S. 18 (jedenfalls für den Bereich des § 186 StGB); *v. Dohna*, DStR 1941, 34/35; *Kern*, Abgrenzung, S. 11, 32, der jedoch die tatsächliche Ehrenstellung für noch weniger schutzwürdig erachtet (vgl. S. 11 f.); *Liepmann*, VDB IV, S. 234; *v. Lilienthal*, VDB IV, S. 400; *Rosenfeld*, S. 101 Anm. 58.

133 *Dähn*, S. 129.

1 So die treffende Kennzeichnung *Krugs* (S. 70) im Anschluß an *Hellpach*, Handbuch der Soziologie, Stuttgart 1956, S. 294 ff.

2 Zuweilen werden diese Beurteilungen nicht als Formen der Ehre selbst angesehen, wohl aber als deren durch die Beleidigungstatbestände geschützten Reflexe (so *v. Dohna*, ZStW 57, 158 und DStR 1941, 34/35 f.; ähnlich auch

Dieser Ehrbegriff ist seit *Aristoteles*[3] insbesondere in der philosophischen Literatur vorherrschend. So sieht etwa *Hegel* in der „Vorstellung von sich selbst" das Wesen der Ehre[4], während *Schopenhauer* sie „objektiv, als die Meinung anderer von unserem Wert und, subjektiv, unsere Furcht vor dieser Meinung" bezeichnet[5].

Im juristischen Schrifttum wird nicht immer ein rein psychologischer Ehrbegriff verfochten[6]; nach anderer Auffassung soll zwar durch die §§ 186, 187 StGB der Ruf geschützt werden, während im Bereich des § 185 StGB teils ein normativer[7], teils ein formaler Ehrbegriff[8] vertreten, teils auf das Rechtsgut Ehre gänzlich verzichtet[9] wird.

Auch in sich gesehen bieten die psychologischen Theorien kein einheitliches Bild: Die *äußere Erscheinungsform* bestimmt sich nach dem Subjekt des Urteilenden, der *Ehrinhalt* nach dem Grade der Abhängigkeit von dem wahren inneren Wert; weiter besteht keine völlige Übereinstimmung hinsichtlich der *Intensität des Ehrangriffs*. So nimmt es nicht wunder, daß sich dieser Ehrbegriff mannigfachen *Bedenken* ausgesetzt sieht.

Bockelmann, Beleidigung, S. 477; *Eisler*, S. 82; *Schierloh*, S. 3 f.). Da es für die vorliegende Untersuchung indes nur auf die sog. Ehre im Rechtssinne ankommt (vgl. oben 1. Abschnitt, III), ist diese Konstruktion nur von theoretischem Interesse.

[3] Nikomachische Ethik, Buch I, Kap. 3 b.

[4] Sämtliche Werke, Bd. 13, S. 172 ff. Zum Ehrbegriff *Hegels* vgl. namentlich *Wolff*, ZStW 81, 886/893 ff.

[5] Aphorismen, S. 70.

[6] So aber insbesondere *v. Dohna*, ZStW 57, 158 und DStR 1941, 34/35 f.; *Engelhard*, Ehre, S. 5 ff.; *Kohler*, GA 47, 1 ff.; *Liepmann*, VDB IV, S. 228; *Maurach*, BT, S. 130 f. sowie die in Fußn. 24, 37 und 40 Genannten. Auch RMG 8, 133 und OLG Oldenburg GA 1954, 284 bezeichnen die äußere Geltung als die Ehre. Hingegen scheint die Rechtsprechung des Reichsgerichts — trotz zuweilen ähnlicher Formulierungen (vgl. etwa RGSt 70, 94; GA 38, 434; JW 1932, 1742 mit Anm. *Engelhard*) — dies nur für den Bereich der §§ 186, 187 StGB annehmen zu wollen, während sie im Rahmen des § 185 StGB bald von einem subjektiven (vgl. RG Rspr 9, 572), bald von einem normativen (vgl. etwa RGSt 27, 366/368), bald von einem formalen Ehrbegriff (vgl. RGSt 13, 95) ausgeht (teilweise abweichend *Hirsch*, Ehre, S. 4 Anm. 12).

[7] Vgl. die S. 36 Fußn. 4 Genannten.

[8] So OLG Oldenburg NdsRpfl 1955, 118; *Frank*, StGB, I vor § 185; *Kohlrausch / Lange*, II vor § 185; *v. Liszt / Schmidt*, Lehrbuch, S. 506; *Niethammer*, Lehrbuch, S. 192; *Schönke / Schröder*, 1 vor § 185; *Bockelmann*, Beleidigung, S. 477, 482 und JR 1954, 327; *Busch*, Anm. zu BGH LM 19 zu § 185; *Grolman*, Grundsätze, S. 296; *Kern*, Frank-Festgabe, S. 338 und Materialien Bd. 1, S. 306 (anders aber noch Abgrenzung, S. 10); *Lippert*, S. 15, 18; *Pfleiderer*, S. 8; *Wetzel*, S. 65, 67.

[9] So *Heß*, S. 1, 4.

1. *Die äußere Erscheinungsform*

Kennzeichnend für den psychologischen Ehrbegriff, der deshalb eigentlich stets ein faktischer sein müßte, ist das Vorliegen einer *tatsächlich gefällten* — nicht wie beim normativen Ehrbegriff lediglich fingierten[10] — *Beurteilung.* Je nach dem, wer diese Wertung vornehmen soll, die Umwelt, der Ehrenträger selbst oder beide, lassen sich drei Ehransichten unterscheiden:

a) Die äußere Ehre[11],

b) die subjektive Ehre und

c) die kombinierende Betrachtungsweise.

a) In allen Lebenskreisen, denen ein Mensch zugehört, ist er grundsätzlich Gegenstand einer *Beurteilung*[12], die sich aus der sinnlichen Feststellung bestimmter Eigenschaften[13] und deren normativer Bewertung an Hand rechtlicher und ethischer Grundsätze[14] zusammensetzt, deren Maßstäbe allerdings im Laufe der Geschichte Veränderungen unterworfen sind[15]. So entsteht für die Umwelt, was gemeinhin als (äußere) Geltung[16], Achtung[17], Anerkennung[18], Ansehen[19], Wertschätzung[20] und (guter) Ruf bzw. Leumund[21] bezeichnet wird.

---

[10] Vgl. hierzu *Sauer,* Ehre, S. 10; unklar *Christiansen,* S. 19 Anm. 55.

[11] So die auf *Frank* (StGB, I vor § 185) zurückgehende gebräuchliche Terminologie; zu Abweichungen siehe oben S. 13 Fußn. 4 sowie *Helle,* Schutz der Ehre, S. 6.

[12] Zur Frage, wer die Meinungsbildung innerhalb einer Gruppe bestimmen und welche Gruppe bei gegensätzlichen Ansichten die maßgebliche sein soll, vgl. *Krug,* S. 82 f., 88 ff.; *Liepmann,* VDB IV, S. 231; *Sauer,* Ehre, S. 27 ff., 46 ff.

[13] Zur Frage, welche Eigenschaften erheblich sind, siehe oben I, 4.

[14] Vgl. oben S. 34 Fußn. 9.

[15] Vgl. statt aller *Welzel,* ZStW 57, 28/38 ff.

[16] So RG GA 38, 434; JW 1932, 1742 mit zust. Anm. *Engelhard;* BGHSt 11, 67/71; OLG Oldenburg GA 1954, 284; *van Calker,* Strafrecht, S. 135; *Dreher,* StGB, 1 A zu § 185; *v. Liszt / Schmidt,* Lehrbuch, S. 506; *Bruhns,* GS 27, 481/502; *Hafter,* SchwZStR 47, 405/409; *Liepmann,* VDB IV, S. 228; *Lorenz,* S. 8; *Rosenfeld,* S. 101; *Wilhelm,* GS 45, 161/162.

[17] So *Kohlrausch / Lange,* II vor § 185.

[18] Vgl. statt aller *Hälschner,* Deutsches Strafrecht, S. 163; *Kohler,* GA 47, 1/3.

[19] So *Hartung,* ZStW 71, 385/387; *Peters,* Staatslexikon, Sp. 1049; Erwin *Schmidt,* S. 88; *Wetzel,* S. 67.

[20] So *Mezger / Blei,* BT, S. 106; vgl. auch *Dochow,* Handbuch III, S. 337; *Kronecker,* GS 38, 481/482.

[21] So die heute allgemein übliche Formulierung; vgl. BGHSt 11, 67/71; *Dalcke / Fuhrmann / Schäfer,* 1 a zu § 185; *Dreher,* StGB, 1 A zu § 185; *Lackner / Maassen,* 1 zu § 185; *Maurach,* BT, S. 131; *Bockelmann,* Beleidigung, S. 477; *Hartung,* ZStW 71, 385/387; *Peters,* Staatslexikon, Sp. 1049. Aus dem älteren Schrifttum vgl. namentlich *Frank,* StGB, I vor § 185; *v. Hippel,* Lehr-

Das Ansehen in der Umwelt bilde die Grundlage des menschlichen Zusammenlebens; es bestimme die Art und Weise der Behandlung durch die Mitmenschen, sei Antrieb zu sozialer Betätigung und beeinflusse das für die eigene Entwicklung so bedeutsame Ehrbewußtsein[22]. Es sei daher in hohem Maße des *Strafrechtsschutzes bedürftig*[23].

Eine ältere Lehre[24] sah denn auch in diesem äußeren Erscheinungsbild das *alleinige Schutzobjekt* der Beleidigungstatbestände. Da sie aber sowohl die tätliche[25] als auch die Beleidigung unter vier Augen[26] nur unter Zuhilfenahme gewundener Konstruktionen[27] zu erklären vermochte, ist sie weitgehend auf Ablehnung gestoßen[28]. So wird heute die äußere Ehre, soweit sie überhaupt als schützenswert anerkannt wird, überwiegend auf die §§ 186, 187 StGB beschränkt[29].

b) Nicht nur der Umwelt, sondern auch sich selbst ist der Mensch Gegenstand der Wahrnehmung und Bewertung[30]. Dieses *Ehrbewußtsein* kann einmal die Vorstellung von dem eigenen Wert umfassen[31],

---

buch, S. 213; *Beling*, Nachrede, S. 11; *v. Dohna*, ZStW 57, 158; *Eisler*, S. 85; *Friedmann*, S. 43 Anm. 24; *Grolman*, Grundsätze, S. 287; *Kern*, Frank-Festgabe, S. 338 und Materialien Bd. 1, S. 306; *Liepmann*, Beleidigung, S. 14; *Schierloh*, S. 3; Albert *Steiner*, S. 39.

[22] Vgl. insbesondere *Engelhard*, Ehre, S. 78 ff., 82; *Schierloh*, S. 9 f.; siehe auch *Bruhns*, GS 27, 481/501; *Kohler*, GA 47, 1/4; *Liepmann*, VDB IV, S. 229.

[23] Vgl. *Bockelmann*, Beleidigung, S. 477; *Krug*, S. 76 f.; *Schierloh*, S. 9 f.; dagegen aber *Hirsch*, Ehre, S. 25 ff.; *Sauer*, Ehre, S. 41 ff.

[24] *Bleeck*, S. 14; *Brügger*, S. 7; *Bruhns*, GS 27, 481/501; *Delaquis*, S. 164; *Dochow*, Handbuch III, S. 337; *Frank*, GA 35, 36/41 (anders aber in StGB, I vor § 185); *Kern*, Abgrenzung, S. 10 (vgl. aber in Frank-Festgabe, S. 338 und Materialien Bd. 1, S. 306); *Kohler*, GA 47, 1/4; *Kronecker*, GS 38, 481/482; *Lorenz*, S. 8; *Lorsch*, S. 7; *Olshausen / Freiesleben*, 11. Aufl., 2 a zu § 185; *Osenbrüggen*, S. 1; *Rogowski*, GA 58, 367/381; *Rosenfeld*, S. 101; Erwin *Schmidt*, S. 88 f.; Adolph *Weber*, Iniurien I, S. 6; *Wilhelm*, GS 45, 161/162. Zur Rechtsprechung vgl. oben Fußn. 6. — In der moraltheologischen Literatur ist noch heute diese Betrachtungsweise vorherrschend; vgl. statt aller *Korff*, S. 36 f.

[25] Vgl. *Bassenge*, S. 5.

[26] Vgl. *Baltin*, S. 15; *Bassenge*, S. 5; *Eisler*, S. 67; *Heins*, S. 17 f.; *Liepmann*, VDB IV, S. 231.

[27] Vgl. etwa *v. Liszt / Schmidt*, Lehrbuch, S. 510 Anm. 12; *Wilhelm*, GS 45, 161/163 f.; siehe auch *v. Bar*, GS 52, 81/96.

[28] Vgl. *Baltin*, S. 15; *Bassenge*, S. 5; *Eisler*, S. 67; *Engelhard*, JW 1932, 1742; *Frank*, StGB, I vor § 185; *Hammeley*, S. 11 Anm. 1; *Heins*, S. 17 f.; *Hirsch*, Ehre, S. 14; *Liepmann*, VDB IV, S. 231; *Mahlberg*, S. 9; *Pfleiderer*, S. 7; *Ramm*, S. 35; *Rehbinder*, S. 57; *Sauer*, Ehre, S. 43 f.

[29] So die Vertreter der drei dualistischen Ehrtheorien (vgl. oben S. 26 Fußn. 2). Nicht ganz so eng *Maurach*, BT, S. 130; *Mezger / Blei*, BT, S. 106; *Eisler*, S. 83 ff.; *Mirkoff*, S. 55 ff.; *Schierloh*, S. 15 f.: Neben anderen Ehraspekten soll § 185 StGB auch den Ruf schützen.

[30] *Engelhard* bezeichnet den Ehrträger insofern als „Objektsubjekt" (Ehre, S. 15 f.).

[31] So *v. Dohna*, ZStW 57, 158 und DStR 1941, 34/35; *Engelhard*, Ehre, S. 15;

zum anderen aber auch die Vorstellung, wie das eigene Persönlichkeitsbild bei anderen Subjekten beschaffen sein mag[32]. Verlagert sich die Stellungnahme zum Persönlichkeitswert auf das (unreflektierte) Gefühl[33], so wird die Beleidigung zu einem Delikt gegen das *Ehrgefühl*[34]. Stellt hingegen das Ehrsubjekt weniger auf das „Sosein" der Ehre ab als auf das „Seinsollen", so kann man von einem *Ehrwillen* sprechen[35].

Da das Gefühl bzw. die Überzeugung vom eigenen Wert die wesentlichste Grundlage eines fest in sich ruhenden Lebens bilde, sei Strafrechtsschutz geboten[36].

Eine rein subjektive Ehrtheorie[37] hat große Schwierigkeiten, Beleidigungen in Abwesenheit des Betroffenen zu erklären[38]. Selbst wenn dieser später Kenntnis von den Äußerungen erhalten sollte, so müßte der Vorsatz des Täters sich hierauf erstreckt haben[39]. Auch die zweite monistische Betrachtungsweise wird daher heute nicht mehr verfochten.

c) So bleibt der psychologischen Betrachtungsweise allein die Möglichkeit, unter Ehre *sowohl die Fremd- als auch die Eigenvorstellung* zu verstehen[40].

Hälschner, Deutsches Strafrecht, S. 158 f.; *Olshausen / Hörchner*, 1 a bb vor § 185; *Schierloh*, S. 3 f.

[32] So mit Ausnahme von *Olshausen / Hörchner* die in Fußn. 31 Genannten.

[33] Es mag dahinstehen, inwieweit eine juristisch brauchbare Trennung zwischen Ehrgefühl und Gefühl möglich ist (ablehnend *Bassenge*, S. 21 und *Eisler*, S. 81; vgl. aber oben S. 22).

[34] Dieses verstehen die meisten Autoren unter subjektiver Ehre; vgl. *van Calker*, Strafrecht, S. 135; *v. Hippel*, Lehrbuch, S. 213; *Maurach*, BT, S. 131; *Mezger / Blei*, BT, S. 106; *Olshausen / Hörchner*, 1 a bb vor § 185; *Birnbaum*, ArchCrimR, 1834, 149/185, 189; *v. Dohna*, ZStW 57, 158 und DStR 1941, 34/35; *Eisler*, S. 85; *Friedmann*, S. 43 Anm. 24; *Hafter*, SchwZStR 47, 405/409; *Lammasch*, S. 50; *Liepmann*, Beleidigung, S. 14; Albert *Steiner*, S. 39; *Thiel*, S. 11; *v. Volkmann*, S. 15 und passim. Zuweilen wird aber auch das Ehrgefühl nur als pars pro toto angeführt.

[35] Zu Unrecht setzen *Frank*, StGB, I 2 b vor § 185; *Kattenbusch*, S. 55 und *Sauer*, Ehre, S. 59 Ehrgefühl und Ehrwillen gleich. Den letzteren erkennen als selbständige Ehrform an *v. Dohna*, DStR 1941, 34/35; *Olshausen / Hörchner*, 1 a bb vor § 185; wohl auch *Helle*, der kritiklos den Ehrbegriff *Schopenhauers* (vgl. oben S. 55) übernimmt (Schutz der Ehre, S. 6). Hingegen scheint der Ehrwille bei *Binding* (Rede, S. 24, 27 und BT I, S. 136, 141 f.) trotz teilweiser Annäherung an die subjektive Ehrsicht (vgl. oben S. 52) weniger die Ehrform als vielmehr ein zusätzliches Ehrelement zu betreffen (vgl. oben S. 41 Fußn. 35).

[36] So *Schierloh*, S. 10; vgl. auch *Bruhns*, GS 27, 481/501; *Engelhard*, Ehre, S. 80.

[37] *Hälschner*, Deutsches Strafrecht, S. 158 f., 163; *Birnbaum*, ArchCrimR 1834, 149/185; *Thiel*, S. 11 ff.; ähnlich auch *v. Bar*, GS 52, 81 ff. (vgl. oben 1. Teil, II).

[38] Vgl. *Brandes*, S. 28; *Hirsch*, Ehre, S. 14; *Pfleiderer*, S. 7; *Krug*, S. 99; *Ramm*, S. 33; *Sauer*, Ehre, S. 52.

[39] So zu Recht *Kern*, Abgrenzung, S. 29 und *Pfleiderer*, S. 7 gegen *v. Bar*, GS 52, 81/95.

aa) *Engelhard* will dabei äußere und subjektive Ehre auf den *einheitlichen Oberbegriff* der Gesamtheit aller Vorstellungen zurückführen[41], vermag aber nicht anzugeben, welcher Vorstellung bei einem Auseinanderfallen der Vorrang zukommen soll[42]. Deshalb gehen die meisten Autoren bei ihrer Folgerung, gewisse Arten der Beleidigung richteten sich gegen die Eigen-, andere gegen die Fremdvorstellung[43] unter Verzicht auf einen Oberbegriff stillschweigend von einem *doppelten Ehrbegriff* aus[44].

bb) Nach *Liepmann*[45] spiegelt sich hierin die gesetzliche Systematik wider: *Gefühlsschutz durch* § 185 StGB, *Rufschutz durch* §§ 186, 187 StGB[46].

cc) Obwohl sich diese *dualistische Ansicht* auf die geschichtliche Entwicklung[47] sowie einige ausländische Vorbilder[48] berufen kann, ist sie, weil der Ruf nicht nur durch Behauptung von Tatsachen, sondern auch durch Abgabe herabsetzender Urteile gefährdet werden kann[49],

---

[40] So vor allem *v. Dohna*, ZStW 57, 158 und DStR 1941, 34/35 f.; *Eisler*, S. 85, 105; *Engelhard*, Ehre, S. 14 f., 30; *Liepmann*, VDB IV, S. 228; Beleidigung, S. 14; *Schierloh*, S. 3 f.; vgl. auch *van Calker*, Strafrecht, S. 135 (anders noch in DJZ 1902, 277); *v. Hippel*, Lehrbuch, S. 213; *Maurach*, BT, S. 131; *Mezger / Blei*, BT, S. 106; *Olshausen / Hörchner*, 1 a aa und bb vor § 185; *Brügger*, S. 7; *Christiansen*, S. 20 ff.; *Friedmann*, S. 43 Anm. 24; *Hafter*, SchwZStR 47, 405/409; *Helle*, Schutz der Ehre, S. 6; *Kattenbusch*, S. 31; *Lammasch*, S. 50; *v. Lilienthal*, VDB IV, S. 375 Anm. 1; *Spiecker*, S. 10 ff.; Albert *Steiner*, S. 30 ff.; *v. Volkmann*, S. 23 f. Auch der Alternativentwurf geht davon aus; vgl. Begr. zu § 139 AE, S. 21.

[41] Ehre, S. 15, 30; ähnlich *Brügger*, S. 7; *Kattenbusch*, S. 31. Nach Erwin *Schmidt*, S. 88 wird eine Verletzung des Ehrgefühls allein durch die Verletzung des — ausschließlich schutzwürdigen — Ansehens ausgelöst.

[42] So auch die Kritik, *Ramms*, S. 37.

[43] Vgl. *Maurach*, BT, S. 130; *Mezger / Blei*, BT, S. 106; *Olshausen / Hörchner*, 1 a vor § 185. *v. Dohna*, DStR 1941, 34/35 f.; *Eisler*, S. 83 ff., insbesondere S. 85, 105; *Liepmann*, VDB IV, S. 228 und Beleidigung, S. 14; *v. Lilienthal*, VDB IV, S. 375 Anm. 1; *Schierloh*, S. 3; *Spiecker*, S. 11 f.; Albert *Steiner*, S. 39. So auch *Frank* bis zur 14. Auflage seines Kommentars.

[44] *Schaefer*, LK, 8. Aufl., IV vor § 185 hat hierfür den Begriff „Aliudtheorie“, den *Hegler*, JW 1931, 2792/2793 in etwas anderem Zusammenhang geprägt hatte, in die Literatur eingeführt.

[45] VDB IV, S. 230; Beleidigung, S. 46.

[46] Ebenso *v. Dohna*, DStR 1941, 34/35 f.; *v. Lilienthal*, VDB IV, S. 375 Anm. 1; *Olshausen / Hörchner*, 1 a vor § 185; de lege ferenda auch *Spiecker*, S. 10 ff., 20. Zu Unrecht bezeichnen *Liepmann*, VDB IV, S. 228 Anm. 1 und *Schaefer*, LK, 8. Aufl., I 1 vor § 185 dies als die herrschende Lehre.

[47] Die ursprüngliche Unterteilung in Verleumdung und Ehrenkränkung wirkte noch in den gemeinrechtlichen Kodifikationen, z. B. in §§ 287 ff. Bad.StGB und Art. 185, 186 Thür.StGB, fort. Wegen weiterer Einzelheiten vgl. *Gabler*, S. 7 ff.; *v. Lilienthal*, VDB IV, S. 387; *Wetzel*, S. 12.

[48] Vgl. hierzu *v. Lilienthal*, VDB IV, S. 387; *Simson / Geerds*, S. 300 ff.

[49] Hierauf weisen insbesondere *Eisler*, S. 84 und *Schierloh*, S. 16 hin; ungenau Karlheinz *Schmid*, S. 27. Gegen die Ansicht *Engelhards* (Ehre, S. 88 ff., 123 ff.; beschränkt auf Werturteile gegenüber Dritten auch *v. Dohna*, DStR

aber wohl auch aus Furcht vor mißlichen Konsequenzen für die Irrtumsfälle[50] selbst bei Vertretern der psychologischen Betrachtungsweise auf Ablehnung gestoßen, die statt dessen einen *komplexen Ehrbegriff*[51] bejahen[52]; danach sollen sowohl durch § 185 StGB als auch durch §§ 186, 187 StGB beide Ehrformen geschützt sein.

2. *Der Ehrinhalt*

Nach *Engelhard*[53] liegt der große Vorzug des psychologischen Ehrbegriffs gerade darin, daß er keinerlei Aussagen über das *Substrat* der Eigen- und Fremdvorstellung enthalte, die Ehrinhaltsbestimmung vielmehr jeweils empirischer Feststellung unterliege. Dem ist zuzugeben, daß das Schwergewicht der psychologischen Betrachtungsweise auf der kausalen Frage des Zustandekommens von Ehre beruht. Dennoch kann diese Theorie der inhaltlichen Bestimmung des Wertgehalts nicht entraten, da der empirische Akt der Feststellung, ob und inwieweit ein „wertbetontes Persönlichkeitsbild“[54] besteht, zuvor die Erkenntnis, welche Merkmale wertkonstituierend sein sollen, bedingt[55].

Wird daher die völlige Wertfreiheit des psychologischen Ehrbegriffs allgemein geleugnet, so gehen doch die Ansichten, inwieweit der wahre ethische Wert zugrunde zu legen ist, auseinander:

a) Hinsichtlich der *äußeren Ehre* stellte ursprünglich die Mehrzahl der Autoren auf die *tatsächlich bestehende* Geltung, den *faktisch vorhandenen* Ruf ab[56]. Dabei wird freilich neben der Schwierigkeit, den

---

1941, 34/38 und *Liepmann*, VDB IV, S. 248; *Wolff*, ZStW 81, 886/902 Anm. 27), Rufgefährdung durch unsubstantiierte Äußerungen verdiene folglich keinen Strafschutz, wendet sich in Übereinstimmung mit der st. Rspr. (vgl. RGSt 29, 40; BGHSt 6, 159) und h. L. (vgl. statt aller *Schaefer*, LK, 8. Aufl., I b zu § 185 mit weiteren Nachweisen) der VE 1909 (Begr. S. 705 f.).

[50] So soll nach *Spiecker*, S. 54 bei beabsichtigter Gefühlskränkung und eingetretener Rufverletzung ebenso wie im umgekehrten Fall dem Täter sowohl bei error in persona als auch bei aberratio ictus der Erfolg nicht zugerechnet werden dürfen; vgl. hierzu auch *v. Bar*, GS 52, 81/97 Anm. 19 mit weiteren Nachweisen.

[51] Ausdruck von *Krug*, S. 100.

[52] Vgl. *Frank*, Strafgesetzbuch, 11. - 14. Aufl., I zu § 186; *Maurach*, BT, S. 130; *Mezger / Blei*, BT, S. 106; *Eisler*, S. 83 ff.; *Schierloh*, S. 15 f.

[53] Ehre, S. 31 f.

[54] *Engelhard*, Ehre, S. 16.

[55] So zutreffend *Ramm*, S. 26. Vgl. auch *Hirsch*, Ehre, S. 16 Anm. 9.

[56] So *Kohlrausch / Lange*, II vor § 185; *v. Liszt / Schmidt*, Lehrbuch, S. 506; *Maurach*, BT, S. 131; *Mezger / Blei*, BT, S. 106; *Olshausen / Hörchner*, 1 a aa vor § 185; *Bleeck*, S. 16 f.; *Bockelmann*, JR 1954, 327; Niederschriften, S. 18; Beleidigung, S. 476 ff.; *Kohler* GA 47, 1/3, 119; *Kronecker*, GS 38, 481/482; *Liepmann*, VDB IV, S. 230, 233; *Lippert*, S. 15; *Lorenz*, S. 8 f.; *Rosenfeld*, S. 101, *Wilhelm*, GS 45, 161/162; vgl. auch RG GA 38, 434; Begr. zu § 138 AE, S. 19.

in § 186 StGB vorgesehenen Wahrheitsbeweis erklären zu müssen[57], in Kauf genommen, daß auch ein unverdient guter Ruf geschützt wird[58], andererseits aber ein zu Unrecht übel Beleumdeter gegenüber Beleidigungen schutzlos bleibt[59].

Nur die letztere Konsequenz vermeidet die auf *Beling*[60] und *Kern*[61] zurückgehende Lehre von der *hypothetischen Ehrenstellung*[62] durch die Annahme einer Vermutung für den vollen Ehrbestand, deren Widerlegung jedenfalls die Tatbestandsmäßigkeit unberührt lassen solle[63]. Danach wäre jede an sich ehrrelevante Äußerung beleidigend, unabhängig davon, ob das Ansehen gut oder schlecht, verdient oder unverdient ist.

Noch weiter geht die *normative Korrektur* des an sich doch faktischen psychologischen Ehrbegriffs durch den *Bundesgerichtshof*[64]: Rechtsgut sei nur der berechtigte, *dem wahren Wert entsprechende* Ruf[65].

---

[57] Zur Kritik vgl. *Brandes*, S. 29 f.; *Hirsch*, Ehre, S. 26.

[58] Diesen schwerwiegenden Nachteil betonen namentlich *Bassenge*, S. 6; *Beling*, Nachrede, S. 11, 39 ff.; *Binding*, BT I, S. 138 und Rede, S. 13; *Gallas*, Niederschriften, S. 24; *Heins*, S. 16 f.; *Herdegen*, LK, 4 vor § 185; *Hirsch*, Ehre, S. 17; Arthur *Kaufmann*, ZStW 72, 418/429; *Lackner*, Niederschriften, S. 15; *Lammasch*, S. 50; *Ramm*, S. 34; *Sauer*, System, S. 345 f.; *Schaefer*, LK, 8. Aufl., I 1 vor § 185; Karlheinz *Schmid*, S. 25 f. Insbesondere werde das Recht der freien Meinungsäußerung unangemessen eingeschränkt; vgl. *Hirsch*, Ehre, S. 29; *Krug*, S. 92; Karlheinz *Schmid*, S. 26.

[59] Vgl. hierzu die Kritik bei *Baltin*, S. 15; *Binding*, BT I, S. 138; *Herdegen*, LK, 4 vor § 185; Arthur *Kaufmann*, ZStW 72, 418/429; *Kern*, Abgrenzung, S. 10 f.; *Krug*, S. 78 f.; *Lackner*, Niederschriften, S. 15; *Ramm*, S. 34; *Rehbinder*, S. 57; *Sauer*, Ehre, S. 42 f., System, S. 346; *Welzel*, Beleidigung, S. 505.

[60] Grundzüge, S. 81.

[61] Abgrenzung, S. 12 f.

[62] So insbesondere *Kern*, Abgrenzung, S. 12 f.; Frank-Festgabe, S. 338 und Materialien Bd. 1, S. 306; ebenso *Pfleiderer*, S. 8. Umgekehrt soll nach *Delaquis*, S. 164 f. der äußere Kurswert wohl niedriger, nicht aber höher sein können als der wirkliche Gehalt — eine Folgerung, die im Widerspruch zur eigenen (faktischen) Ehrdefinition steht (vgl. *Heins*, S. 16).

[63] Vgl. *Kern*, Abgrenzung, S. 13. Darauf liefe auch das von *Bockelmann* einmal erwogene (vgl. Niederschriften, S. 23) Schutzgut „Durchschnittsruf" hinaus.

[64] BGHSt 11, 67/71 = LM 19 zu § 185 mit Anm. *Busch* = JZ 1958, 617 mit Anm. *Kern*.

[65] Ebenso *Dalcke / Fuhrmann / Schäfer*, 1 a zu § 185; *Beling*, Nachrede, S. 11, 39 ff.; *Bruhns*, GS 27, 481/482; *Hafter*, SchwZStR 47, 405/409; *Lammasch*, S. 50; *Osenbrüggen*, S. 1; Albert *Steiner*, S. 39; *Wetzel*, S. 67. Nach *Eisler*, S. 87 ff., 106 soll bald der berechtigte, bald der tatsächliche Ruf geschützt sein. — Die Lehre des *Bundesgerichtshofs* ist im wesentlichen den gleichen Einwendungen ausgesetzt, wie sie inhaltlich gegen den normativen Ehrbegriff vorgebracht werden (vgl. oben S. 53 f. die Punkte b, c, e - g). Von anderer Seite wird auf die Preisgabe des psychologischen Ansatzes durch die Einführung eines „fiktiven" Urteils hingewiesen (vgl. *Gerland*, Lehmann-Festschrift, S. 304; *Hirsch*, Ehre, S. 17).

b) Ähnlich divergierend sind die Ansichten hinsichtlich der *subjektiven Ehre:*

Nach *streng faktischer* Auffassung ist Beleidigung jede Verletzung bzw. Gefährdung des Ehrgefühls[66], gleichgültig ob dieses auf einem vernünftigen Grunde beruht oder nicht[67]. Da jedoch so die subjektive Empfindlichkeit honoriert wird[68], soll nach *Maurach*[69] darüber, ob das Ehrgefühl verletzt ist, nicht der „Verletzte", sondern der Richter entscheiden[70].

Trotz dieser Einschränkung wird als unbefriedigend empfunden, daß die subjektive Ehre auch dann mit Mitteln des Strafrechts geschützt werden muß, wenn ihr keine objektiv anerkannte soziale Funktion zugrunde liegt, ein allzu bescheidener Mensch hingegen des Rechtsschutzes entbehren muß[71]. Deshalb wird vereinzelt nur die *„ehrangemessene"* subjektive Ehre als Rechtsgut anerkannt[72].

3. *Die Intensität des Ehrangriffs*

Hauptanliegen der psychologischen Theorie ist die Konstruktion einer „verletzbaren" Ehre. So wird die Beleidigung (i. w. S.) nahezu übereinstimmend als *Erfolgsdelikt*[73] verstanden[74].

Einigkeit[75] besteht weiter infolge der gesetzlichen Formulierung „Tatsache ..., welche ... verächtlich zu machen oder ... herabzuwür-

---

[66] Selbstverständlich gilt Entsprechendes für das Ehrbewußtsein und den Ehrwillen.

[67] So ausdrücklich *Heß*, S. 26; wohl auch *Mezger / Blei*, BT, S. 106; *Thiel*, S. 11 ff., 255 ff.

[68] Vgl. *Brügger*, S. 12; *Gerland*, Lehmann-Festschrift, S. 305; *Givanovitch*, GA 61, 195/200; *Herdegen*, LK, 4 vor § 185; *Hirsch*, Ehre, S. 15; *Hurwicz*, ZStW 31, 873/874; *Krug*, S. 96; *Liepmann*, VDB IV, S. 240 f.; *Ramm*, S. 33; *Sauer*, System, S. 346.

[69] BT, S. 132.

[70] Zu ganz ähnlichen Ergebnissen führen die Einschränkungen bei *v. Bar*, GS 52, 81/86 ff.; *Eisler*, S. 81 f.; *Liepmann*, VDB IV, S. 241, die auf eine verständige objektive Betrachtung abstellen.

[71] Diese Konsequenzen verurteilen *Binding*, Rede, S. 13; *Hirsch*, Ehre, S. 15 f.; Arthur *Kaufmann*, ZStW 72, 418/430; *Krug*, S. 96; *Ramm*, S. 31 f.; *Schaefer*, LK, 8. Aufl., I 1 vor § 185.

[72] So *Hafter*, SchwZStR 47, 405/409; *Hälschner*, Deutsches Strafrecht, S. 158 f., 163; *Lammasch*, S. 50. — Zur Kritik vgl. oben Fußn. 65 sowie *Hirsch*, Ehre, S. 15; *Krug*, S. 97 f.

[73] Zur Terminologie vgl. *Jescheck*, Lehrbuch, S. 196 ff.; *Maurach*, AT, S. 237.

[74] Lediglich *Kohler* nimmt ein Formaldelikt (= Tätigkeitsdelikt) an, weil die Beleidigung im allgemeinen weder eine Verletzung noch eine Gefährdung der Ehre hervorrufe (GA 47, 1/10). Ähnlich hinsichtlich der subjektiven Ehre *Maurach*, BT, S. 136, der — ohne Begründung — die Möglichkeit einer Verletzung des Ehrgefühls verneint und für diesen Bereich einen zum Sonderdelikt verwandelten untauglichen Versuch annimmt; hiergegen zutreffend *Hirsch*, Ehre, S. 21 Anm. 20; Arthur *Kaufmann*, ZStW 72, 418/429.

digen geeignet ist" darüber, daß die §§ 186, 187 StGB keine Verletzung, sondern nur eine *abstrakte*[76] *Gefährdung* des Rufs voraussetzen[77].

Demgegenüber wird bei der subjektiven Ehre teilweise eine reale *Verletzung* des Gefühls gefordert[78] — an sich von der Ausgangsposition her die einzig konsequente Folgerung, die indes mit der gleichen Gefahr einer übertriebenen Subjektivierung des Beleidigungsbegriffs behaftet ist, die auch zur normativen Korrektur der subjektiven Ehre[79] geführt hat[80]. Deshalb läßt die *herrschende Lehre*[81] hier ebenfalls die (abstrakte)[82] *Gefährdung* ausreichen.

4. Bedenken gegen den psychologischen Ehrbegriff

Der Vollständigkeit halber soll abschließend die gegen den psychologischen Ehrbegriff vorgebrachte *Kritik,* soweit sie nicht die verschiedenen Ehrinhalte betrifft[83], kurz dargestellt, auf ihre Würdigung jedoch einstweilen noch verzichtet werden.

Im wesentlichen werden folgende Einwände geltend gemacht[84]:

a) Möglicherweise bestehe eine Fremd-[85] und (oder) Eigenvorstellung[86] überhaupt nicht.

---

[75] Abweichend lediglich *Lorenz,* S. 9; *Mirkoff,* S. 57 ff.; *Wilhelm,* GS 45, 161/163.

[76] Abstrakt, weil eine Gefährdung im Einzelfall nicht gefordert wird; vgl. zur Abgrenzung zum konkreten Gefährdungsdelikt *Gallas,* Heinitz-Festschrift, S. 171 ff.; *Jescheck,* Lehrbuch, S. 198 f.; *Maurach,* AT, S. 238.

[77] Vgl. *v. Bar,* ZStW 18, 534/542; *Bockelmann,* Beleidigung, S. 479; *Brügger,* S. 14; *Christiansen,* S. 23; *v. Dohna,* ZStW 57, 158 und DStR 1941, 34/36; *Eisler,* S. 85 f.; *Engelhard,* Ehre, S. 86, 112; *Kern,* Frank-Festgabe, S. 339 und Materialien Bd. 1, S. 309; *Liepmann,* VDB IV, S. 232 ff.; *v. Lilienthal,* VDB IV, S. 375 Anm. 1; *Schierloh,* S. 7; *Spiecker,* S. 27; Albert *Steiner,* S. 44; *van Calker,* Strafrecht, S. 135 f.; *Dreher,* StGB, 2 E zu § 186; *Frank,* StGB, II 2 zu § 186; *v. Hippel,* Lehrbuch, S. 213; *Kohlrausch / Lange,* V zu § 186; *v. Liszt / Schmidt,* Lehrbuch, S. 509, 514; *Maurach,* BT, S. 136; *Mezger / Blei,* BT, S. 106; *Olshausen / Hörchner,* 1, 3 b zu § 186.

[78] So *v. Dohna,* DStR 1941, 34/36; *Heß,* S. 26 f.; *v. Liszt / Schmidt,* Lehrbuch, S. 509, 513; *Olshausen / Hörchner,* 6 g zu § 185; wohl auch *Mezger / Blei,* BT, S. 106.

[79] Vgl. oben S. 62.

[80] Vgl. *Hirsch,* Ehre, S. 21; *Krug,* S. 95 f.

[81] So RG Rspr 9, 572; *Brügger,* S. 14; *Christiansen,* S. 23; *Eisler,* S. 84 f.; *Engelhard,* Ehre, S. 86, 122; *van Calker,* Strafrecht, S. 135; *v. Hippel,* Lehrbuch, S. 213; *Schierloh,* S. 7; *Spiecker,* S. 27; Albert *Steiner,* S. 51; *v. Volkmann,* S. 36.

[82] *Liepmann,* VDB IV, S. 239 ff. scheint hier eine konkrete Gefährdung zu fordern.

[83] Vgl. dazu die Ausführungen unter 2.

[84] Eine zusammenfassende Kritik findet sich bei *Hirsch,* Ehre, S. 14 ff.; *Krug,* S. 77 ff.; *Ramm,* S. 31 ff.

b) Jedenfalls aber sei häufig im Hinblick auf den beteiligten Personenkreis und bei Einsatz bestimmter Angriffsmittel eine Verletzung nicht möglich, wodurch Strafbarkeitslücken entstünden[87].

c) Die Feststellung des Rufs und (oder) Ehrempfindens im Prozeß sei ungeheuer schwierig und weit peinlicher als die des wahren Wertes[88].

d) Es sei untragbar, daß jede Gemeinschaft Ehre verleihen könne[89].

e) Unter Ansehen usw. werde nicht nur die Ehre im negativen Sinne[90] verstanden[91].

f) Schließlich führe die Aufspaltung des Ehrbegriffs in eine äußere und eine subjektive Ehre zur Auflösung der systematischen Einheit der Beleidigungstatbestände[92].

III. Ehre als formaler Sachverhalt

Neben den normativen und psychologischen Ehrtheorien finden sich im strafrechtlichen Schrifttum zahlreiche andere Ansichten, die trotz mancher Gemeinsamkeiten und zuweilen fließender Übergänge keiner der beiden Grundanschauungen zugeordnet werden können, da in den entscheidenden Punkten keine Übereinstimmung besteht: Während für die psychologischen Ehrauffassungen der Wertungsakt im Mittelpunkt steht, legen sie ebenso wie die normative Ehrsicht das Schwergewicht auf das Substrat der Wertung, sehen aber nicht in dem Wert selbst das geschützte Rechtsgut.

Aber auch untereinander gehen die Ansichten über Inhalt und Form des Ehrbegriffs derartig weit auseinander, daß es schwerfällt, sie nach

---

[85] *Binding*, BT I, S. 138 f.; *Schaefer*, LK, 8. Aufl., I 1 vor § 185; *Heins*, S. 17; *Hirsch*, Ehre, S. 18; Arthur *Kaufmann*, ZStW 72, 418/430; *Krug*, S. 71, 78; *Ramm*, S. 34, 38; *Sauer*, Ehre, S. 43; Karlheinz *Schmid*, S. 25.

[86] *Binding*, BT I, S. 138; *Sauer*, System, S. 346; *Schaefer*, LK, 8. Aufl., I 1 vor § 185; *Hirsch*, Ehre, S. 15 f.; Arthur *Kaufmann*, ZStW 72, 418/430; *Krug*, S. 96; *Ramm*, S. 32; Karlheinz *Schmid*, S. 22.

[87] Vgl. *Baltin*, S. 15; *Hirsch*, Ehre, S. 20 ff.; *Sauer*, Ehre, S. 44.

[88] *Brügger*, S. 12; *Kern*, Abgrenzung, S. 10; Arthur *Kaufmann*, S. 435; *Krug*, S. 79; *Sauer*, Ehre, S. 42 sowie in Niederschriften die Diskussionsbeiträge von *Baldus*, S. 19, *Dünnebier*, S. 31; *Gallas*, S. 24 und Eberhard *Schmidt*, S. 22.

[89] Vgl. *Binding*, BT I, S. 138 f.; *Hirsch*, Ehre, S. 18; *Krug*, S. 88 ff.; *Ramm*, S. 30 f.; Karlheinz *Schmid*, S. 24 f.

[90] Vgl. oben S. 40.

[91] *Hammeley*, S. 11; *Heins*, S. 18; ähnlich *Sauer*, Ehre, S. 44.

[92] So *Schaefer*, LK, 8. Aufl., I 1 und IV vor § 185; *Welzel*, Lehrbuch, S. 304, 309; *Hirsch*, Ehre, S. 19; Arthur *Kaufmann*, S. 429; *Krug*, S. 95; Karlheinz *Schmid*, S. 27 f.; vgl. auch *Allfeld*, Lehrbuch, S. 369.

systematischen Gesichtspunkten zu ordnen. Dennoch sollte dies schon um der Übersichtlichkeit der Darstellung willen versucht werden, zumal allen eines gemeinsam ist: getragen von dem Bestreben, eine „durch Außenstehende verletzbare Ehre" zu konstruieren, wird der Ehrbegriff *formalisiert*[1]; das als Rechtsgut zu abstrakt und ideell erachtete Substrat einer Wertung wird vergegenständlicht, der „Ehrenwert"[2] wird zum Ehranspruch, Ehrzustand, Ehrinteresse usw.

Die Vielfalt dieser *formalen Ehrauffassungen* beruht darauf, daß die Grundsätze, die jeweils allgemein zur formalen Rechtsnatur der Schutzobjekte verfochten werden[3], auf das Rechtsgut Ehre übertragen werden. Daran mag es auch liegen, daß sie in der Beleidigungsliteratur durchweg nicht als eine eigenständige Fallgruppe dargestellt werden.

Im philosophischen Schrifttum findet sich ein formaler Ehrbegriff bei *Kant,* der „jedermann einen Anspruch auf Achtung vor dem Menschen als moralischem seine Pflicht höchstschätzenden Wesen" zuerkennt[4].

In der strafrechtlichen Literatur wird er wie der normative teils ausschließlich[5], teils beschränkt auf die Beleidigung im engeren Sinne[6] vertreten, wobei im letzteren Falle auch hier Schutzobjekt des § 186 StGB die äußere Geltung sein soll.

Äußerlich unterscheiden sich die formalen Theorien *nach der formalen Struktur,* die dem Rechtsgut Ehre gegeben wird, *inhaltlich nach* dem Grade *der Abhängigkeit von dem wahren inneren Wert*[7].

---

[1] *Ramm,* S. 13, 40 ff. spricht von „Verrechtlichung".

[2] Dieser entspricht nicht unbedingt dem wahren inneren (sog. normativen) Wert.

[3] Vgl. oben 1. Abschnitt, I.

[4] Metaphysik, §§ 38, 40.

[5] So *Arzt,* S. 151; *Gallas,* Beleidigung, S. 454; Sitzungsbericht, S. 326; Niederschriften, S. 24, 50 (vgl. aber in Gleispach-Festschrift, S. 63 f.); *Henkel,* Gutachten, S. 103; Hans-Werner *Hoffmann,* S. 13; *Jescheck,* Niederschriften, S. 32; *Krug,* S. 105; *Lackner,* Niederschriften, S. 14 f.; *Otto,* Schwinge-Festschrift, S. 75; *Rehbinder,* S. 58; *Welzel,* Lehrbuch, 10. Aufl., S. 292; *Wolff,* ZStW 81, 886/896, 901 ff.; vgl. auch RGSt 1, 178; 13, 95; BGHSt 1, 288/289; OLG Frankfurt JR 1972, 515 mit Anm. *Hirsch.* — Aus dem älteren Schrifttum siehe *Allfeld,* Lehrbuch, S. 369 und GS 93, 225/226; *Bickert,* S. 13; *v. Bülow,* GS 46, 262/269; *van Calker,* DJZ 1902, 277 (anders aber in Strafrecht, S. 135); *Dochow,* Handbuch III, S. 337; *Feuerbach,* Lehrbuch, § 271; *Gabler,* S. 21; *v. Gemmingen-Fürfeld,* S. 38; *Gerland,* Lehrbuch, S. 492 und Lehmann-Festschrift, S. 307; Alfred *Hirschberg,* S. 30; Max *Hirschberg,* S. 119; *Hurwicz,* ZStW 31, 873/876; *Köstlin,* Abhandlungen, S. 15 und ZfdR 15, 151/152; *Kratz,* S. 12 ff.; *Mahlberg,* S. 22; *Merkel,* Lehrbuch, S. 287; *Oppenheim,* S. 260; *Ramm,* S. 65 ff.; Richard *Schmidt,* Lehrbuch, S. 266; *Schütze,* Lehrbuch, S. 349; *Stenglein,* GS, 42, 79/83. — Zur Auffassung *Sauers* vgl. oben S. 52 Fußn. 121.

[6] So die oben S. 55 Fußn. 8 Genannten.

[7] Es mag dahinstehen, ob das als Ehre bezeichnete Gut dabei an etwas substantiell anderem gemessen wird (vgl. *Hirsch,* Ehre, S. 17) oder ob das

1. *Die äußere Gestalt*

Wesensbestimmendes Merkmal aller formaler Ehrauffassungen ist die *Vergegenständlichung des Rechtsguts und Einordnung*[8] *unter einen Rechtsbegriff.* Dabei hat der Versuch, das Rechtsgut Ehre zu formalisieren, zu verschiedenartigen Lösungen geführt:

a) Zuweilen wird die *formale Struktur* überhaupt *nicht eindeutig festgelegt.* So bezeichnen etwa *Merkel*[9] sie bald als Interesse, bald als Zustand, bald als Recht, *Kratz* als Interesse[10] und Recht[11], *Sauer* als Anspruch[12] und Interesse[13].

Im allgemeinen wird jedoch nur eine einzige dieser Formen als äußere Gestalt der Ehre anerkannt.

b) Die älteste dieser Lehren sah unter dem Einfluß *Feuerbachs*[14] in der Beleidigung die Verletzung eines *subjektiven Rechts*[15]. So betonte insbesondere *Köstlin,* daß ohne die Annahme eines Rechts der Ehre „ein Delikt gegen die Ehre ein rechtliches Unding" wäre[16].

Seit der Erkenntnis, daß der Schutz subjektiver Rechte nicht Aufgabe des Strafrechts sein könne[17], ist jedoch die Rechtsverletzungstheorie auch im Beleidigungsrecht nur noch von historischem Interesse.

c) Aber auch heute noch wird vielfach die Ehre als *Anspruch* auf wertentsprechende Behandlung bzw. auf Achtung der äußeren Geltung bezeichnet[18], wobei unter Anspruch nicht mehr das subjektive Recht

---

Wertelement eine Dimension der Ehre selbst bildet (so *Wolff,* ZStW 81, 886/903).

[8] Fast könnte man von „Einpressung" sprechen!

[9] Lehrbuch, S. 287 f.

[10] S. 12.

[11] S. 14, 18.

[12] Ehre, S. 69 f.; System, S. 349.

[13] System, S. 349; vgl. auch *Kern,* Frank-Festgabe, S. 338; *Krug,* S. 105.

[14] Lehrbuch, §§ 271 ff.; vgl. allgemein oben S. 29.

[15] *Grolman,* Grundsätze, S. 296; *Köstlin,* Abhandlungen, S. 2 f., 15; ZfdR 15, 151/152; *Stenglein,* GS 42, 79/83; wohl auch RGSt 1, 178; 13, 95; *v. Bülow,* GS 46, 261/269; *Dochow,* Handbuch III, S. 337; *Kratz,* S. 18 Anm. 2; *Schütze,* Lehrbuch, S. 349.

[16] ZfdR 15, 151/152.

[17] Vgl. dazu *Eisler,* S. 16 f.; *Jäger,* S. 10; *Sina,* S. 17 mit weiteren Nachweisen; siehe auch oben S. 29.

[18] Vgl. BGHSt 1, 288/289; OLG Frankfurt JR 1972, 515 mit insoweit abl. Anm. *Hirsch; Kohlrausch / Lange,* II vor § 185; *Niethammer,* Lehrbuch, S. 292; *Schönke / Schröder,* 1 vor § 185; *Welzel,* Lehrbuch bis zur 10. Aufl.; *Arzt,* S. 151; *Bockelmann,* Beleidigung, S. 482; *Gabler,* S. 21; *Gallas,* Beleidigung, S. 454; Sitzungsbericht, S. 326; Niederschriften, S. 24, 50; *Henkel,* Gutachten, S. 103; *Jescheck,* Niederschriften, S. 32; *Kern,* Frank-Festgabe, S. 338 und

mit all seinen zivilrechtlichen Konsequenzen, sondern ein „*sittlicher Anspruch*“[19] verstanden wird[20], eine Ausstrahlung der Persönlichkeit, die selbst den Tod überdauert[21].

Soweit die Vertreter dieser Auffassung nur den *verdienten Geltungsanspruch* schützen wollen[22], scheinen sie sich in völliger Übereinstimmung mit den Verfechtern des normativen Ehrbegriffs zu befinden, die ja vereinzelt die Beleidigung als „Mißachtung eines aus der inneren Ehre fließenden Anspruchs“ definieren[23]. Der entscheidende Unterschied liegt jedoch in folgendem: Während nach normativer Ansicht „Anspruchsverletzung“ lediglich eine besonders plastische Beschreibung der „Behandlung entgegen der wahren Ehre“ darstellen soll, vor allem aber sich ein Anspruch nur als *Folge* einer tatsächlich bestehenden Ehre ergibt, *sieht die formale Theorie in dem Anspruch selbst die Ehre*[24].

Hier setzt denn auch die eigentliche Kritik an der „Anspruchstheorie“ ein[25]: Die Ehre als Voraussetzung des Achtungsanspruchs könne logischerweise nicht mit dem Achtungsanspruch selbst identisch sein[26]. Im übrigen könne es für den Ehrenschutz nur darauf ankommen, welches reale Gut dieser Anspruch auf Achtung schützen solle[27].

Materialien Bd. 1, S. 306; *Krug*, S. 103 ff.; *Lackner*, Niederschriften, S. 14 f.; *Lippert*, S. 18; *Rehbinder*, S. 58; vgl. auch *van Calker*, DJZ 1902, 277; *Hurwicz*, ZStW 31, 873/876; *Otto*, Schwinge-Festschrift, S. 75.

[19] So ausdrücklich *Niethammer*, Lehrbuch, S. 292; mißverständlich *Brokkamp*, S. 73.

[20] Vgl. *Dreher*, Niederschriften, S. 64.

[21] Vgl. *Dreher*, Niederschriften, S. 64; *Lackner*, Niederschriften, S. 61, 63; *Welzel*, Lehrbuch, S. 305; Beleidigung, S. 505 f.

[22] *Arzt*, S. 151; *Bockelmann*, Beleidigung, S. 482; *Busch*, Anm. zu BGH LM 19 zu § 185; *Gallas*, Beleidigung, S. 454 und Sitzungsbericht, S. 326; *Henkel*, Gutachten, S. 103; *Jescheck*, Niederschriften, S. 32; *Krug*, S. 105; *Lackner*, Niederschriften, S. 14 f.; *Rehbinder*, S. 58; *Niethammer*, Lehrbuch, S. 292; *Schönke / Schröder*, 1 vor § 185.

[23] So die oben S. 53 Fußn. 124 Genannten. Die in BGHSt 11, 67/71 gewählte Formulierung „Rechtsanspruch“ (vgl. auch *Schaefer*, LK, 8. Aufl., I 2 vor § 185) darf selbstverständlich nicht im Sinne von subjektivem Recht verstanden werden.

[24] Zuweilen wird dieser Unterschied gar nicht erkannt (vgl. etwa bei *Krug*, S. 105). Es erscheint deshalb häufig zweifelhaft, ob eine bewußte Abweichung von der Rechtsprechung des *Bundesgerichtshofs* gewollt ist. So dürfte sich bei den Beratungen anläßlich der Großen Strafrechtsreform der Ausdruck „begründeter Geltungsanspruch“ irgendwie eingeschlichen haben, um dann immer aufgenommen zu werden (vgl. *Bockelmann*, Beleidigung, S. 482; *Dreher, Dünnebier, Gallas, Jescheck, Lackner*, jeweils in Niederschriften, S. 64, 31, 50, 32, 14 f. sowie Begr. zu § 173 E 1962, S. 314).

[25] Zur Kritik im übrigen vgl. *Bassenge*, S. 13 ff.; *Heß*, S. 8, die sich allgemein gegen den Anspruch als Rechtsgut wenden.

[26] *Ramm*, S. 53; folgend *Hirsch*, Ehre, S. 30; JR 1972, 516; *Roeder*, Maurach-Festschrift, S. 351.

[27] *Bassenge*, S. 13.

d) Nach anderen ist Ehre das *Interesse*, nicht unter dem inneren Wert behandelt oder beurteilt zu werden[28]. Unter Interesse wird dabei nicht das reale Interesse des Ehrträgers, der Ehrwille[29], sondern das ideelle Interesse, „die zur Idee erhobene Nützlichkeit", verstanden[30].

Auch gegen die „Interessentheorie" wird im wesentlichen vorgebracht, sie identifiziere zu Unrecht Inhalt und Voraussetzung des Inhalts des Ehrbegriffs[31].

e) Den gleichen Einwendungen sieht sich die Auffassung *Ramms*, der die Beleidigung als eine *Pflicht*verletzung versteht[32], ausgesetzt[33]. Zudem kommt ihr als einem Ausfluß der Ersetzung des Rechtsgütergedankens durch den Gedanken der Pflichtwidrigkeit durch die „Kieler Schule"[34] heute keine Bedeutung mehr zu.

f) In der Strafrechtsliteratur vor dem Kriege wurde vielfach auch die Ansicht vertreten, die Beleidigung richte sich gegen den bestehenden *Zustand*, wonach niemandem Ehre versagt werden darf[35].

Diese Definition, so wird eingewandt[36], enthalte jedoch lediglich eine Selbstverständlichkeit, da jedes Delikt die Verletzung eines Zustandes mit sich bringe[37].

g) Dynamischer als die Vertreter der Zustandstheorie sieht *Wolff*[38] in der Ehre ein *Verhältnis* gegenseitiger Anerkennung[39], also nicht

---

[28] So vor allem *Frank*, StGB, I vor und I zu § 185; *v. Liszt / Schmidt*, Lehrbuch, S. 506; vgl. auch Hans-Werner *Hoffmann*, S. 13; *Kratz*, S. 12; *Pfleiderer*, S. 7 f.; *Wetzel*, S. 65; *Merkel*, Lehrbuch, S. 287; *Sauer*, System, S. 349; OLG Oldenburg NdsRpfl 1955, 118.

[29] Das so verstandene Interesse ist eine psychologische Tatsache, deren Behandlung daher bereits im Zusammenhang mit dem „subjektiven Ehrbegriff" erfolgt ist.

[30] So zu Recht *Bassenge*, S. 17 f.; vgl. auch *Engelhard*, Ehre, S. 78 ff.; *Ramm*, S. 48.

[31] Vgl. *Bassenge*, S. 18 f.; *Ramm*, S. 53. — Hingegen betreffen die weiteren Einwendungen *Ramms* (S. 44 Anm. 10) und *Sauers* (Ehre, S. 71 ff.) nur den Ehrwillen.

[32] S. 65 ff.; vgl. auch *Roxin*, Täterschaft, S. 388 ff.

[33] So auch *Bassenge*, S. 15.

[34] Vgl. dazu oben S. 18.

[35] Vgl. *Allfeld*, Lehrbuch, S. 369 und GS 93, 225/226; *Bickert*, S. 13; *v. Gemmingen-Fürfeld*, S. 38; *Gerland*, Lehrbuch, S. 492 und Lehmann-Festschrift, S. 307; Alfred *Hirschberg*, S. 30; Max *Hirschberg*, S. 119; *Mahlberg*, S. 22; *Oppenheim*, S. 260; Richard *Schmidt*, Lehrbuch, S. 266.

[36] *Bassenge*, S. 15 f.; *Sauer*, Ehre, S. 69.

[37] Nach der naturalistischen Betrachtungsweise *Bassenges* soll darüber hinaus die Beleidigung keine Verletzung, sondern nur eine „Unterbrechung" eines bestehenden Zustandes hervorrufen (S. 16).

[38] ZStW 81, 886/901 ff.

[39] Folgend *Otto*, Schwinge-Festschrift, S. 75, 82; ähnlich bereits *Bleeck*, S. 13 ff.

einfach eine Formalisierung der äußeren Ehre, sondern ein reflexives Verhältnis zwischen allen Beteiligten[40].

2. *Der innere Gehalt*

Auch was das *Substrat* des Anspruchs, Interesses, Zustands usw. betrifft, bieten die einzelnen formalisierenden Theorien keine einheitliche Lösung an. Es werden vielmehr hinsichtlich des Grades der Abhängigkeit der Ehre von dem wahren ethischen Werte im wesentlichen vier Meinungen vertreten:

a) Stark rechtspositivistisch beeinflußt ist die Auffassung *v. Bülows*[41], wonach *jedwede Kundgabe* von Mißachtung oder Nichtachtung — selbst gegenüber dem Ehrlosesten und als solchen Erkannten[42] — *zu unterlassen sei*[43]. Der Beweis der Wahrheit und die Wahrnehmung berechtigter Interessen stellen hiernach lediglich Strafaufhebungsgründe dar[44]. Die Ehre hat demnach „nur einen ganz äußerlichen Charakter"[45]; ja geschützt ist eigentlich nur die Ehrfriedenssphäre.

Zu den gleichen Ergebnissen gelangt *Kern*, auf der Lehre von der *hypothetischen Ehrenstellung*[46] aufbauend, durch die Annahme einer Vermutung für den vollen Ehrbestand[47], deren Widerlegung ebenfalls die Tatbestandsmäßigkeit unberührt läßt[48].

b) Der Friedensgedanke klingt auch bei den Autoren an, die in Verrechtlichungen der *tatsächlichen äußeren Geltung*[49] — also einem *faktischen* Ehrbegriff — das Schutzobjekt der Beleidigungstatbestände sehen[50]. Wie bei der vorangehenden Ansicht wird der zu Unrecht im

---

[40] *Wolff*, S. 896, 902.

[41] GS 46, 261/269.

[42] *Stenglein*, GS 42, 79/83.

[43] So auch die *Motive*, S. 69; *van Calker*, DJZ 1902, 277; *Kohlrausch / Lange*, IV 1 vor § 185 (vgl. aber IV 2 vor § 185); *Rüdorff / Stenglein*, 1, 5 zu § 192; *Stenglein*, GS 42, 79/83; auch *Gallas*, Niederschriften, S. 50 bei Angriffen auf die Menschenwürde. Ob auch die Rechtsprechung des *Reichsgerichts* diesem Ehrbegriff zuneigte (so *Hirsch*, Ehre, S. 5), erscheint indes sehr zweifelhaft (vgl. RGSt 1, 260; 33, 50; 64, 10 = JW 1930, 2138 mit Anm. *Eyck;* JW 1916, 1026; 1934, 692; HRR 1933, Nr. 896).

[44] *Rüdorff / Stenglein*, 1, 5 zu § 192 wollen sogar den Wahrheitsbeweis bei Tatsachenbehauptungen gegenüber dem Betroffenen nicht zulassen.

[45] *v. Bülow*, GS 46, 261/269.

[46] Grundlegend *Beling*, Grundzüge, S. 81 und *Kern*, Abgrenzung, S. 12 f.

[47] Abgrenzung, S. 27; Frank-Festgabe, S. 308; ebenso *Pfleiderer*, S. 8.

[48] Vgl. *Kern*, Abgrenzung, S. 13.

[49] Demgegenüber postuliert *Köstlin* (Abhandlungen, S. 2; ZfdR 15, 151/152) das Recht auf Respektierung des Ehrbewußtseins (= subjektive Geltung).

[50] So RGSt 1, 178; *Allfeld*, Lehrbuch, S. 369 und GS 93, 225/226; *Feuerbach*, Lehrbuch, § 273; *Merkel*, Lehrbuch, S. 288; Richard *Schmidt*, Lehrbuch, S. 266;

Rufe eines Biedermannes Stehende gegenüber Aufdeckungen geschützt; darüber hinaus ist hier der fälschlicherweise übel Beleumdete Beleidigungen schutzlos preisgegeben[51].

c) So werden, um diese unangenehmen Konsequenzen zu vermeiden[52], ganz überwiegend nur der *sachlich begründete* Achtungsanspruch, das *verdiente* Achtungsinteresse, der *dem wahren Wert entsprechende* Zustand als Ehre angesehen[53]. Diese Auffassung ist der *normativen* Betrachtungsweise stark angenähert; ihre eigenständige Bedeutung liegt allein in der Formalisierung des Rechtsgutsbegriffs.

d) Eine Sonderstellung nimmt *Wolff* ein, der einen normativ-faktischen Ehrbegriff vertritt[54] und darunter ein „die *Selbständigkeit ermöglichendes* Anerkennungsverhältnis" versteht[55]; Ehrinhalt ist demnach alles, aber auch nur dasjenige, worin sich der Selbständige vom heteronom Motivierten unterscheidet.

3. Kritik

Da die einzelnen formalen Theorien sehr unterschiedlich strukturiert sind, wurden die gegen sie erhobenen Bedenken im wesentlichen in ihre Darstellung selbst einbezogen. Das gilt insbesondere hinsichtlich der Kritik der verschiedenen Ehrinhalte, aber auch hinsichtlich der formalen Struktur lassen sich nur zwei für alle Formen gültige Einwände aufzeigen:

a) Es liege eine Verwechslung von Inhalt und Voraussetzung des Inhalts des Ehrbegriffs vor[56].

b) Für die Frage des Strafschutzes könne nicht die äußere Form sondern nur das dahinterstehende Gut von Belang sein[57].

Schütze, Lehrbuch, S. 349; *Gabler*, S. 21; Hans-Werner *Hoffmann*, S. 21; *Hurwicz*, ZStW 31, 873/876; *Mahlberg*, S. 22; *Oppenheim*, S. 260.

[51] Vgl. dazu oben S. 61.

[52] Vgl. statt aller *Gallas*, Niederschriften, S. 24.

[53] Vgl. außer den in Fußn. 22 Genannten *Frank*, StGB, I vor und I zu § 185; *Gerland*, Lehrbuch, S. 492 und Lehmann-Festschrift, S. 307; *v. Liszt / Schmidt*, Lehrbuch, S. 506; *Dochow*, Handbuch III, S. 337; Alfred *Hirschberg*, S. 30; *Kratz*, S. 12, 14, 18; *Lippert*, S. 18; *Otto*, Schwinge-Festschrift, S. 78, 82; *Pfleiderer*, S. 7 f.; *Wetzel*, S. 65; vgl. auch RGSt 13, 95; OLG Frankfurt JR 1972, 515.

[54] ZStW 81, 886/888.

[55] S. 899, 901.

[56] Vgl. *Bassenge*, S. 15, 18 f.; *Hirsch*, Ehre, S. 30 und JR 1972, 516; *Ramm*, S. 53; *Roeder*, Maurach-Festschrift, S. 351.

[57] Vgl. *Bassenge*, S. 13; *Heß*, S. 8 Anm. 1.

Dritter Teil

Der strafrechtliche Ehrbegriff

1. Abschnitt

Die Untersuchungsmethode

I. Die verschiedenen Möglichkeiten

Die bisherigen Untersuchungen haben gezeigt, daß eine breite Skala verschiedener Ehransichten vertreten wird, von denen jede gewichtigen Einwendungen ausgesetzt ist, so daß keine sich durchzusetzen vermochte.

So bleibt die Aufgabe[1], nunmehr *den Ehrbegriff aufzufinden, der der Systematik der §§ 185 ff. StGB zugrundegelegt werden sollte.* Dabei muß man sich aber im klaren sein, daß ein logisch-exakter Nachweis eines allein richtigen Begriffs angesichts des Schweigens des Gesetzgebers[2] nicht möglich sein wird[3]. Man wird sich deshalb darauf beschränken müssen, die Ehrdefinition herauszuarbeiten, die — mit dem Gesetzeswortlaut vereinbar — die sinnvollsten Ergebnisse gewährleistet[4].

Hierzu bieten sich *verschiedene Methoden* an, die alle schon erprobt wurden, mit denen jedoch eine zur Überwindung der widerstreitenden Ansichten führende Klärung des Ehrbegriffs nicht erreicht wurde, wohl auch nicht erreicht werden konnte:

a) Von vornherein scheitern mußte der Versuch, einen *Ehrbegriff,* den Philosophie oder Soziologie entwickelt haben[4a], einfach für das Strafrecht zu *übernehmen*[5]. Abgesehen davon, daß auch hier die Unter-

---

[1] Vgl. oben S. 26 f.

[2] Vgl. *Motive,* S. 67.

[3] Ebenso *Bleeck,* S. 12.

[4] Die folgenden Überlegungen sind daher auch für die Reform von Bedeutung.

[4a] Vgl. auch zu den Darstellungsformen der Ehre unter pädagogischem Gesichtspunkt *Haider,* S. 82 ff.

[5] So aber wohl *Bruhns,* GS 27, 481; *Kronecker,* GS 38, 481/483; *Wetzel,* S. 33.

suchungen zu keinem eindeutigen Ergebnis geführt haben[6], vermag ein metarechtlicher Begriff nicht der spezifisch strafrechtlichen Interessenlage gerecht zu werden[7].

b) Verschiedentlich wurde der Versuch unternommen, den Ehrbegriff *historisch* zu entwickeln[8]. Wegen der Verschiedenheit der Verhältnisse und Anschauungen haben jedoch diese Untersuchungen nicht über Einzelerkenntnisse hinausgeführt[9]; namentlich dürfte mit einem derartigen Verfahren eine befriedigende Bestimmung des Ehrinhalts, der ja den jeweiligen historischen Gegebenheiten angepaßt ist, nicht gewonnen werden.

c) Auch *rechtsvergleichende Abhandlungen*, so nützlich sie auch für Reformüberlegungen sein mögen[10], tragen infolge der doch beträchtlichen Unterschiede innerhalb der einzelnen Rechtsordnungen nicht unmittelbar zur Klärung des Ehrbegriffs bei, der dem geltenden deutschen Strafrecht zu Grunde liegt.

d) Mittels einer *sprachwissenschaftlichen Betrachtungsweise*[11] lassen sich zwar die äußersten Grenzen des Wortsinns festlegen und damit erste Ansatzpunkte für die Auslegung gewinnen, angesichts der sprachlichen Vieldeutigkeit des Wortes „Ehre“ jedoch nicht der strafrechtliche Ehrbegriff selbst eindeutig bestimmen[12].

e) Auch durch die Konstruktion eines rein *psychologischen Ehrbegriffs*[13], bei der nur die Kausalitätsfrage nach dem Zustandekommen von Ehre gestellt wird, können — von allen anderen Bedenken einmal abgesehen — keinerlei Erkenntnisse für den Ehrinhalt gewonnen werden[14].

---

[6] Vgl. etwa die völlig entgegengesetzten Ehrbegriffe bei *Hegel* (Sämtliche Werke, Bd. 13, S. 172 ff.), *Kant* (Metaphysik, §§ 38, 40), *Scheler* (Formalismus, S. 568) und *Schopenhauer* (Aphorismen, S. 57 ff.).

[7] Ebenfalls ablehnend *Gerland*, Lehmann-Festschrift, S. 302, 306; *Sauer*, Ehre, S. 3 und Logos 9, 64/66 f.

[8] So vor allem *Heins*, S. 36 ff.; vgl. auch *Kern*, Abgrenzung, S. 9; *Rogowski*, GA 58, 367/378; *v. Volkmann*, S. 4 ff.

[9] Vgl. *Bickert*, S. 8 f.; *Bleeck*, S. 12 f.; *Engelhard*, Ehre, S. 1; *Sauer*, Ehre, S. 3 Anm. 2; a. A. *Wolff*, ZStW 81, 886/893.

[10] Zu erwähnen sind hier vor allem die verdienstvollen Arbeiten von *Deipser*, Materialien Bd. 2, S. 199 ff.; *Liepmann*, VDB IV, S. 217 ff. und *Simson / Geerds*, S. 303 f.

[11] Vgl. hierzu *Engelhard*, Ehre, S. 59 ff. mit weiteren Nachweisen.

[12] So auch *Engelhard*, Ehre, S. 1 f.; *Gerland*, Lehmann-Festschrift, S. 303; *Heins*, S. 6 f.; *Sauer*, Ehre, S. 2 f. Nach *Ramm*, S. 24 ist ein derartiges Verfahren für die Rechtswissenschaft sogar völlig bedeutungslos.

[13] So insbesondere *Engelhard*, Ehre, S. 1, 5 ff. und passim; vgl. auch *Brügger*, S. 3 ff.

[14] So zu Recht *Ramm*, S. 26 f.

f) Schließlich ist es ausgeschlossen, eine überzeugende Aussage über das Wesen der Ehre *allein aus dem systematischen Aufbau* der §§ 185 ff. StGB und ihrer Auslegung zu treffen[15]. Denn gerade bei der Beleidigung erschließt sich, wie die Ausführungen im 1. Teil der Arbeit gezeigt haben, der Deliktstypus nicht aus dem Gesetzeswortlaut; vielmehr ist umgekehrt durch die Erkenntnis des geschützten Rechtsguts eine teleologische Auslegung, bei der dann allerdings systematische Gesichtspunkte zu berücksichtigen sind, überhaupt erst möglich[16].

g) Es soll deshalb, da weitere Auslegungsmethoden nicht ersichtlich sind, im folgenden der Versuch unternommen werden, im Wege eines *negativen Ausleseverfahrens* eine praktikable Lösung zu erarbeiten: Um zu dem Ehrbegriff zu gelangen, der den §§ 185 ff. StGB zugrunde liegt, werden sämtliche[17] in der Strafrechtswissenschaft verfochtenen Ehrtheorien[18] — soweit überhaupt Bedenken ersichtlich sind — auf ihre dogmatische Folgerichtigkeit wie ihre kriminalpolitischen Konsequenzen überprüft und sodann die ungeeigneten ausgeschieden.

Hierzu bietet sich ein stufenweises Vorgehen an[19]: Zunächst wird festgestellt, ob es Ehrbegriffe gibt, die absolut untauglich sind, weil sie des *Rechtsschutzes* generell *nicht fähig* sind. Ermöglicht hingegen eine Ehrkonstruktion gegenüber bestimmten Handlungen, die allseits als unerträglich empfunden werden, keinen ausreichenden Schutz, so ist die *Schutzwürdigkeit* zu verneinen; andererseits dürfen aber auch nicht strafrechtlich irrelevante Verhaltensweisen, für die *kein Strafbedürfnis* besteht, pönalisiert werden[20]. Schließlich müßten, sofern sich keine einzige Ehrtheorie als unbedenklich erweisen sollte[21], die jeweiligen Nachteile gegeneinander abgewogen und festgestellt werden, welcher Ehrbegriff insgesamt die befriedigendsten Ergebnisse ermöglicht.

---

[15] So aber *Scheunert*, S. 7, 14.

[16] Vgl. allgemein *Baumann*, Lehrbuch, S. 155; *Beling*, Lehre, S. 215 f.; *Schönke / Schröder*, 38 zu § 2.

[17] Es genügt also nicht, nur den Nachweis der Unrichtigkeit der Gegenansicht zu führen, ohne sich mit den Bedenken gegen die eigene Auffassung auseinanderzusetzen; so aber *Hirsch*, Ehre, S. 14 ff., der lediglich das Problem der Verletzbarkeit der inneren Ehre streift (S. 29 ff.).

[18] Zur Beschränkung des Untersuchungsmaterials vgl. im Text II.

[19] Ähnlich die Fragestellung bei *Engelhard*, Ehre, S. 78.

[20] Die Fragen der Schutzwürdigkeit und Schutzbedürftigkeit stehen in einem reziproken Verhältnis, so daß für die Erörterung der einzelnen Probleme innerhalb des einen oder anderen Fragenkreises vielfach Zweckmäßigkeitsgesichtspunkte maßgebend sind.

[21] Der umgekehrte Fall, daß sich mehrere Ehrauffassungen als bedenkenfrei herausstellen könnten, ist ausgeschlossen, da es sich um konträre Gegenpositionen handelt.

II. Die Untersuchungsbasis

Die als richtig erkannte Untersuchungsmethode erfordert, zunächst einmal die vertretenen und vertretbaren Ehransichten festzustellen. Beides ist bereits im 2. Teil geschehen. Dort hat sich ergeben, daß die Ehre

a) *der Struktur nach* einen Wert, die Verrechtlichung eines Wertes oder ein Vorstellungsbild darstellt und

b) *dem Inhalt nach* dem wahren (normativen), tatsächlichen (faktischen) oder einem hypothetischen (rechtspositivistischen) Wert einer Person entspricht,

wobei jeweils auch Mischformen möglich sind.

Es bedarf jedoch einer Erläuterung, weshalb die Beschränkung auf die vertretenen und vertretbaren Ehrtheorien erforderlich und ausreichend ist.

1. Bedeutung der vertretenen Meinungen

Daß als Ausgangspunkt für eine kritische Analyse des Ehrphänomens nur die *bislang vertretenen Meinungen* in Betracht kommen, beruht darauf, daß das Gesetz selbst keine Aussage darüber trifft, was denn die Ehre eigentlich sei. So kann unter diesem Begriff nur etwas verstanden werden, was auch die allgemeine Anschauung darunter begreift[1].

Doch drängt sich hier nicht geradezu die Frage auf, ob denn wirklich angesichts der ungeheuren Breite verschiedenartigster Ehransichten[2] von einer „allgemeinen Anschauung" gesprochen werden kann?

Der Widerspruch ist indes nur scheinbar. Denn bei der Ehre handelt es sich um einen „Begriff mit fließendem Inhalt"[3], bei dem lediglich der *Kernbereich*[4] einem strikten Bestimmtheitsgebot unterworfen ist, während in den Randbezirken ein inhaltlich festgelegter statischer Begriff der Dynamik der sozialen Wertungen nicht gerecht zu werden vermöchte[5].

Innerhalb des Kernbereichs halten sich jedoch alle im 2. Teil vorgetragenen Auffassungen. Denn sie verstehen sämtlich unter Ehre ein

[1] So auch *Wilhelm,* GS 45, 161/162, VE 1909, Begr., S. 701.

[2] Vgl. oben 2. Teil, 2. Abschnitt.

[3] So zutreffend *Roxin,* Täterschaft, S. 114. Vgl. auch die S. 50 Fußn. 103 Genannten.

[4] Zu weitgehend daher *Dahm* bei Gürtner, S. 402 f.; *Leonhard,* ZStW 32, 66/81.

[5] Vgl. hierzu *Lenckner,* JuS 1968, 249/256 f.; *Roxin,* Täterschaft, S. 108 ff., jeweils mit weiteren Nachweisen, sowie BVerfGE 11, 234/237; 28, 175/183.

abstraktes Attribut der (menschlichen) Persönlichkeit, dessen wesentliches Element in der Bewertung eben dieser Persönlichkeit an Hand rechtlicher und ethischer Maßstäbe im weitesten Sinne liegt.

Aus dem gleichen Grunde wird auch die *Verfassungsmäßigkeit* des Ehrbegriffs im allgemeinen nicht angezweifelt[6], obwohl doch nach der Rechtsprechung des *Bundesverfassungsgerichts*[7] bei fehlender Bestimmung des tatbestandlichen Angriffsobjekts dem Verfassungsgebot „nulla poena sine lege" nur dann Genüge getan ist, wenn sich Sinn und Umfang der Tatbestände auf Grund einer Klärung durch die Rechtsprechung und einer Verfestigung im juristischen Sprachgebrauch bestimmen lassen[8]. Wollte man diese Voraussetzungen hier nicht als gegeben ansehen, so wäre jeder Weiterentwicklung und zeitgerechter Interpretation der Beleidigungstatbestände ein Riegel vorgeschoben[9].

Daraus folgt schließlich auch, daß keineswegs irgendeine der oben dargestellten Meinungen sich notwendigerweise als völlig richtig erweisen muß. Vielmehr besteht durchaus die Möglichkeit zur Korrektur und Nuancierung.

2. *Bedeutung der vertretbaren Meinungen*

Die Beschränkung des Untersuchungsmaterials auf die *vertretbaren Ansichten* beruht auf der Überlegung, daß Theorien, die von einem offensichtlich falschen Ehrbegriff ausgehen, nicht geeignet sind, zur Gewinnung des richtigen Begriffs beizutragen[10]. So ist beispielsweise die im Dritten Reich häufig vorgenommene Identifizierung von Ehre und Treue[11] mit dem, was Sprache und Sinn im täglichen Leben unter Ehre verstehen[12], nicht mehr vereinbar[13] und damit evident unrichtig.

Es können deshalb auch die Meinungen aus der weiteren Betrachtung ausscheiden, die sich schon bei der ersten Überprüfung als unzutreffend

---

[6] Auch die Bedenken *Jeschecks* (Niederschriften, S. 50) richten sich nicht gegen die Unbestimmtheit des Rechtsguts, sondern der tatbestandlichen Handlung; vgl. auch *Brandes*, S. 44 f.

[7] BVerfGE 4, 352/368; 14, 245/253; 26, 41/43; kritisch hierzu *Hanack*, JZ 1970, 41/44; *Schroeder*, JZ 1969, 775/778.

[8] Vgl. oben S. 19.

[9] Die gleiche Frage stellt sich bei allen wertausfüllungsbedürftigen Begriffen; vgl. auch *Maunz / Dürig / Herzog*, 90 zu Art. 20 GG; *Lenckner*, JuS 1968, 249 ff., 304 ff.; *Schroeder*, JZ 1969, 775 f.

[10] So auch *Gerland*, Lehmann-Festschrift, S. 303.

[11] Vgl. statt aller H. *Frank*, S. 7; *Freisler*, S. 9.

[12] Als äußerstes Korrektiv hat also die oben S. 72 abgelehnte sprachwissenschaftliche Betrachtungsweise ihre Berechtigung.

[13] Vgl. *Gerland*, Lehmann-Festschrift, S. 303 f.

erwiesen haben und aus diesem Grunde bereits bei der Darstellung des Streitstandes[14] abgelehnt worden waren.

Abgesehen hiervon sind aber normativer, formaler und psychologischer Ehrbegriff im Hinblick auf Schutzfähigkeit, Schutzwürdigkeit und Schutzbedürftigkeit, soweit Bedenken bestehen könnten, zu überprüfen. Dabei wird teils die äußere Gestalt, teils der Ehrinhalt den Gegenstand der Untersuchung bilden.

2. Abschnitt

Die Schutzfähigkeit

Bei der Beantwortung der Frage, ob einer der Begriffe, die alle im außerrechtlichen Bereich sinnvollerweise unter „Ehre“ verstanden werden können, möglicherweise des Rechtsschutzes gar nicht fähig ist, sind drei Gesichtspunkte zu berücksichtigen:

a) Das als Ehre bezeichnete Phänomen ist nur ein Phantasiegebilde, in Wirklichkeit also gar nicht vorhanden;

b) es ist zwar existent, aber in Inhalt oder Umfang nicht feststellbar;

c) es ist durch Außenstehende nicht verletzbar.

Sollte bei einem der in Betracht kommenden Ehrbegriffe eine dieser Möglichkeiten zutreffen, so muß er, da unpraktikabel, aus der weiteren Betrachtung ausscheiden, mögen auch noch so gewichtige Gründe für einen Strafrechtsschutz sprechen. Die Schutzunfähigkeit hat demnach *absolute* Wirkung.

I. Die Existenz der Ehre

Unbestreitbar kann es nicht Aufgabe der Rechtsordnung sein, Güter zu schützen, die in Wirklichkeit gar *nicht vorhanden* sind.

1. Ehre als Eigen- und Fremdvorstellung

Unter diesem Aspekt könnten selbst die *psychologischen Ehransichten* Zweifeln ausgesetzt sein: So wird ihnen gegenüber immer wieder geltend gemacht, Ehrgefühl und -bewußtsein könnten — insbesondere bei Kindern und Geisteskranken — gänzlich fehlen, ja es gebe sogar Menschen ohne Leumund wie etwa Einsiedler oder kontaktlose Großstädter[1].

---

[14] Oben 2. Teil, 2. Abschnitt.

[1] Vgl. die S. 63 Fußn. 85, 86 Genannten.

Mit der Frage nach der tatsächlichen Existenz des Rechtsguts soll indes nur geklärt werden, ob die angegebenen Definitionen nicht völlig unwirkliche Gebilde beschreiben, die, weil nicht der Seinsordnung zugehörig, des Rechtsschutzes überhaupt nicht fähig sind.

Die hier bestehende Möglichkeit, daß ein Ehrangriff *im konkreten Einzelfall* ins Leere stoßen kann, ist daher keine Frage der Schutzfähigkeit, sondern der — nur relativ wirkenden[2] — Schutzwürdigkeit.

2. *Ehre als Wert*

Gewichtiger sind schon die Bedenken *Wolffs*[3] gegen die *normative Betrachtungsweise,* die unter Ehre den *Wert* des Menschen, seinen Geltungswertstatus versteht[4]: Es frage sich, ob der Wert überhaupt ein Status sein könne oder ob nicht vielmehr umgekehrt ein bestimmter Status ein Wert sei; dann aber müßten wieder die faktischen Seiten dieses Status angegeben werden[5].

Diese Kritik ist berechtigt, wenn man mit der neukantianischen oder der phänomenologischen Wertphilosophie scharf *zwischen Wert und Gut unterscheidet*[6]. Die Vornahme einer solchen Trennung ist aber nur erforderlich[7], wenn man das Sein einzig als Erfahrungswirklichkeit ohne innere Wesensnotwendigkeit versteht[8].

Das kann aber nicht zutreffen, weil das *menschliche Sein sich nicht* wie das Sein eines Steines *in seiner reinen Faktizität erschöpft;* es ist vielmehr sinn- und zweckerfüllt[9].

Dringt man zu diesem metaphysischen Sein vor, so zeigt sich, daß das Sein von seinem Innersten her auf Werte angelegt ist[10]. Damit wird aber gleichzeitig der *Wert* von seinem Innersten her *sein*haft[11]; denn

---

[2] Siehe unten S. 98.

[3] ZStW 81, 886/888.

[4] Vgl. statt aller *Hirsch,* Ehre, S. 30.

[5] *Wolff,* ZStW 81, 886/888.

[6] Vgl. hierzu insbesondere *Scheler,* Formalismus, S. 35 ff.; zusammenfassend *Amelung,* S. 128 f., 149 ff.

[7] Auch *Wolff* selbst lehnt diese Trennung ab, wenn er dem von ihm als Ehre verstandenen Anerkennungsverhältnis „eine daseinsmäßige Dimension und eine Wertdimension" zumißt (S. 903).

[8] Zum Weltbild des Positivismus vgl. *Mittasch,* S. 11 ff.; *Welzel,* Naturalismus, S. 1 ff., zum Neukantianismus und der Wertphilosophie *Welzel,* Naturalismus, S. 41 ff. Gegen die Übernahme in die Rechtswissenschaft aber zu Recht *Coing,* Rechtsphilosophie, S. 87 ff.

[9] Das entspricht der großen philosophischen Tradition von *Sokrates* bis *Hegel;* vgl. hierzu insbesondere *Reding,* Metaphysik, S. 203 ff.

[10] Vgl. *Nink,* Ontologie, S. 302 ff.; *Reding,* S. 203 ff.

[11] So auch *Brugger,* Philosophisches Wörterbuch, S. 379; *Jaspers,* Philosophische Logik, S. 892.

durch das Erstreben der Werte und ihre Realisierung wird der Mensch zu einer sittlich guten Persönlichkeit[12].

Werte sind demnach *keine* der Leiblichkeit oder der menschlichen Seele anhaftenden *dinghaften Eigenschaften,* keine fremden ansichseienden Ziele, sondern sie beziehen sich auf das Ganze des Menschen. Sie sind Qualitäten seines Wollens und Aufbauelemente seiner Persönlichkeit[13]. Umgekehrt ist das Ontische mit seinen Seinsqualitäten nicht nur zufälliger Träger der in sich ruhenden irrealen Wertgebilde[14]; vielmehr gehören die ontischen Merkmale zur Materie des Wertes; denn ohne sie wäre dieser nicht nur bloß nicht realisiert, sondern auch nicht im Irrealen vorhanden[15].

Wenn deshalb Ehre als der wahre innere Wert definiert wird, so soll damit nicht einfach die zwischen einem Gegenstand und einem Maßstab durch den wertenden Menschen hergestellte Beziehung verstanden werden, sondern das Sosein der (menschlichen) Persönlichkeit hinsichtlich bestimmter Eigenschaften und Verhaltensweisen[16], das kraft seines Gehaltes eine Vollkommenheit bedeutet und deshalb auch angestrebt wird[17].

Der *Vorwurf der „Unwirklichkeit“* gegenüber dem normativen Ehrbegriff[18] ist daher *nicht berechtigt.*

3. Ehre als formaler Sachverhalt

Schließlich wird gegen die *normativ-formalen Theorien*[19] eingewandt, sie *unterschieden nicht* hinreichend *zwischen Grund und Folge:* denn der Inhalt des Achtungsanspruchs[20] richte sich darauf, daß die Ehre, also etwas Drittes, geachtet werde; infolgedessen könne er nicht mit ihr

---

[12] *Reding,* S. 72 f.

[13] *Reding,* S. 78 f.

[14] Zur „unaufhebbaren Strukturverschlingung von Wertelementen und Seinselementen im Strafrecht“ vgl. auch *Mittasch,* S. 41 ff., 46.

[15] *Welzel,* Naturalismus, S. 55 (anders aber in Naturrecht, S. 197); vgl. auch *Mittasch,* S. 87.

[16] Nämlich des allgemeinen Menschenwertes und der werthaften Lebensführung.

[17] So *Brugger,* S. 379; im Ergebnis ebenso *Brügger,* S. 5 f., wenngleich er im folgenden nicht diesen Wert als die Ehre im strafrechtlichen Sinne ansieht (vgl. S. 7). Vgl. auch *Engelhard,* Ehre, S. 59 ff., insbes. S. 62; *Gallas,* Gleispach-Festschrift, S. 66 f.

[18] *Wolff,* ZStW 81, 886/888. Vgl. auch S. 892: „so wird die Ehre ... im ganzen so etwas wie ein Astral-Besitz“.

[19] Vgl. oben S. 67, 70. Sinngemäß muß der Einwand aber auch gegenüber den faktisch-formalen und hypothetisch-formalen Theorien gelten.

[20] Entsprechendes gilt für das verdiente Achtungsinteresse bzw. den dem wahren Wert entsprechenden Zustand.

identisch sein[21]. Danach könnte aus Gründen der Logik Ehre niemals der (berechtigte) Achtungsanspruch sein.

Die Argumentation steht und fällt mit dem Nachweis der Richtigkeit zweier Schlüsse: einmal des Syllogismus

Ehre = Achtungsanspruch selbst
Voraussetzung des Achtungsanspruchs = Ehre

Voraussetzung des Achtungsanspruchs = Achtungsanspruch selbst

sowie eines argumentum e contrario aus dem Satz der Identität, nämlich daß kein Gegenstand mit einem anderen identisch sein kann.

Es mag hier dahingestellt bleiben, ob der Umkehrschluß zwingend ist[22]. Denn jedenfalls ist *unter dem Begriff Ehre im Ober- und Untersatz etwas Verschiedenes zu verstehen:* Achtungsanspruch ist die strafrechtliche Ehre, das den §§ 185 ff. zugrundeliegende Schutzgut[23]; diese findet ihre Begründung und ihren Maßstab in einem vorgegebenen Wert, der praerechtlichen Ehre.

Der Schluß

(strafrechtliche) Ehre = Anspruch selbst
Voraussetzung des Anspruchs = (praerechtliche) Ehre

Voraussetzung des Anspruchs = Anspruch selbst

ist aber nach den Regeln der Logik unrichtig, da es an einem vermittelnden Begriffe fehlt[24]. Danach liegt keine Gleichsetzung von Achtungsanspruch und Voraussetzung dieses Anspruchs sondern eine Einschränkung vor: Geschützt wird der Achtungsanspruch nur, wenn und soweit er berechtigt ist.

4. *Zwischenergebnis*

Keiner der vertretenen Ehrbegriffe kann also mit dem Hinweis auf die mangelnde tatsächliche Existenz als *des Rechtsschutzes unfähig* bezeichnet werden.

II. Die Feststellbarkeit der Ehre

Ebensowenig wie ein nicht existentes Gut des Rechtsschutzes fähig ist, kann auch eine zwar existente, aber durchweg *nicht feststellbare* Ehre einen möglichen Gegenstand des Rechtsschutzes bilden.

---

[21] Vgl. *Bassenge,* S. 15, 18 f.; *Hirsch,* Ehre, S. 30; JR 1972, 516; ebenso *Ramm,* S. 53; *Roeder,* Maurach-Festschrift, S. 351.

[22] Zur Tragweite des „Satzes der Identität“ vgl. *Jaspers,* Philosophische Logik, S. 287 ff.

[23] Vgl. oben S. 33.

[24] Sog. quaternio terminorum.

1. *Normative Ehrbegriffe*

Unter diesem Blickwinkel ist namentlich immer wieder die Berechtigung *jeglicher normativer Betrachtungsweise*[1] in Zweifel gezogen worden[2]: Der wahre Ehrenwert sei nicht feststellbar, weil diese innere Größe sich einer sicheren empirischen Erfassung entziehe und die Wertanschauung selbst stets zeitlichen Schwankungen unterworfen sei.

Was das letztere betrifft, so mag die *Relativität* der Wertauffassungen einer zeitlosen Festlegung des Ehrinhalts entgegenstehen. Keinem Zweifel aber unterliegt es, daß für die Frage der Beleidigung nur die — vom Richter zu ermittelnde — zum Zeitpunkt der Tat herrschende Wertanschauung maßgebend sein kann[3]. Unüberwindliche Schwierigkeiten bei der Feststellung ergeben sich also insoweit nicht, zumal ihm die Wertentscheidungen des Grundgesetzes eine gute Orientierungshilfe bieten.

Der weitere Vorwurf, es sei unmöglich, den wahren inneren Wert empirisch ermitteln zu können, wird im allgemeinen mit dem bloßen Hinweis auf die *Ehrvermutung*[4] abgetan[5]. Das ist gedanklich gewiß richtig; doch ohne den Nachweis der Berechtigung einer derartigen Vermutung hängt die Begründung in der Luft[6].

Grundlage jeder Präsumtion ist die tatsächliche *Lebenserfahrung,* und es könnte daher mit Fug bezweifelt werden, ob denn im Normalfall jedermann wirklich ohne Fehl und Tadel ist[7]. Mit dieser Betrachtung wird indes die Reichweite der Vermutung überschätzt: Sie umfaßt zunächst einmal lediglich das Freisein von Unehre, nicht auch einen durch höhere Leistungen erworbenen Grad von Ehre[8]. Sodann wird durch eine Pflichtverletzung oder einen angeborenen Ehrdefekt die Ehre nicht in toto, sondern nur hinsichtlich des konkreten Fehlers

---

[1] Also nicht nur der normative Ehrbegriff im engeren Sinne, sondern auch der psychologisch-normative und der formal-normative.

[2] Zuletzt von *Bockelmann,* Niederschriften, S. 18. Vgl. auch *Brügger,* S. 9; *v. Bülow,* GS 46, 261/265; *Kern,* Abgrenzung, S. 10 f. Hingegen richten sich die Bedenken *Sauers,* Ehre, S. 32 f. nur gegen einen zu weit verstandenen normativen Ehrbegriff (vgl. *Hirsch,* Ehre, S. 87 ff.).

[3] Daß auch eine diesbezügliche Feststellung nicht einfach sein wird, soll nicht geleugnet werden. Doch treten solche Schwierigkeiten auch bei anderen wertausfüllungsbedürftigen Begriffen, etwa bei § 226 a StGB, auf (vgl. hierzu *Lenckner,* JuS 1968, 249 ff.).

[4] Vgl. oben S. 51.

[5] Vgl. statt aller Arthur *Kaufmann,* ZStW 72, 418/435.

[6] Vgl. *Sauer,* Ehre, S. 36 Anm. 2.

[7] So die Kritik bei *Beling,* Nachrede, S. 22 f.; *Brandes,* S. 68; *Sauer,* Ehre, S. 162.

[8] Zum heute anerkannten — wenn auch zuweilen in seinen Auswirkungen verkannten — „negativen Charakter" der Ehre vgl. oben S. 40.

gemindert[9]; das bedeutet, daß auch die Vermutung nicht das Fehlen von Ehrmängeln überhaupt, sondern nur der jeweils in Frage gestellten Ehraspekte betrifft. Infolge dieser *Einzelbetrachtung* kann man ein Ehrmanko durchaus als Ausnahme ansehen, deren Nichtvorhandensein von der Rechtsordnung — wie allenthalben bei der Aufstellung gesetzlicher Tatbestände oder Ausschlußgründe[10] — vermutet werden kann.

Für eine derartige Vermutung sprechen einmal *Zweckmäßigkeitsgesichtspunkte;* denn der positive Beweis des Vorhandenseins einer intakten Ehre ist praktisch nicht zu erbringen[11]; nur mit Hilfe der Ehrvermutung ist daher ein wirksamer Ehrenschutz möglich. Vor allem aber ist es ein Gebot der *Gerechtigkeit*[12], dort, wo keine klaren Anzeichen für die Schlechtigkeit eines Menschen vorliegen, ihn bis zum Beweise des Gegenteils als Ehrenmann zu behandeln[13]. Da damit gleichzeitig dem Bedürfnis der Gemeinschaft am Rechtsfrieden gedient wird[14], sprechen die besseren Gründe für die Annahme einer Ehrvermutung[15].

Gleichwohl wird ihre Berechtigung immer wieder geleugnet, da eine „praesumtio boni" zur Folge habe, daß gleichzeitig die Unwahrheit jeder ehrenrührigen Behauptung vermutet werde[16]; es sei aber eine Ungeheuerlichkeit, Aussagen über ehrenrühriges Verhalten eines anderen als überwiegend unrichtig zu bezeichnen[17]; außerdem liege hierin ein *Verstoß gegen das Schuldprinzip*[18].

---

[9] So ausdrücklich § 421 II E 1935; *Krug*, S. 107; *Sauer*, Ehre, S. 36 f.; System, S. 348.

[10] Vgl. etwa die Regelung der Zurechnungsunfähigkeit nach § 51 StGB (siehe hierzu RGSt 21, 131/132; *Jescheck*, Lehrbuch, S. 325; *Maurach*, AT, S. 429 f.), wobei allerdings ein „non liquet" zu Gunsten des Angeklagten geht; die unterschiedliche Behandlung der Ehrdelikte ergibt sich aus dem insoweit eindeutigen Wortlaut des § 186 StGB.

[11] Vgl. statt aller *Hartung*, NJW 1965, 640; *Schaefer*, LK, 8. Aufl., I 4 vor § 185; siehe auch *Sauer*, Ehre, S. 162.

[12] Hierin liegt der entscheidende Unterschied zu der allein auf Zweckmäßigkeitsgesichtspunkten beruhenden Eigentumsvermutung des § 1006 BGB (verkannt von *Hirsch*, Ehre, S. 163 f.), die allerdings zur Strafbarkeitsbegründung — etwa gemäß § 242 StGB — nicht herangezogen werden darf.

[13] So zutreffend *Krug*, S. 106 Anm. 234 im Anschluß an *Thomas von Aquin*, Summa theologica (hrsg. von der Albertus-Magnus-Akademie), Bd. 18: Recht und Gerechtigkeit, S. 79 ff.

[14] Vgl. *Schaefer*, LK, 8. Aufl., I 4 vor § 185. Zur Abhängigkeit des Friedensschutzes im Rahmen der Ehrdelikte von der Regelung des Wahrheitsbeweises siehe unten S. 172 Fußn. 60.

[15] So insbesondere *Binding*, BT I, S. 137; *Krug*, S. 106 ff.; *Schaefer*, LK, 8. Aufl., I 4 vor § 185; vgl. auch die S. 51 Fußn. 114 Genannten.

[16] *Brandes*, S. 68; *Friedmann*, S. 10; *Hirsch*, Ehre, S. 163.

[17] Vgl. statt aller *Beling*, Nachrede, S. 22 f.

[18] *Brandes*, S. 69.

Mit dieser Argumentation wird jedoch die Fragestellung unzulässig verschoben: *Vermutet wird* lediglich das *Vorhandensein von Ehre* bei dem Angegriffenen, *nicht* jedoch die *Unwahrheit einer Äußerung* über dessen Ehre[19]. Die Frage nach der prozessualen Behandlung eines „non liquet" hinsichtlich der Unwahrheit einer Behauptung[20] ist vielmehr scharf von der nach dem Ehrbegriff zu trennen.

Ist demnach von einer Vermutung für den vollen Ehrbestand auszugehen, bereitet die Feststellung des wahren inneren Werts nicht die geringsten Schwierigkeiten.

2. *Faktische Ehrbegriffe*

Weit eher sind unter diesem Aspekt die *psychologisch-faktischen*[21] sowie die *formal-faktischen*[22] *Ehransichten* Bedenken ausgesetzt[23]. Denn wie schwer ist unter Umständen der tatsächlich bestehende Ruf oder das subjektive Empfinden feststellbar[24].

Da andererseits häufig die Beschaffenheit des Rufes offen zutage liegt, reicht eine nur in *Einzelfällen* auftretende Schwierigkeit jedoch nicht aus, die Feststellbarkeit einer faktischen Ehre grundsätzlich zu verneinen[25].

3. *Zwischenergebnis*

Somit kann auch unter dem Gesichtspunkt der mangelnden Feststellbarkeit *keiner der gängigen Ehrbegriffe* als *des Rechtsschutzes unfähig* aus der weiteren Betrachtung ausgeschieden werden.

III. Die Verletzbarkeit der Ehre

Schließlich muß — und zwar völlig unabhängig davon, ob das Verbrechen als Rechtsgutsverletzung verstanden wird oder nicht[1] — als

---

[19] Im Ergebnis ähnlich *Hirsch*, Ehre, S. 164. Damit erledigt sich auch der Einwand (vgl. *Beling*, Nachrede, S. 22; *Brandes*, S. 69; *Friedmann*, S. 11), daß folgerichtig die Vermutung auch dem Angeklagten zugute kommen müsse.

[20] Vgl. hierzu — insbesondere im Hinblick auf den Grundsatz „in dubio pro reo" — unten S. 108 f.

[21] Vgl. die S. 60 Fußn. 56 und S. 62 Fußn. 67 Genannten.

[22] Vgl. die oben S. 69 Fußn. 50 Genannten.

[23] Zu Unrecht räumt *Sauer*, Ehre, S. 41 den psychologisch-faktischen Ansichten den Vorzug leichterer Feststellbarkeit ein.

[24] Vgl. *Kern*, Abgrenzung, S. 10; *Krug*, S. 79; Eberhard *Schmidt*, Niederschriften, S. 22 sowie unten S. 129 ff.

[25] Vgl. auch oben S. 77.

[1] Vgl. dazu oben S. 18.

des Rechtsschutzes unfähig auch jedes Gebilde angesehen werden, das durch Handlungen Außenstehender *in keiner Weise*[2] *verletzt* werden kann.

Schutz setzt nämlich ein Dreifaches voraus: ein zu schützendes Objekt, einen drohenden Schaden und eine Methode, mit deren Hilfe das Objekt vor Schaden bewahrt wird. Ist aber von vornherein der Eintritt eines Schadens ausgeschlossen, so vermag die Schutzmethode keinerlei Wirkung mehr zu zeitigen.

Schutz durch eine Rechtsnorm ist daher nur dort denkbar, wo zumindest die Möglichkeit einer Beeinträchtigung besteht[3].

1. *Kritik am normativen Ehrbegriff*

Während bei psychologischem oder formalem Ehrverständnis in dieser Hinsicht keinerlei Bedenken ersichtlich sind, setzt gerade hier, seit Daniel *Moller* im Jahre 1594 ausführte, der innere Wert eines Menschen könne durch Dritte nicht geschmälert werden[4], immer wieder die *Hauptkritik am normativen Ehrbegriff* ein: Der wahre innere Wert eines Menschen sei unverletzbar und daher des Rechtsschutzes unfähig; er könne also nicht als Schutzgut den §§ 185 ff. StGB zugrundeliegen[5].

Seitens der Kritiker wird zwar vereinzelt eingeräumt, daß jede schwere Verunehrung, vor allem fortgesetzte Mißachtungen, im Einzelfall den betroffenen Menschen selbst schlechter machen könne, wenn ihm das Vertrauen auf die eigene Kraft und die Achtung der anderen geraubt werde[6]. Es handle sich hierbei aber nur um *mittelbare*, also unbeachtliche Auswirkungen, während die Angriffe selbst ein anderes Objekt, nämlich die vom Strafrecht zu schützenden Erscheinungsformen der Ehre träfen[7].

---

[2] Hingegen stellt sich die Frage nach der Schutzwürdigkeit, soweit die Möglichkeit einer Verletzung nur eingeschränkt ist, etwa das Ehrgefühl durch Äußerung in Abwesenheit des Betroffenen nicht berührt werden kann (vgl. unten S. 153 ff.).

[3] Nach Max *Hirschberg* stellt die objektive Schädlichkeit oder Gefährlichkeit kein logisch-notwendiges Begriffsmerkmal des Verbrechens dar (S. 3 f.); damit soll jedoch, wie sich aus dem Kontext ergibt (vgl. S. 5, 35), nur zum Ausdruck gebracht werden, daß bei ungeschickter Tatbestandsfassung im konkreten Falle eine Handlung selbst dann strafbar sein kann, wenn ihr ausnahmsweise die Richtung gegen ein Schutzobjekt völlig fehlt (vgl. hierzu *Beling*, Lehre, S. 137 f. einerseits, andererseits *Schmidhäuser*, AT, S. 210 f.).

[4] Semestrium libri quinque, S. 74, zitiert nach *Dreßler*, S. 20.

[5] Vgl. in neuerer Zeit namentlich *Bockelmann*, Beleidigung, S. 477 und Niederschriften, S. 18; *Gallas*, Sitzungsbericht, S. 328; *Wolff*, ZStW 81, 886/889 f. Siehe auch die S. 53 Fußn. 130 Genannten.

[6] Vgl. etwa *v. Bar*, GS 52, 81/96 Anm. 18; *Liepmann*, VDB IV, S. 229; ungenau daher *Hirsch*, Ehre, S. 53 Anm. 25.

[7] *Liepmann*, VDB IV, S. 229 f.; vgl. auch *Allfeld*, Lehrbuch, S. 368; *Mahlberg*, S. 23 f.

So wurde — namentlich unter der Herrschaft des kausal-naturalistischen Handlungsbegriffs *v. Liszts*[8] — das Dogma von der Unverletzbarkeit der inneren Ehre vielfach als eine Selbstverständlichkeit, die keiner weiteren Erörterung mehr bedürfe, hingenommen[9].

2. *Bisherige Lösungsversuche*

Demgegenüber rechtfertigen die Vertreter des normativen Ehrbegriffs — soweit sie nicht ihre Zuflucht zu faktischen Hilfskonstruktionen nehmen[10] — ihre Ansicht mit dem Hinweis, daß der Begriff der Verletzung wie bei zahlreichen anderen Delikten *nicht* im Sinne einer *Substanzverletzung* zu verstehen sei[11]. Die Verletzung liege vielmehr in der Nichtanerkennung des wahren inneren Wertes[12] bzw. in der Behandlung zuwider diesem Wert[13]; dabei werde das Rechtsgut Ehre ebensowenig beeinträchtigt wie bei einem Diebstahl das Eigentum selbst[14]. Bei der Beleidigung bestehe der Verletzungserfolg[15] in dem Sinngehalt, den das Zugehen der beleidigenden Erklärung habe[16]: der *Verletzung* des aus der Ehre fließenden — also nicht mit ihr identischen — *Achtungsanspruchs*[17] und damit der Ehre selbst[18].

3. *Unzulänglichkeit der bisherigen Lösungen*

Die vorstehend geschilderte Beweisführung läßt jedoch eine vertiefte Auseinandersetzung mit den bei dieser Konstruktion auftretenden Schwierigkeiten vermissen: Manche Zweifelsfrage bleibt offen, etwa

---

[8] Vgl. vor allem in ZStW 6, 663 ff.

[9] Vgl. statt aller RG GA 38, 434 mit zust. Anm. *Meves;* subtiler allerdings *Bassenge,* S. 8 f.; *Spiecker,* S. 16 ff.; neuerdings insbesondere *Wolff,* ZStW 81, 886/889 f.

[10] So *Binding* zum Ehrwillen (vgl. BT I, S. 136, 141 f.; Rede, S. 24, 27), *Sauer* zum Ehranspruch (vgl. Ehre, S. 69 f.) und Ehrinteresse (vgl. System, S. 349).

[11] So ausdrücklich *Hirsch,* Ehre, S. 30 f.; *Sauer,* Ehre, S. 32; vgl. demgegenüber sehr dezidiert *Heß,* S. 8 Anm. 8.

[12] So *Baltin,* S. 18; *v. Buri,* GS 26, 551; 28, 233/234; vgl. auch RG Rspr 9, 572.

[13] Vgl. BGHSt 11, 67/71 mit Anm. *Busch,* LM 19 zu § 185 und *Kern,* JZ 1958, 617; *Herdegen,* LK, 13 vor § 185; *Schaefer,* LK, 8. Aufl., I 2 vor § 185; *Welzel,* Lehrbuch, S. 303; *Binding,* Rede, S. 23; *Hirsch,* Ehre, S. 29 ff.; *Passauer,* S. 11; *Sauer,* Ehre, S. 32, 71; Logos 9, 64/65; Karlheinz *Schmid,* S. 31.

[14] Vgl. *Baltin,* S. 18; *Brandes,* S. 42; *Hirsch,* Ehre, S. 30.

[15] Zur Bedeutung des Erfolgs für das Vorliegen einer Rechtsgutsverletzung vgl. unten S. 89 f.

[16] *Hirsch,* Ehre, S. 32.

[17] Vgl. außer den in Fußn. 13 Genannten Arthur *Kaufmann,* ZStW 72, 418/430; *Welzel,* Lehrbuch, S. 305.

[18] *Hirsch,* Ehre, S. 32.

die, wie sich denn bei einem derartigen Beleidigungsverständnis Versuch und Vollendung materiell unterscheiden sollen. Vor allem wird verabsäumt, die Richtigkeit der aufgestellten Prämissen an Hand der von der Dogmatik zu den allgemeinen Lehren des Strafrechts entwikkelten Ergebnisse zu verifizieren.

Es nimmt daher nicht wunder, daß die oben dargestellte Argumentation nicht hinreichte, die Kritik am normativen Ehrbegriff im Hinblick auf die Unverletzbarkeit der inneren Ehre verstummen zu lassen:

So weist *Spiecker* darauf hin, daß dann, wenn man den Ausdruck „Verletzung" nur als die Nichtanerkennung des wahren Wertes begreife, der eigentliche Strafgrund der Beleidigung nicht aufgedeckt werde[19], da kein Unterschied zu den Fällen bestehe, in denen der „Beleidiger" in der Einsamkeit seiner Verachtung Ausdruck verleihe oder auf eine Kundgebung gänzlich verzichte[20]. Weitergehend wirft *Wolff* die Frage auf, weshalb denn die Beleidigung verboten sein solle, wenn — wie behauptet — das Gut selbst durch sie nicht beeinträchtigt werde[21]; denn daß in der Anspruchsverletzung keine Gutsverletzung liege, ergebe sich schon daraus, daß zwischen beiden keine Identität bestehe[22].

Angesichts dieser Einwendungen kann nicht davon gesprochen werden, daß die Frage der Verletzbarkeit der inneren Ehre bislang eine befriedigende Klärung gefunden habe.

4. *Korrektur der bisherigen Lösung*

Das bedeutet indes nicht unbedingt, daß zur Lösung dieses Problems unbedingt nach neuen Wegen Ausschau gehalten werden müßte. Der Nachweis, daß die innere Ehre „verletzbar" ist, kann vielmehr auch dadurch erbracht werden, daß die oben aufgezeigten *Lücken in der bisherigen Argumentation geschlossen werden, sofern der Gedankengang* selbst in sich *schlüssig* sein sollte.

a) Ist zutreffend, daß der Begriff der Verletzung eines Rechtsguts nicht notwendigerweise eine Veränderung in der Außenwelt bzw. eine Beeinträchtigung der Substanz erfordert, so kann begrifflich eine Verletzung der inneren Ehre auch darin gefunden werden, daß jemand entgegen seinem wahren Wert behandelt[23] wird, auch ohne daß dieser Wert selbst verringert wird.

---

19 S. 17; ebenso *Bassenge*, S. 8 f.

20 S. 18 f.

21 ZStW 81, 886/889 f.

22 S. 889.

23 Behandeln ist dabei im weitesten Sinne zu verstehen, so daß darunter auch das Absprechen von Ehre fällt (vgl. *Krug*, S. 156; *Sauer*, Ehre, S. 95 ff.).

Daß dann die Verletzung in der Weise erfolgt, daß der von dem ideellen Objekt der Ehre ausgehende Achtungsanspruch verletzt wird, ist eine denkbare Möglichkeit und wird auch nicht durch die Tatsache ausgeschlossen, daß es sich bei dem achtungsverletzenden Akt, etwa einem Steinwurf, und der Rechtsgutsverletzung, dem Auftreffen des Steines[24], um zweierlei handelt; denn Letzteres kann durchaus die regelmäßige Folge[25] des Ersteren sein[26].

Der von den Vertretern des normativen Ehrbegriffs eingeschlagene *Lösungsweg* ist also *schlüssig*, d. h. er führt, die Richtigkeit seiner Prämissen unterstellt, zu dem gewünschten Ergebnis.

b) Was nun die Richtigkeit der Prämissen betrifft, so ist als erste Voraussetzung, von der alles weitere abhängt, zu untersuchen, ob der Begriff *Rechtsgutsverletzung nicht nur* als *Substanzverminderung oder Außenweltveränderung* verstanden werden kann. Diese eng mit der Konstruktion der formalen Struktur des Rechtsguts[27] zusammenhängende Frage ist in der Vergangenheit unterschiedlich beurteilt worden:

So war für *Binding* die reale Verletzung des Rechtsguts eine Selbstverständlichkeit[28] und bei *Birnbaum*, der das Verständnis des Rechtsguts als ein von der Rechtsordnung unter Schutz gestelltes Stück empirischer Wirklichkeit begründet hat[29], heißt es deutlich: „Daß man von Verletzungen des Lebens, der menschlichen Kräfte, der Ehre, der persönlichen Freiheit, des Vermögens als besonderen Verbrechen rede, ist natürlich und natürlichen Vorstellungen gemäß; denn alle die genannten Güter sind einer *Entziehung* oder *Verminderung* durch Handlungen anderer unterworfen“[30]. Aber auch als in der Folgezeit unter dem Einfluß der südwestdeutschen Wertphilosophie[31] der Rechtsgutsbegriff zunehmend vergeistigt aufgefaßt wurde[32], hielt man gleichwohl ganz überwiegend an dem Erfordernis einer realen Verletzung oder Gefährdung fest[33].

---

[24] Beispiel von *Wolff*, ZStW 81, 886/889.

[25] Zur Frage, ob eine notwendige Folge gegeben sein muß, vgl. oben Fußn. 3.

[26] Hierbei handelt es sich nicht um eine Auswirkung des Kausalgesetzes, da dieses nur für Veränderungen in der Außenwelt, nicht aber für die durch das Recht geschaffenen Folgen einer Handlung gilt; vgl. weiterführend Max *Hirschberg*, S. 21 f.; *v. Liszt*, ZStW 8, 133/153.

[27] Vgl. dazu oben S. 28 f.

[28] Vgl. Normen I, S. 353.

[29] ArchCrimR 1834, 149 ff.

[30] S. 180. *Birnbaum* gelangt daher für die Beleidigung zur Annahme einer Ehrgefühlsverletzung (S. 183 ff.).

[31] Vgl. hierzu die Nachweise bei *Welzel*, Naturalismus, S. 41 ff.

[32] Vgl. etwa *Honig*, S. 94; *Mezger*, Lehrbuch, S. 198, 200.

Eine Abkehr von diesem naturalistischen Positivismus findet sich eigentlich erst[34] in den Arbeiten von *Dahm*[35], *Gallas*[36] und *Schaffstein*[37] als Folge der Bestrebungen der „Kieler Schule", das Rechtsgut als Richtpunkt des Tatbestandsaufbaus durch den Gedanken der Pflichtwidrigkeit zu ersetzen[38]. Heute ist sogar für *Hirsch*[39], einem konsequenten Schüler *Welzels*[40], — aber auch für andere Vertreter des „finalen Handlungsbegriffs"[41] — die naturalistische „Denkweise, die das Sozialleben aus der Perspektive des Physiksaals betrachtet, ... nur noch von dogmengeschichtlichem Interesse"[42].

Insgesamt ist nicht zu verkennen, daß in neuerer Zeit überwiegend auf das Erfordernis einer realen Verletzung verzichtet wird[43]. Doch erscheint die Methode, wie dieses Ergebnis gewonnen wird, nicht unbedenklich:

Gewiß ist dieser Verzicht vom Standpunkt der finalen Handlungslehre, die den (tatbestandsmäßigen) Erfolg nicht als Handlungsbestandteil ansieht[44], oder der Lehre vom personalen Unrecht, die den Rechtsgüterschutz durch Bestrafung des Handlungsunwerts zu erreichen glaubt[45], erklärbar. Es fehlt jedoch bis zum heutigen Tage der Nachweis der Richtigkeit dieser Lehren[46]; Ergebnisse aber, die den Anspruch erheben, von jedermann akzeptiert zu werden, sollten tunlichst nicht aus umstrittenen Theorien abgeleitet werden[47].

---

[33] Vgl. *Honig*, S. 69; *Mezger*, Lehrbuch, S. 198 f.; siehe aber auch *Mezger*, GS 89, 207/247 f.

[34] Vgl. jedoch bereits *Merkel*, Lehrbuch, S. 10 ff.; *Oppenheim*, S. 202.

[35] Grundfragen, S. 62 ff.; ZStW 57, 225 ff.

[36] Gleispach-Festschrift, S. 50 ff.

[37] Grundfragen, S. 108 ff.; DStR 1937, 335 ff.; ZStW 57, 295 ff.

[38] Vgl. dazu *Maurach*, AT, S. 213.

[39] Ehre, S. 32.

[40] Vgl. in diesem Zusammenhang insbesondere *Welzel*, ZStW 58, 491/505 ff. und Lehrbuch, S. 2 ff.

[41] Vgl. etwa *Maurach*, AT, S. 173 ff.

[42] Ähnlich *Krug*, S. 105.

[43] Vgl. aber *Würtenberger*, Situation, S. 59, 65. — Vielfach finden sich auch versteckte Relikte der naturalistischen Betrachtungsweise, etwa wenn sich die h. M. zur Begründung, daß sich die Absicht bei § 242 StGB nicht auch auf die Rechtswidrigkeit der Zueignung erstrecken müsse, auf die Entscheidung RGSt 49, 140/142 beruft (vgl. statt aller *Schönke / Schröder*, 60 zu § 242).

[44] So aber auch *Baumann*, Lehrbuch, S. 209.

[45] *Welzel*, Lehrbuch, S. 2 f., 62; Neues Bild, S. 29; vgl. auch *Stratenwerth*, AT, S. 29 f. und SchwZStR 79, 233 ff.; zur Kritik siehe *Jescheck*, Lehrbuch, S. 6; *Maurach*, AT, S. 22; *Würtenberger*, S. 51 ff.

[46] Mit einer Abqualifizierung der gegenteiligen Ansichten durch den Hinweis auf die „Rumpelkammer der Dogmengeschichte" ist es nicht getan.

[47] Zur dogmatischen Unergiebigkeit des Handlungsbegriffs vgl. *Roxin*,

Zu allgemeingültigen Erkenntnissen kann man indes gelangen, wenn man von allgemein anerkannten — oder doch jedenfalls nicht in der Wissenschaft umstrittenen — Prämissen ausgeht. Hier bietet sich die bereits erwähnte[48] Unterscheidung von Rechtsgut und Handlungsobjekt geradezu an[49]:

Als *Rechtsgüter* werden die für das Zusammenleben der Gemeinschaft wesentlichen Lebensgüter[50], denen das Strafrecht seinen Schutz gewährt, als *Handlungsobjekte* die konkreten Gegenstände, an denen sich die tatbestandsmäßige Handlung vollzieht, bezeichnet[51]. Das jeweilige Rechtsgut ergibt sich demnach aus der Beantwortung der Frage, aus welchen Gründen der Gesetzgeber den betreffenden Tatbestand aufgestellt hat, während das Handlungsobjekt sich allein aus dem äußeren sinnfälligen Vorgang bestimmen läßt[52].

Legt man diese Unterscheidung zugrunde, wird offenbar, daß reale Auswirkungen in der Außenwelt allenfalls das Handlungsobjekt betreffen können[53], während das ideelle *Rechtsgut selbst äußerlich nicht beeinträchtigt* wird.

c) Es erhebt sich jedoch die Frage, was denn dann unter *Verletzung eines Rechtsguts* zu verstehen ist, insbesondere ob hierfür, wie die Vertreter des normativen Ehrbegriffs meinen, eine *Behandlung zuwider dem Rechtsgut* ausreicht.

aa) Daß in einer *nicht zutage getretenen Negierung* des Rechtsguts, einer nur rechtsgutsfeindlichen Gesinnung, keine Rechtsgutsverletzung zu sehen ist, sollte eigentlich angesichts der heute[54] einhelligen Ablehnung eines Gesinnungsstrafrechts[55] keiner Erörterung bedürfen.

ZStW 74, 515 ff.; *Schönke / Schröder*, 36 vor § 1 mit weiterführenden Nachweisen.

[48] S. 31 f.

[49] Aus der Tatsache, daß diese Unterscheidung nicht überall vorgenommen wird (vgl. etwa *Schönke / Schröder*, 21 vor § 1), darf nicht geschlossen werden, sie sei zur Gewinnung allgemeingültiger Ergebnisse ungeeignet; denn sie wird nirgendwo in der modernen Literatur expressis verbis verworfen, sondern allenfalls (noch) nicht berücksichtigt.

[50] Zur formalen Struktur dieser Güter vgl. oben S. 28 f.

[51] Vgl. *Baumann*, Lehrbuch, S. 142 f.; *Jescheck*, Lehrbuch, S. 193, 195; *Maurach*, AT, S. 215 f.

[52] So zutreffend Max *Hirschberg*, S. 14 ff., insbesondere S. 21, 26 f.

[53] Zur Frage, ob eine Veränderung wenigstens des Handlungsobjekts erforderlich ist, vgl. unten Fußn. 76.

[54] Im gleichen Sinne bereits *Ulpian* D. 48, 19 (de poenis), 18: „cogitationis poenam nemo patitur".

[55] Vgl. statt aller BGH NJW 1954, 1416; *Baumann*, Lehrbuch, S. 18 f., 28 ff. Selbst für Verfechter der Lehre vom personalen Unrecht steht die Verwerfung eines Gesinnungsstrafrechts außer Frage (vgl. etwa *Welzel*, Lehrbuch, S. 80, 187).

Der dahingehende Einwand *Spieckers*[56] gegen den normativen Ehrbegriff zielt im übrigen schon deshalb ins Leere, weil eine derart weite Auslegung des Begriffs der „Nichtanerkennung" sicherlich von niemandem in Betracht gezogen wird; denn in der Beleidigungsdoktrin ist ganz unstreitig, daß auf eine Manifestation der Nichtanerkennung, die sog. *Kundgabe*, nicht verzichtet werden kann[57].

bb) Es könnte jedoch fraglich erscheinen, ob bei einem Verständnis der Verletzung nur als Handeln in feindseliger Richtung gegen das Rechtsgut nicht die *Grenzen von Versuch und Vollendung verwischt* werden[58].

Das wäre gewiß der Fall, wenn die in der Literatur teils ausdrücklich vertretene[59], teils stillschweigend unterstellte[60] Ansicht zuträfe, daß Rechtsgutsverletzung und Erfolgsverursachung identisch seien.

Hierin liegt aber nicht nur ein Rückfall in das „konkrete Rechtsgutsverständnis"[61] des vorigen Jahrhunderts[62], sondern es wird auch das Wesen des Erfolges mißverstanden[63]:

Als *tatbestandsmäßiger Erfolg*[64] wird im Anschluß an *v. Liszt / Schmidt*[65] und *Mezger*[66] die Erfüllung des Tatbestandes, d. h. das tatbestandsmäßige Verhalten des Handelnden, die Kausalität sowie der durch dieses Verhalten verursachte Außenerfolg[67] bezeichnet[68]. Ist

---

56 S. 17 ff.

57 Vgl. statt aller *Kern*, Äußerungsdelikte, S. 11 und passim.

58 Diesen Gesichtspunkt benutzt *Birnbaum* (ArchCrimR 1834, 149/183) neben anderen zur Bekämpfung der *Feuerbachschen* Rechtsverletzungstheorie (vgl. dazu oben S. 29); siehe auch *Stratenwerth*, SchwZStR 79, 233/235.

59 *Welzel*, Neues Bild, S. 18; Lehrbuch, S. 62; anders aber Lehrbuch, S. 4.

60 So bezeichnet etwa *Wolff* das Auftreffen eines geschleuderten Steines als die Rechtsgutsverletzung (ZStW 81, 886/889); vgl. auch *v. Dohna*, Rechtswidrigkeit, S. 18; *Hirsch*, Ehre, S. 32.

61 Vgl. dazu oben S. 31 f.

62 Zur Kritik vgl. *Jäger*, S. 24 f.; *Schmidhäuser*, AT, S. 26.

63 So auch *Jäger*, S. 26.

64 Wenn das Gesetz von Erfolg spricht, ist nicht stets der tatbestandsmäßige Erfolg gemeint; vgl. etwa für § 67 IV StGB *Schönke / Schröder*, 4 zu § 67 mit weiteren Nachweisen.

65 AT, S. 157.

66 Lehrbuch, S. 95 f.

67 Es ist in diesem Zusammenhang unerheblich, wenn verschiedentlich in der Literatur nur letzteres, die — lediglich bei den sog. Erfolgsdelikten vorkommende — von der Handlung unterschiedene, raum-zeitlich abgrenzbare Wirkung am Handlungsobjekt (so etwa *Jescheck*, Lehrbuch, S. 196; H. *Mayer*, AT, S. 127) bzw. der Eintritt eines sonstigen Ereignisses mit Schadenscharakter (so *Schmidhäuser*, AT, S. 175), als Erfolg verstanden wird; vgl. auch Max *Hirschberg*, S. 23 ff.

68 Vgl. RGSt 57, 193/194; *Baumann*, Lehrbuch, S. 209; *Maurach*, AT, S. 237; *Mezger / Blei*, AT, S. 70.

eines dieser Merkmale nicht gegeben, so liegt eine vollendete Straftat nicht vor; es kommt allenfalls Versuch in Betracht.

Nun zeigt aber gerade die Tatsache, daß der Gesetzgeber in § 43 StGB den Versuch unter Strafe gestellt hat, — zumindest bei einem Verständnis des Verbrechens als Rechtsgutsverletzung[69] — deutlich, daß der *tatbestandsmäßige Erfolg keine Voraussetzung* für die Annahme einer *Rechtsgutsverletzung* bilden kann[70].

Handelt es sich demnach bei *tatbestandsmäßigem Erfolg und Verbrechenserfolg* um *zwei verschiedene Dinge*, so ist auch die Frage nach Versuch und Vollendung ohne Belang für die Begriffsbestimmung der Rechtsgutsverletzung.

cc) Nachdem also keine durchschlagenden Bedenken gegen deren Verständnis als Behandlung zuwider dem Rechtsgut bestehen, bleibt nur noch darzutun, worin das *eigentlich Verletzende* dieser Behandlung bestehen soll. Hierzu reicht nun allerdings der übliche Hinweis, daß man ja „im übertragenen Sinne auch von einer Verletzung des Gesetzes“ spreche[71], nicht aus.

Verständlich wird der Begriff der Rechtsgutsverletzung vielmehr erst, wenn man berücksichtigt, daß Rechtsgut und Handlungsobjekt *nicht beziehungslos* nebeneinanderstehen. Letzteres ist vielmehr gerade das *deliktstypische Ziel*[72], gegen das die tatbestandsmäßige Handlung gerichtet ist[73], während der gesetzliche Tatbestand *um des Rechtsguts willen* unter Strafe gestellt ist[74].

In der Erfüllung eines gesetzlichen Tatbestandes liegt daher grundsätzlich[75] ein gegen ein Rechtsgut gerichtetes Verhalten. Gleichzeitig wird aber mit Erfüllung des Tatbestandes auf das konkrete Handlungsobjekt in irgendeiner Form eingewirkt[76]. Daraus ergibt sich, daß die

---

[69] Vgl. oben S. 18.

[70] Im Ergebnis ebenso *Cramer*, Vollrausch, S. 60 f.; *Jäger*, S. 26; *Stratenwerth*, AT, S. 80.

[71] Vgl. statt aller *Mittasch*, S. 87 f.

[72] Handlungsobjekt ist demnach nicht das bloße Mittel, etwa das zur Tötung bestimmte Messer, noch ein rein zufälliges Ziel, etwa beim zu schnellen Fahren (§ 9 StVO) das in der Ferne lockende Schwimmbad (ähnlich Max *Hirschberg*, S. 27).

[73] Zutreffend Max *Hirschberg*, S. 26.

[74] *Oppenheim* bezeichnet insofern zutreffend die Handlungsobjekte als „Durchgangsobjekte“ (S. 153 ff.).

[75] Zur Frage, ob ausnahmsweise auch Straftatbestände denkbar sind, die nicht dem Schutz eines Rechtsguts dienen, vgl. oben S. 18.

[76] Es braucht sich dabei nicht notwendigerweise um eine Verletzung zu handeln; das Handlungsobjekt kann durch die strafbare Handlung auch erst hervorgebracht (Anfertigung von Falschgeld), nur in seiner örtlichen Lage verändert werden (Entführung) und anderes mehr; vgl. Max *Hirschberg*, S. 28.

Verletzung des Rechtsguts, das als ideeller Wert dem unmittelbaren Zugriff des Täters entzogen ist, *mittelbar durch Einwirkung auf das Handlungsobjekt* erfolgt[77].

d) Übertragen auf die §§ 185 ff. StGB bedeutet das, daß durch die Beleidigung das Rechtsgut der wahren inneren Ehre nicht real verletzt zu werden braucht; es genügt, wenn deliktstypische Handlungen an dem in Betracht kommenden Handlungsobjekt vorgenommen werden.

aa) Damit stellt sich zunächst die Frage nach dem *Handlungsobjekt der Beleidigungstatbestände:*

Die Vertreter des normativen Ehrbegriffs betonen im allgemeinen, durch die Beleidigung werde der aus der wahren inneren Ehre fließende *Achtungsanspruch* verletzt[78], ohne dabei ausdrücklich diesen Anspruch als das Handlungsobjekt zu bezeichnen[79]. Eine dahingehende Auslegung erscheint indes nach den bisherigen Ausführungen als die einzig vernünftige Rechtfertigung ihrer Konstruktion.

Nicht möglich ist sie allerdings, wenn man unter Handlungsobjekt nur die *Konkretisierung des jeweiligen Rechtsguts* versteht[80]. Danach wäre Handlungsobjekt bei Ehrangriffen die Ehre der gerade angegriffenen Person bzw. der betreffende Mensch selbst[81].

Daß eine solche *Begrenzung nicht richtig* sein kann, ergibt sich schon daraus, daß häufig — insbesondere bei Straftaten gegen Universalrechtsgüter — das im Einzelfall konkretisierte Rechtsgut[82] unmöglich das Handlungsobjekt sein kann[83], wie etwa das Beispiel der Urkundenfälschung zeigt[84].

Ausschlaggebend für die Bestimmung des *Handlungsobjekts* muß vielmehr die Funktion sein, die es zu erfüllen hat. Versteht man es als das aus dem äußeren sinnfälligen Vorgang bestimmbare Ziel der tatbestandsmäßigen Handlung[85], so wird deutlich, daß hierunter *nicht nur Gegenstände der Außenwelt* fallen können. Andernfalls müßte man bei

---

77 So ausdrücklich auch *Jescheck,* Lehrbuch, S. 196.

78 So *Herdegen,* LK, 13 vor § 185; *Hirsch,* Ehre, S. 30; weitere Nachweise oben Fußn. 17.

79 So aber *Jescheck,* Lehrbuch, 1. Aufl., S. 177; unklar *Krug* (vgl. S. 155 einerseits, andererseits S. 156).

80 So wohl *Honig,* S. 87 ff., 109 ff.; *Mezger,* Lehrbuch, S. 188; dagegen ausdrücklich *Baumann,* Lehrbuch, S. 143.

81 Vgl. Max *Hirschberg,* S. 37, 112 Anm. 1; *Maurach,* AT, S. 216.

82 *Schmidhäuser,* AT, S. 25 f. spricht vom Rechtsgutsobjekt.

83 Vgl. *Baumann,* Lehrbuch, S. 143; *Maurach,* AT, S. 215 f.; *Schmidhäuser,* AT, S. 25 f.

84 Beispiel von *Baumann,* Lehrbuch, S. 143.

85 Vgl. *Amelung,* S. 198 ff.; Max *Hirschberg,* S. 26 f.; siehe bereits *Beling,* Lehre, S. 209 f.

einigen Tatbeständen des StGB[86] das Vorhandensein eines Handlungsobjekts verneinen[87], obgleich doch die Finalität der tatbestandsmäßigen Handlung nicht geleugnet werden kann. Nur die letztere muß folglich in der Außenwelt vorhanden sein; das Objekt dagegen, auf das sie ausgerichtet ist, kann in verschiedener Gestalt auftreten: als Sache, als realer Zustand, als wirtschaftlicher, sozialer und auch als ideeller Wert[88].

Ein solch ideeller Wert ist auch der auf der wahren Ehre beruhende *Anspruch* gegenüber jedermann, *ehrenrührige Kundgaben zu unterlassen;* er könnte daher insoweit durchaus als das „Nahziel", gegen das sich die Beleidigung nach § 185 StGB, die üble Nachrede und die Verleumdung richten, angesehen werden[89]:

Nun geht allerdings von jedem Rechtsgut ein Wertanruf auf Respektierung aus, so daß man etwa von einem aus dem Rechtsgut Leben oder Eigentum fließenden Anspruch auf Achtung des Lebens beziehungsweise des Eigentums sprechen könnte[90]; mit anderen Worten: Wird ein Gut oder ein Wert von der Rechtsordnung als so bedeutsam erachtet, daß sein Schutz durch das Strafrecht für erforderlich gehalten, es also als Rechtsgut anerkannt wird[91], dann gebietet sie auch — unter Androhung strafrechtlicher Sanktionen — seine Respektierung. Wäre unter dem „aus der Ehre fließenden Achtungsanspruch" nichts anderes gemeint als diese *jedem Rechtsgut* anhaftende Reflexwirkung, so käme er als Handlungsobjekt der Beleidigungstatbestände nicht in Betracht, da hierunter ja gerade der *deliktstypische* Gegenstand der Ehrangriffe verstanden wird.

Betrachtet man jedoch die vielfältigen Bedeutungen, in denen das Wort Ehre verwandt wird — man spricht von Ehrangriff, Ehrenamt, Ehrenbezeugung, Ehrengabe, Ehrenstrafen, Ehrentag, dem Feld der

---

[86] Vgl. etwa § 361 Nr. 3: „Wer als Landstreicher umherzieht". — Im Nebenstrafrecht finden sich derartige Tatbestände allenthalben.

[87] Zu diesem, durch keine sachlichen Vorzüge gerechtfertigten, Ergebnis gelangt folgerichtig Max *Hirschberg,* S. 27 ff., 33; *Stratenwerth,* AT, S. 79 f.; vgl. auch *Amelung,* S. 200.

[88] Vgl. *Jescheck,* Lehrbuch, S. 195 f.; im Ergebnis ebenso *Amelung,* S. 200; *Schmidhäuser,* AT, S. 215 f.

[89] In diesem Sinne wohl *Jescheck,* Lehrbuch, S. 195 f.

[90] So in der Tat *Schmidhäuser,* AT, S. 25, 112 und Engisch-Festschrift, S. 444 f., der zwischen jedes Gut und Handlungsobjekt einen solchen Achtungsanspruch schiebt, den er als das eigentliche Rechtsgut bezeichnet; auf diese Weise gelangt er zu einem real verletzbaren Rechtsgut (vgl. AT, S. 112, 169; Engisch-Festschrift, S. 445); im Ergebnis übereinstimmend *Amelung,* S. 181 ff., 196.

[91] Zur Frage, wann dies der Fall ist, vgl. *Amelung,* S. 330 ff.; *Jäger,* S. 6 ff., 121 ff.; *Hanack,* Gutachten, S. 28 ff.; *Hassemer,* S. 105 ff.; *Otto,* Rechtsgutsbegriff, S. 4 f.; *Rudolphi,* Honig-Festschrift, S. 159 ff.

Ehre, der letzten Ehre, sich die Ehre geben, jemanden entehren und anderem mehr[92] —, so zeigt sich, daß mit allen Begriffen der Gedanke des Achtens verbunden ist[93]. Achtung ist demnach das Korrelat jedweder Ehre, der Achtungsanspruch somit das der für das Strafrecht erheblichen Ehre, die das Unterlassen achtungswidrigen Verhaltens gebietet[94]. Es ist also zutreffend, wenn er als der *aus der Ehre* fließende Anspruch bezeichnet wird[95].

Der Anspruch auf Achtung der Ehre ist folglich von dem sich nicht aus dem Gut selbst, sondern erst aus der Rechtsgutsqualität ergebenden Anspruch auf Achtung des Lebens, der Gesundheit, des Eigentums usw. zu unterscheiden, so daß er auch insofern als das deliktstypische Ziel der Beleidigung in Betracht gezogen werden kann.

Dies zu tun liegt nahe, wenn man die Funktion des Handlungsobjekts berücksichtigt: Es ist das Objekt, auf das eingewirkt werden muß, soll eine Rechtsgutsverletzung herbeigeführt werden[96]. Das bedeutet: Enthält der Tatbestand wie hier keine Angabe des Handlungsobjekts, so muß derjenige Gegenstand der Sozialwelt gesucht werden, der im Hinblick auf die Beeinträchtigung eines bestimmten Rechtsguts unter Berücksichtigung der im Tatbestand vertypten Handlung einen Angriffspunkt bietet.

Das könnte für die Beleidigungstatbestände, legt man ihnen als Rechtsgut die wahre innere Ehre zugrunde, der Achtungsanspruch sein. Denn er ist ein durch Außenstehende angreifbares Objekt, das seinem Umfange nach — anders als das Ehrgefühl und das Ehrbewußtsein, die häufig ehrunangemessen ausfallen[97] — voll dem wahren Wert entspricht. Vor allem aber ist er das Phänomen, in dem der innere Wert in der Sozialwelt in Erscheinung tritt: Während sich die soziale Relevanz der meisten Rechtsgüter — auch solcher geistiger Art wie etwa das Eigentum — in der tatsächlichen Verfügungsmöglichkeit über körperliche Gegenstände erweist[98], erschöpft sich die der inneren Ehre allein in dem status negativus des Unterbleibens von Achtungsverletzungen. Der Abwehranspruch ist daher das einzige „Durchgangsobjekt", das überhaupt eine Rechtsgutsverletzung vermitteln kann[99].

---

[92] Weitere Beispiele bei *Engelhard*, Ehre, S. 60 ff.; *Sauer*, Ehre, S. 2.

[93] Ebenso *Sauer*, Ehre, S. 3.

[94] Vgl. *Hirsch*, Ehre, S. 30 f. im Anschluß an *Scheler*, Formalismus, S. 568 f.; siehe auch oben S. 40.

[95] Vgl. statt aller *Welzel*, Lehrbuch, S. 305.

[96] Vgl. oben S. 90 f.

[97] Vgl. statt aller *Binding*, BT I, S. 138 und Rede, S. 13; *Herdegen*, LK, 4 vor § 185; *Hirsch*, Ehre, S. 15 ff.

[98] Vgl. auch *Otto*, Rechtsgutsbegriff, S. 4 ff.

[99] Zur Frage, worin die „Verletzung" des Rechtsguts zu sehen ist, vgl. unten S. 95 f.

Es erscheint deshalb angebracht, als das *Handlungsobjekt der Beleidigungstatbestände den aus der* wahren inneren *Ehre fließenden Achtungsanspruch* zu bezeichnen.

bb) Die hier in Betracht kommende Einwirkung auf das Handlungsobjekt besteht in einer *Verletzung* des Achtungsanspruchs[100]:

Ebenso wie bei den meisten Verletzungen zivilrechtlicher Ansprüche bleibt zwar trotz Vorliegens einer Beleidigung der Achtungsanspruch in seinem Bestand unverändert erhalten. Er ist aber wie sie „praktisch“ verletzbar[101], und zwar durch *geistige Entwertung,* indem der von dem Anspruch ausgehende Wertanruf im Einzelfall durch ein sozial erhebliches Verhalten[102] nicht beachtet wird[103].

Da nach dem Gesagten durch die Behandlung zuwider der Ehre das Handlungsobjekt in der geschilderten Weise verletzt wird, müßte es sich bei der Beleidigung um ein sogenanntes Verletzungsdelikt handeln[104]: *Verletzt wird der* aus der wahren inneren Ehre fließende *Achtungsanspruch.*

e) So erscheint also der von den Vertretern des normativen Ehrbegriffs vorgeschlagene Lösungsweg durchaus gangbar. Ein wesentliches Bedenken aber muß noch beseitigt werden, nämlich ob nicht etwa bei einem derartigen Verständnis der Rechtsgutsverletzung gerade bei der Beleidigung der *Zusammenhang mit der materiellen Rechtswidrigkeit*[105] *verloren* geht.

---

[100] So wird dies ja auch im allgemeinen seitens der Vertreter des normativen Ehrbegriffs gesehen.

[101] Vgl. *Honig,* S. 44 f.

[102] Hieraus erklärt sich zwanglos der heute unstreitige (vgl. aber *Bickert,* S. 24 ff.) Kundgebungscharakter der Beleidigung (vgl. statt aller *Herdegen,* LK, 6 ff. zu § 185).

[103] Ähnlich in etwas anderem Zusammenhang *Schmidhäuser,* AT, S. 112, 169 und Engisch-Festschrift, S. 444 f.

[104] Zur Terminologie vgl. *Binding,* Normen I, S. 364 ff.; *Jescheck,* Lehrbuch, S. 198; unscharf *Baumann,* Lehrbuch, S. 138; *Maurach,* AT, S. 237. — Das Ergebnis selbst ist nicht ganz unstreitig (bejahend insbesondere *Hirsch,* Ehre, S. 30 f., 153 ff., 168; JR 1972, 516). Im Hinblick auf die Regelung des Wahrheitsbeweises wird die Beleidigung vereinzelt auch als konkretes (so *Gallas,* Niederschriften, S. 24; dagegen *Koffka,* ebenda) oder abstraktes (so *Roeder,* Maurach-Festschrift, S. 355; dagegen *Jescheck,* Niederschriften, S. 32) Gefährdungsdelikt verstanden; siehe dazu unten S. 120 ff.

[105] Als materiell rechtswidrig wird hier im Gegensatz zu *Maurach* (AT, S. 292 f.) die Handlung bezeichnet, die nicht nur im Widerspruch zum Recht steht (sog. formelle Rechtswidrigkeit), sondern die auch tatsächlich den Normzweck beeinträchtigt (vgl. *Cramer,* Vollrausch, S. 54 f.; *v. Dohna,* Rechtswidrigkeit, S. 38 ff.; *Jescheck,* Lehrbuch, S. 176; *v. Liszt / Schmidt,* AT, S. 176 f.; *Mezger,* Lehrbuch, S. 197 und GS 89, 207/247; *Schmidhäuser,* AT, S. 115, 154).

Ein Einwand, der auf der Hand liegt, wenn man mit *Hirsch*[106] und anderen Vertretern des normativen Ehrbegriffs[107] davon ausgeht, daß die Ehre durch Handlungen von außen *nicht das Mindeste einbüßen* könne.

Bei allen anderen Delikten nämlich wird das dem Straftatbestand zugrunde liegende Rechtsgut selbst durch die Tatbestandsverwirklichung in irgendeiner Form — und sei es auch nur mittelbar — beeinträchtigt. So bleibt etwa das Rechtsgut Eigentum trotz des Diebstahls bestehen[108], aber es vermindern sich doch wenigstens die tatsächlichen Möglichkeiten der Einflußnahme des Eigentümers auf seine Sache[109].

Zu Recht wirft deshalb *Wolff*[110] die Frage auf: „Wenn das Gut der Ehre nicht beeinträchtigt werden kann, warum sollte es dann verboten sein, Mißachtung zu äußern? Wie kann der Wert der Grund für den Achtungsanspruch sein, wenn der Wert dann bei einer Verletzung des Anspruchs ganz unbeteiligt ist?"

Es muß daher geprüft werden, ob die Prämisse vom völligen Unberührtbleiben der inneren Ehre bei Angriffen Außenstehender tatsächlich zutrifft. Bei näherem Hinsehen erscheint das recht zweifelhaft:

Bereits *Liepmann* hat darauf hingewiesen, daß infolge fortgesetzter Mißachtung die innere Ehre des betroffenen Menschen, dem das Vertrauen auf die eigene Kraft geraubt werde, sinken könne[111]. Hinzu kommt, daß der Ehrenträger den äußerlichen Nutzen[112], den ihm der innere Ehrenwert gewährt, insbesondere die Anerkennung seitens der Umwelt und das Bewußtsein der eigenen Werthaftigkeit[113], schwieriger oder gar nicht zu realisieren vermag, wenn er sich Mißachtungskundgebungen anderer ausgesetzt sieht[114].

---

106 Ehre, S. 32; vgl. auch S. 53 Anm. 25.

107 Vgl. etwa *Eßlinger*, S. 13; *Sauer*, Ehre, S. 32.

108 Gerade auf diese Parallele berufen sich verschiedentlich Vertreter des normativen Ehrbegriffs; vgl. *Baltin*, S. 10; *Eßlinger*, S. 14; *Hirsch*, Ehre, S. 30.

109 So zutreffend *Wolff*, ZStW 81, 886/889.

110 S. 890.

111 VDB IV, S. 229. Ebenso auch andere Vertreter faktischer Ehrauffassungen (vgl. *Allfeld*, Lehrbuch, S. 368; *v. Bar*, GS 52, 81/96 Anm. 18; *Mahlberg*, S. 23 f.).

112 Vgl. *Eßlinger*, S. 13 f.; siehe auch *Binding*, Rede, S. 24.

113 Aus der Erwähnung dieser beiden Reflexe darf nicht gefolgert werden, daß nicht die innere Ehre, sondern sie selbst das eigentliche Rechtsgut bilden; denn mit ihrer Hervorhebung ist noch keine Aussage darüber getroffen, ob nicht (auch) andere Aspekte zur Anerkennung der inneren Ehre als Rechtsgut geführt haben.

114 Mittelbar werden durch die Achtungsverletzung die Beziehungen zwi-

Die Verletzung des Achtungsanspruchs hat also zur Folge, daß der Besitz der Ehre jetzt weniger wertvoll ist als vor der Beleidigung[115]. Auch hier wird, wie *Wolff* es bezüglich der „Eigentumsverletzung" durch Diebstahl formuliert[116], zwar nicht das geistige Band der Zuordnung beeinträchtigt, allerdings auch nicht der Umfang des Zugeordneten[117], wohl aber der *äußere Nutzen*, den die innere Ehre ihrem Träger gewährt, vermindert.

Das aber ist gerade kennzeichnend für eine Rechtsgutsverletzung: Ein Gut wird deshalb für wertvoll erachtet und als Rechtsgut anerkannt, weil es seinem Inhaber Chancen und Nutzungsmöglichkeiten eröffnet. Werden diese, die er „handelnd hätte realisieren können"[118], ihm genommen oder verkürzt, so liegt ein Güterschaden vor[119].

Da durch die Verletzung des aus der Ehre fließenden Achtungsanspruchs die Nutzungsmöglichkeiten der inneren Ehre beschränkt werden[120], muß die *materielle Rechtswidrigkeit bejaht* werden.

5. *Zusammenfassung*

Der gegenüber der normativen Ehranschauung erhobene Einwand, die innere Ehre sei als Schutzobjekt untauglich, da sie durch Handlungen Außenstehender nicht verletzt werden könne, hat sich als nicht gerechtfertigt erwiesen. Die *Rechtsgutsverletzung erfolgt* vielmehr *durch Verletzung des Handlungsobjekts*, d. h. *des* aus der Ehre fließenden *Achtungsanspruchs.*

Insgesamt haben sich also *alle vertretenen Ehrbegriffe als des Rechtsschutzes fähig* erwiesen.

---

schen den Beteiligten verschlechtert: Vielfach empfindet der Betroffene Zorn gegenüber dem Beleidiger, Kummer oder Scham hinsichtlich dritter Personen; das innere Verbundenheitsgefühl untereinander ist getrübt, das äußere Verhalten möglicherweise verändert (vgl. eingehend *Sturtzel*, S. 47 ff.).

[115] Im Normalfall wenigstens sind guter Leumund und ein gesundes Ehrbewußtsein dem Menschen wertvoll; vgl. *Bruhns*, GS 27, 481/501; *Engelhard*, Ehre, S. 78 ff.; *Schierloh*, S. 9 f.

[116] ZStW 81, 886/889.

[117] Vgl. *Wolff*, ZStW 81, 886/889.

[118] *Amelung*, S. 101, 189.

[119] Ebenso *Amelung*, S. 101, 189; vgl. auch *Otto*, Rechtsgutsbegriff, S. 4.

[120] Es kann daher dahinstehen, ob bereits die objektive Tendenz zur Rechtsgutsverletzung ausreichend wäre (so *Oppenheim*, S. 204 f.; vgl. auch *Schmidhäuser*, AT, S. 169 ff.).

3. Abschnitt

Die Schutzwürdigkeit

Während im vorausgegangenen Abschnitt durchweg dogmatische und philosophische Fragen im Vordergrund der Erörterungen standen, ist hier die Problematik vielschichtiger: Neben der dogmatischen Folgerichtigkeit und Durchführbarkeit müssen vor allem auch kriminalpolitische Aspekte mitberücksichtigt werden, wenn festgestellt werden soll, welcher der vertretenen Ehrbegriffe am ehesten des *Rechtsschutzes würdig* ist.

Die Frage der Schutzwürdigkeit der Ehre ist in der Vergangenheit etwas stiefmütterlich behandelt worden. Meist begnügen sich die Autoren hier mit apodiktischen Behauptungen[1] und Pauschalurteilen[2], oder aber es werden einige Einzelprobleme erörtert, jedoch nicht in den größeren Zusammenhang der Schutzwürdigkeit gestellt. Aber auch soweit jene ausführlich untersucht wird[3], leidet ihre Darstellung darunter, daß die Verschiedenartigkeit der in Betracht kommenden Gesichtspunkte nicht erkannt und sie demzufolge auch nicht auseinandergehalten werden[4].

Das hängt zum Teil auch damit zusammen, daß der Begriff der *Schutzwürdigkeit* keineswegs eindeutig, sondern verschiedener Auslegung zugänglich ist. Im folgenden wird er dahingehend verstanden, daß zunächst die Strafwürdigkeit[5] festzustellen, d. h. ein Urteil darüber abzugeben ist, ob jemand im Hinblick auf ein unrechtmäßiges Verhalten, sein Verschulden und den gestörten Rechtsfrieden bestraft werden sollte[6]; sodann ist zu untersuchen, ob dies angesichts der jeweils zugrundegelegten Ehrtheorie auch möglich ist. Denn bei einer verfehlten Konstruktion des Ehrbegriffs werden unter Umständen zahlreiche[7]

[1] Vgl. etwa Arthur *Kaufmann*, ZStW 72, 418/429; *Kern*, Abgrenzung, S. 10.

[2] So differenziert etwa *Sauer*, Ehre, S. 42 ff. nicht zwischen den verschiedenen Gründen, die zum Fehlen einer Fremdvorstellung führen können, und erkennt daher nicht, daß in einigen Fällen eine Gefährdungskonstruktion durchaus sinnvolle Ergebnisse ermöglichen könnte.

[3] So vor allem *Engelhard*, Ehre, S. 86 ff.

[4] Auch die von *Engelhard*, Ehre, S. 86 ff. gewählte Einteilungsmethode nach dem Interesse des Subjekts und der Gemeinschaft an der Schutzwürdigkeit des Eigenschaftsbildes und der Würde gegenüber Tatsachenbehauptungen und Urteilen ist nur formeller Natur.

[5] Auch hierüber besteht in der Literatur keine Einmütigkeit; vgl. etwa *Gallas*, Heidelberger Jahrbücher 1965, 1/10, 14; *Baumann*, Lehrbuch, S. 492; *Jescheck*, Lehrbuch, S. 33 f.; *Schmidhäuser*, AT, S. 18 f.

[6] So *Schmidhäuser*, AT, S. 18.

[7] Daß *alle* irgendwie ehrrelevanten Verhaltensweisen erfaßt werden können, scheint im Hinblick auf das Bestimmtheitsgebot des Art. 103 II GG doch mehr als zweifelhaft.

Handlungen aus dem Beleidigungsschutz ausgeschieden, die allseits als ehrverletzend[8] und nach den Intentionen des Gesetzgebers als strafwürdig empfunden werden.

Dieser möglicherweise *zu enge Wirkungsbereich* der §§ 185 ff. StGB braucht nicht unbedingt auf *dogmatischen Gründen* zu beruhen, sondern kann sich auch daraus ergeben, daß eine *Realisierung des Ehrenschutzes,* in der Praxis *allzu schwierig oder* für den Betroffenen höchst *peinlich,* ja gefährlich werden könnte.

Es werden also die verschiedenen Ehransichten daraufhin überprüft, ob sie nicht zu unsachgemäßen Einschränkungen oder mißlichen Behinderungen des Ehrenschutzes führen; das kann darauf beruhen, daß *im Einzelfall*

a) eine aktuelle Ehre nicht vorhanden,

b) nicht feststellbar oder

c) durch bestimmte Verhaltensweisen nicht verletzbar

ist. Der Prüfungsmaßstab ist demnach der gleiche wie bei der Frage der Schutzfähigkeit; der Unterschied liegt darin, daß hier die Feststellung einer Schutzunfähigkeit, da nur auf Einzelfälle beschränkt, einen Ehrbegriff nicht denknotwendig unrichtig erscheinen läßt. Vielmehr ist nach Prüfung aller Ehrtheorien, soweit sie als zu eng in Betracht kommen, abzuwägen, welche Ansichten so vielen oder schweren Bedenken ausgesetzt sind, daß ihre Zugrundelegung verfehlt wäre, welche nur leicht bedenklich erscheinen, oder ob vielleicht gegen die eine oder andere Theorie keine durchschlagenden Einwände erhoben werden können. Die *Schutzwürdigkeit* zeitigt demnach *nur relative Wirkung.*

I. Fehlen einer aktuellen Ehre

Daß nach keiner der vertretenen Ansichten die Existenz einer Ehre völlig ausgeschlossen ist[1], bedeutet nicht, daß jede Kundgebung mit Mißachtungstendenz unbedingt auch ehrverletzend sein müßte. Je nach Ehrauffassung ist nämlich *im konkreten Einzelfall* eine aktuelle *Ehre nicht vorhanden,* was sowohl auf der *formalen Struktur* als auch auf der *inhaltlichen Ausfüllung* des postulierten Ehrbegriffs beruhen kann.

---

[8] Wenn auch in Einzelheiten umstritten, so wird doch heute die Beleidigung als ein Delikt gegen die Person (a. A. *Bassenge,* S. 50 ff. und passim; vgl. dazu oben 1. Teil, III) und deren Ehre verstanden, wobei letztere — oder doch wenigstens ihre Grundlage — als ein werthafter Teilaspekt der (menschlichen) Persönlichkeit aufgefaßt wird.

[1] Vgl. oben 2. Abschnitt, I.

1. *Fehlen der Ehrgestalt*

Eine unerwünschte Beschränkung des Beleidigungsschutzes infolge der *formalen Struktur* der Ehre ist bei Zugrundelegung eines formalen oder normativen Ehrbegriffs nicht denkbar, da infolge ihrer abstrakt ideellen Natur[2] Ansprüche, Interessen und Zustände hinsichtlich eines bestimmten Wertes sowie dieser Wert selbst stets vorhanden sind, sofern nur den an ihn gestellten Anforderungen Genüge getan ist. Etwas anderes aber könnte für die einzelnen Arten des *psychologischen Ehrbegriffs* gelten, da sie alle die Vornahme eines wertenden Aktes voraussetzen.

A. Die äußere Geltung

Im Normalfall unterliegt jedermann in den Lebenskreisen, in denen er sich bewegt, der Beurteilung durch seine Mitmenschen und bezieht daher seinen Leumund und seine *Geltung*. Nun ist das aber nicht notwendigerweise so[3]. Es gibt vielmehr *Menschen, über die man keine Meinung hat*. Dabei ist nicht nur an einen Robinson Crusoe zu denken, sondern auch an den kontaktlosen Großstädter, den Dutzendmenschen, der „nicht von sich reden macht", so daß die Umwelt wenig Interesse an ihm nimmt; auch wenn die Begegnung mit ihm selten affektiv völlig indifferent bleibt, so reicht sie doch zur wirklichen Prägung eines Persönlichkeitsbildes nicht aus[4]. Deshalb, so wird gefolgert[5], sei der Ruf als Schutzobjekt der Beleidigungstatbestände ungeeignet.

Dieser Konsequenz wäre zuzustimmen, wenn nicht auszuschließen wäre, daß derartige Fälle mit einer gewissen *Häufigkeit* vorkommen. Nur dann nämlich könnte von einer unsachgemäßen Verkürzung des Ehrenschutzes gesprochen werden[6], während lediglich vereinzelt auftretende Strafbarkeitslücken angesichts des „fragmentarischen Charakters des Strafrechts"[7] hingenommen werden müssen und ein ansonsten

---

[2] Gegen ein reales Verständnis des formalen Ehrbegriffs zutreffend *Bassenge*, S. 17 f.: Sonst läge in Wahrheit doch eine psychologische Tatsache vor.

[3] Hierauf hat bereits *Binding*, BT I, S. 138 hingewiesen.

[4] So *Krug*, S. 71 im Anschluß an Willy *Hellpach*, Sozialpsychologie (in: Handbuch der Soziologie, hrsg. v. *Ziegenfuß*, 1956), S. 290 ff., 310.

[5] *Binding*, BT I, S. 138; *Schaefer*, LK, 8. Aufl., I 1 vor § 185; *Heins*, S. 17; *Hirsch*, Ehre, S. 18; Arthur *Kaufmann*, ZStW 72, 418/430; *Krug*, S. 78; *Ramm*, S. 34; *Sauer*, Ehre, S. 43; Karlheinz *Schmid*, S. 25.

[6] Die Strafwürdigkeit ergibt sich insofern also nicht aus dem relativen Wert des Rechtsguts selbst als vielmehr aus der erhöhten Motivationsbedürftigkeit der Gemeinschaft (vgl. *Mittasch*, S. 91).

[7] Vgl. hierzu *Binding*, BT I, S. 20 ff.; *Gallas*, Heidelberger Jahrbücher 1965, 1/14 f.; *Jescheck*, Lehrbuch, S. 35.

schützenswertes Gut nur um deswillen nicht schutzunwürdig erscheinen lassen.

Daß aber das Eremitendasein heutzutage eine große Ausnahme darstellt — und auch die abgeschiedensten Einsiedler werden zumeist im „Ruf" der Heiligkeit oder dergleichen stehen —, bedarf keiner weiteren Erwähnung. Doch auch die anderen Fälle, in denen ein Persönlichkeitsbild in der Umwelt nicht vorhanden ist, sind praktisch äußerst selten[8]. Denn die Voraussetzungen für das psychologische Phänomen der Fremdvorstellung liegen nicht so hoch, wie es zunächst den Anschein haben könnte[9]:

Die atomistische Ansicht, nach der die physikalischen Reize der Umwelt vom Subjekt primär mit isolierten Empfindungen erfaßt und erst dann mit dem Erfahrungswissen verknüpft werden, wird von der im vordringen befindlichen *Gestaltpsychologie* abgelehnt, nach der der Organismus auf die Reizkonstellation mit einem Gesamtprozeß reagiert[10]. Da aber infolge der Enge des Bewußtseins[11] stets nur einige wenige Inhalte zugleich als Gegenstand ausdrücklicher Beachtung im Bewußtsein vorhanden sein können, werden als wirklich gegenwärtig nur bestimmte Figuren bewußt erlebt, während ihr Hintergrund infolge der Unscheinbarkeit des *Selbstverständlichen „unbewußt"*[12], *jedoch psychologisch existent* bleibt[13]. So wird es sich in der Regel auch in den geschilderten Beispielsfällen verhalten: Die farblos wirkenden Mitmenschen werden nur in ihrer äußeren Gestalt bewußt wahrgenommen, während ihr intakter Ruf als selbstverständlich miterlebt wird.

Aus dem gleichen Grund verdient *Ramm* auch insofern keine Zustimmung, als er meint, das konkrete Fremdvorstellungsbild entbehre vielfach jedenfalls der inhaltlichen Bestimmtheit[14]: es hegten beispielsweise Dritte *vor* der inkriminierten Äußerung noch gar keine Vorstellung darüber, ob die rhetorischen Fähigkeiten eines Politikers unter oder über denen eines Schornsteinfegers lägen[15], so daß ein diesbezüglicher Vorwurf eine Änderung einer Fremdvorstellung überhaupt nicht bewirken könne.

---

[8] Das räumt auch *Krug*, S. 78 ein, und *Ramm* bezeichnet gar diese Beispiele als gesucht (S. 34).

[9] Die folgende Darstellung orientiert sich weitgehend an *Schewe*, Bewußtsein und Vorsatz, S. 64 ff.

[10] Vgl. *Schewe*, S. 86; siehe auch *Engelhard*, Ehre, S. 14.

[11] *Schewe*, S. 108 mit Nachweisen aus dem psychologischen Schrifttum.

[12] *Schewe*, S. 114 f.

[13] *Schewe*, S. 111. Vgl. auch *Schmidhäuser*, AT, S. 320 f.; *Stratenwerth*, AT, S. 95.

[14] S. 34 f.

[15] Beispiel nach RG Rspr 1, 28.

Es besteht also zwar die theoretische Möglichkeit, daß der *Ruf einmal fehlen* kann; da es sich hierbei aber nur um einen seltenen *Ausnahmefall* handelt, ist sie für die Frage nach der Schutzwürdigkeit des Rufes ohne Bedeutung.

Die *gegenüber der äußere Ehre erhobenen Bedenken* sind demnach, soweit sie die Schutzwürdigkeit in Frage stellen, *nicht begründet.*

B. Die subjektive Ehre

Da unstreitig[16] nicht bei allen in Betracht kommenden „Ehrenträgern“ ein Ehrbewußtsein, -wille oder -gefühl[17] vorzuliegen braucht[18], wird vielfach der Rechtsgutscharakter der *subjektiven Ehre* verneint[19].

Entscheidend für die Frage der Schutzwürdigkeit ist auch hier, ob es sich lediglich um Ausnahmefälle handelt oder ob größere Personenkreise dem Schutzbereich der §§ 185 ff. StGB entzogen werden:

Zu denken ist dabei weniger an diejenigen, an denen vermöge ihrer geistigen Selbstzucht Beleidigungen abgleiten, als vor allem an die Kleinkinder und schwer Geisteskranken[20]. Schließlich werden in der Literatur in diesem Zusammenhang auch die Verstorbenen sowie die Kollektivpersonen erwähnt[21].

a) Nun mag man zwar *Seneca* zustimmen, daß der eigentlich Weise zu sehr über alle Beleidigung erhaben sei, als daß sie ihn je treffen könne — doch wo gibt es ihn? Wenn es sich nicht überhaupt um eine Wunschvorstellung handelt[22], so ist die in Betracht kommende geistige Elite zahlenmäßig so gering, daß das Recht sie außer Betracht lassen kann[23].

---

[16] Selbst so entschiedene Vorkämpfer eines subjektiven Ehrbegriffs wie *v. Bar* (GS 52, 81/182 ff.) und *Liepmann* (VDB IV, S. 240, 336 ff.; Beleidigung, S. 69) räumen diesen Sachverhalt ein.

[17] Weshalb *Binding,* BT I, S. 138 nur das Ehrbewußtsein als möglicherweise fehlend erachtet, ist nicht ersichtlich.

[18] *Köstlin,* der in diesem Falle auch die *Möglichkeit* eines Ehrbewußtseins als Ehre gelten lassen will (Abhandlungen, S. 4), verläßt damit den Boden einer psychologischen Betrachtungsweise. Gleiches gilt für *v. Bar,* der „den Begriff der Beleidigung über die vollkommene Consequenz hinaus ausdehnen“ will (S. 182).

[19] So von *Binding,* BT I, S. 138; *Sauer,* System, S. 346; *Schaefer,* LK, 8. Aufl., I 1 vor § 185; *Hirsch,* Ehre, S. 15 f.; Arthur *Kaufmann,* ZStW 72, 418/430; *Krug,* S. 96; *Ramm,* S. 32; Karlheinz *Schmid,* S. 22.

[20] So die in Fußn. 19 Genannten.

[21] Vgl. *v. Bar,* S. 184; *Köstlin,* Abhandlungen, S. 4; *Liepmann,* VDB IV, S. 240; Beleidigung, S. 70; *Ramm,* S. 32 f.

[22] Vgl. *v. Bar,* GS 52, 81/84; *Heß,* S. 15 ff.

[23] Ebenso *v. Bar,* GS 52, 81/84; Adolph *Weber,* Iniurien I, S. 4 f.

b) Ebenso könnte es sich mit der Gruppe der *Kleinkinder und schwer Geisteskranken* verhalten, bei denen es noch nicht zur Ausbildung — beziehungsweise wieder zum Wegfall — eines Ehrbewußtseins oder wenigstens eines Ehrgefühls gekommen ist[24]. Doch darf nicht außer acht gelassen werden, daß gar mancher meint, sich auf ihre Kosten einen „Spaß“ erlauben zu dürfen, so daß zumindest von den Geisteskranken nahezu jeder von Zeit zu Zeit das Opfer einer üblen Rüpelei wird. Es handelt sich also um einen *zahlenmäßig* doch *ins Gewicht fallenden Personenkreis,* an dessen Schutzwürdigkeit kein Zweifel besteht[25]. Es fehlt daher nicht an *Versuchen,* die peinliche *Strafbarkeitslücke zu schließen:*

aa) Nicht weiterführend ist die Annahme einer *Realbeleidigung,* da eine unmittelbare körperliche Einwirkung[26] meist nicht gegeben sein wird[27]. Verzichtet man aber im Hinblick auf das Vorliegen einer „objektiven Entweihung“ auf dieses Erfordernis[28], so ist nichts gewonnen, da die hier zur Erörterung stehende Personengruppe eben nur physische Beeinträchtigungen zu erfassen vermag.

bb) „Allzu gekünstelt“[29] ist auch die Konstruktion *Maurachs*[30], der nicht das Ehrgefühl selbst, sondern allein den Willen auf dessen äußerliche Respektierung als durch Außenstehende verletzbar ansieht und demgemäß eine Beleidigung unter vier Augen, die sich auf eine derartige Verletzung beschränkt, als einen zum *Sonderdelikt ausgestalteten untauglichen Versuch* versteht. Mit dieser Konstruktion ließe sich dann auch die Strafbarkeit von Beleidigungen gegenüber Kindern und Geisteskranken bejahen. Doch ganz abgesehen davon, daß die Begründung der materiellen Rechtswidrigkeit große Schwierigkeiten bereiten dürfte[30a], entspricht die Prämisse nicht der Lebenswirklichkeit: In

---

[24] Sie sind zu unterscheiden (unklar insoweit *Liepmann,* VDB IV, S. 335) von der zahlenmäßig weit stärkeren Gruppe derer, die zwar ein Ehrbewußtsein entwickeln können, jedoch infolge Intelligenzmangels häufig nicht in der Lage sind, die Ehrenrührigkeit einer Äußerung herauszuhören (vgl. hierzu unten S. 149 Fußn. 12).

[25] So selbst *Liepmann,* VDB IV, S. 336 f. mit Vorschlägen de lege ferenda außerhalb des Beleidigungsrechts. Vgl. auch *Olshausen / Hörchner,* 6 h zu § 185.

[26] Vgl. RGSt 67, 173/174; *Dreher,* StGB, 1 C b zu § 185; *Schaefer,* LK, 8. Aufl., II 1 zu § 185 mit weiteren Nachweisen. Es liegt nicht einmal eine gegen den Körper gerichtete Tendenz vor, was nach *Schönke / Schröder,* 22 zu § 185 auch ausreichen würde.

[27] Zur Ablehnung der Judikatur, die zahlreiche Verhaltensweisen auf sexuellem Gebiet (auch) als Beleidigung versteht, vgl. oben S. 41 f.

[28] So *Kohler,* GA 47, 1/140.

[29] Arthur *Kaufmann,* ZStW 72, 418/429.

[30] BT, S. 136.

[30a] Anders als der wahre Ehrenwert vermag das Ehrgefühl oder -bewußtsein nur ausnahmsweise (vgl. dazu *v. Bar,* GS 52, 81/96; *Schierloh,* S. 10 sowie

zahlreichen Fällen wird sich der Angegriffene eben doch in seiner „Ehre" verletzt fühlen[31].

cc) Die Beleidigungsfähigkeit dieser Gruppe läßt sich auch nicht mit der *Möglichkeit einer Rufgefährdung* begründen[32]: Das ist selbstverständlich für eine monistische subjektive Ehrauffassung, muß aber infolge der Beschränkung des § 186 StGB auf Tatsachenbehauptungen gegenüber Dritten auch für eine dualistische Betrachtungsweise gelten[33]; ja selbst vom Standpunkt eines komplexen psychologischen Ehrbegriffs aus können die gerade hier häufig vorkommenden Schimpfereien und Anpöbeleien nicht erfaßt werden[34], da sie nicht geeignet sind, den guten Ruf des Opfers zu erschüttern[35].

dd) Schließlich würde auch die Bejahung einer *mittelbaren Beleidigung*[36] der Angehörigen[37] nur bei einem Bruchteil der fraglichen Fälle zum Strafrechtsschutz führen[38], da der Äußerungsadressat vielfach den beleidigenden Sinn gar nicht verstehen wird[38a].

ee) So bleibt als einzig diskutabler Lösungsweg die Konstruktion eines *Gefährdungsdelikts*[39]. Im Gegensatz zum Verletzungsdelikt ist hierfür schon die vom Richter festzustellende Gefahr einer Verletzung[40]

---

unten S. 150 f.) einen außerhalb seiner selbst liegenden tatsächlichen Nutzen zu vermitteln.

[31] Ebenso *Hirsch*, Ehre, S. 21 Anm. 20; *Krug*, S. 96.

[32] So aber *Maurach*, BT, S. 132.

[33] Vgl. *Liepmann*, VDB IV, S. 336.

[34] Unrichtig daher *Schierloh*, S. 11.

[35] Ob durch unsubstantiierte Werturteile der Ruf generell nicht beeinträchtigt werden kann (so etwa *Liepmann*, VDB IV, S. 238, 248; anders wohl in Beleidigung, S. 47), mag hier dahinstehen (siehe dazu unten S. 149 f.). Jedenfalls wird in der Mehrzahl der Fälle ein unbeteiligter Dritter nicht das Opfer, sondern den Täter für ehrlos erachten (vgl. dazu *Hirsch*, Ehre, S. 23; Karlheinz *Schmid*, S. 27).

[36] Zu der auf *Ulpian* (D. 47, 10, 1, 5) zurückgehenden Rechtsfigur der iniuria mediata vgl. Adolph *Weber*, Iniurien I, S. 191 ff.; *Welzel*, MDR 1951, 501; weitere Nachweise bei *Kratz*, S. 50 Anm. 1. Sie wird heute durchweg abgelehnt (vgl. statt aller *Herdegen*, LK, 21 vor § 185; *Hirsch*, Ehre, S. 65 f.; *Olshausen / Hörchner*, 6 l zu § 185 mit weiteren Nachweisen).

[37] So aber *Heß*, S. 45.

[38] So selbst *Liepmann*, VDB IV, S. 336.

[38a] Da Worte, deren Sinn nicht erfaßt wird, „nichts anderes als Schallwellen und hohler Klang" sind (*Kern*, Äußerungsdelikte, S. 25), ist zur Tatvollendung das Verständnis des ehrenrührigen Sinngehalts der Äußerung erforderlich (ebenso die h. L.; vgl. BGHSt 9, 17/19; *Dreher*, StGB, 1 E zu § 185; *Herdegen*, LK, 23 zu § 185; *Hirsch*, Ehre, S. 219 Anm. 39; *Lackner / Maassen*, 4 b zu § 185; *Welzel*, Lehrbuch, S. 308; weitere Nachweise bei *Brockamp*, S. 21 ff.; a. A. *Schönke / Schröder*, 19 zu § 185; zur Rechtsprechung des Reichsgerichts siehe *Brockamp*, S. 37 ff.).

[39] So — wenn auch nicht im Hinblick auf diese Fallgruppe — die S. 63 Fußn. 81 Genannten.

[40] Sog. konkretes Gefährdungsdelikt.

beziehungsweise die Wahrscheinlichkeit einer konkreten Gefährdung, deren Indizien im Gesetz bindend festgelegt sind[41], für das Handlungsobjekt[42], worunter nach der subjektiven Ehrtheorie das Ehrbewußtsein beziehungsweise -gefühl der gerade angegriffenen Person zu verstehen ist[43], ausreichend[44].

Wenn sich, wie bei Kleinkindern und schwer Geisteskranken, gar kein Ehrbewußtsein oder -gefühl entwickeln kann, dann ist das Vorliegen einer konkreten Gefahr stets von vornherein ausgeschlossen. Die Beleidigung kann daher allenfalls als *abstraktes Gefährdungsdelikt* verstanden werden; d. h. sie ist unter Strafe gestellt, weil beleidigende Verhaltensweisen sich ganz allgemein für das Ehrgefühl häufig als gefährlich erweisen.

Nun ist aber der Gesetzgeber nicht völlig frei, ob er eine Norm als abstrakte Gefährdungsvorschrift ausgestaltet oder nicht. Der Grundsatz der *materiellen Rechtswidrigkeit* erfordert vielmehr, daß mit dieser Konstruktion nur solche Verhaltensweisen erfaßt werden, die typischerweise zur Herbeiführung einer konkreten Gefahr geeignet sind[45]; denn Strafgesetze dürfen nicht um ihrer selbst willen aufgestellt werden noch „um das widerspenstige Volk in Gehorsam zu üben, als sei das Gesetz der Geßler'sche Hut"[46].

Unbestreitbar ist aber in einer beträchtlichen Zahl von Fällen ein Ehrbewußtsein oder -gefühl überhaupt nicht vorhanden oder doch zumindest nicht nachweisbar. Vorliegend kommt hinzu, daß bei „Beleidigungen" von Kleinkindern und schwer Geisteskranken von vornherein — und vielfach auch für den Täter erkennbar — feststeht, daß es zum Eintritt einer konkreten Gefahr für das Handlungsobjekt gar nicht kommen kann. Bei einer derartigen Konstellation werden aber die abstrakten Gefährdungdselikte in der Literatur im Hinblick auf den *Schuldgrundsatz* als bedenklich angesehen[47], ja sogar die Strafbarkeit ausdrücklich verneint[48].

---

[41] Sog. abstraktes Gefährdungsdelikt.

[42] Vielfach (vgl. etwa *Hirsch*, Ehre, S. 21) wird vereinfachend, aber unzutreffend von einer Gefährdung des Rechtsguts gesprochen.

[43] Das Ehrgefühl wird zwar nicht ausdrücklich als Handlungsobjekt bezeichnet, jedoch stets nur die Frage nach seiner Verletzung oder Gefährdung aufgeworfen.

[44] Vgl. *Cramer*, Vollrausch, S. 68; *Jescheck*, Lehrbuch, S. 198; *Lackner / Maassen*, III 3 vor § 1; *Schmidhäuser*, AT, S. 180.

[45] Vgl. *Cramer*, S. 68; *Jescheck*, Lehrbuch, S. 198.

[46] *Binding*, Normen I, S. 408; vgl. auch *v. Hippel*, Strafrecht II, S. 101.

[47] Vgl. *Baumann*, Lehrbuch, S. 138; *Binding*, Normen I, S. 408; *Schmidhäuser*, AT, S. 180; weitere Nachweise bei *Cramer*, S. 51 ff.; anders *Maurach*, AT, S. 238.

Da sowohl der Schuldgrundsatz wie auch das Erfordernis der materiellen Rechtswidrigkeit letztlich auf der Verfassung beruhen[49], sind die §§ 185 ff. StGB in einer Weise auszulegen, die mit diesen Prinzipien vereinbar ist[50]. Das bedeutet, daß die Konstruktion der Beleidigung als abstraktes Gefährdungsdelikt gerade in den hier interessierenden Fällen nicht konsequent durchgeführt werden kann. Es bleiben also auch hierbei die gleichen Strafbarkeitslücken bestehen wie bei den anderen Lösungsversuchen.

c) Nach allem ist es der *subjektiven Theorie nicht möglich,* einen *ausreichenden Ehrenschutz* für Kleinkinder und schwer Geisteskranke[51] *zu gewährleisten.* Sie muß daher als nicht unbedenklich erachtet werden[52].

2. *Fehlen des Ehrinhalts*

Von der *inhaltlichen Ausfüllung* her geht der rechtspositivistische bzw. hypothetische Ehrbegriff, wonach sich jede Kundgabe von Mißachtung als Beleidigung darstellt, am weitesten. Demgegenüber könnten nach *normativer und faktischer* Sicht verschiedene Verhaltensweisen *aus dem Strafbereich* der §§ 185 ff. StGB *ausscheiden,* weil es an einer aktuellen Ehre fehlt.

A. Normative Ehrbegriffe

Drei Fallgruppen sind es, die Anlaß zu einer kritischen Überprüfung des *normativen* — bzw. eines normativ korrigierten — *Ehrbegriffs*

---

[48] *Jescheck,* Lehrbuch, S. 198; einschränkend *Schönke / Schröder,* 3 a vor § 306.

[49] Für den Schuldgrundsatz ist dies ausdrücklich ausgesprochen in BVerfGE 6, 389/439; 20, 323/331; *Maunz / Dürig / Herzog,* 32 zu Art. 1 GG, für das Erfordernis der materiellen Rechtswidrigkeit ergibt es sich aus der Verfassungsentscheidung für die Rechtsstaatlichkeit (vgl. hierzu *Maunz / Dürig / Herzog,* 59 ff. zu Art. 20 GG).

[50] Zum Gebot der verfassungskonformen Auslegung vgl. BVerfGE 2, 266/282; 18, 97/111; *Maunz / Dürig / Herzog,* 67 zu Art. 20 GG; *Baumann,* Lehrbuch, S. 155 f. mit weiteren Nachweisen.

[51] Da schon der Schutz dieser Gruppe nicht möglich ist, kann dahinstehen, ob gleiches auch hinsichtlich der Verstorbenen und der Kollektivpersonen gilt. Hierzu müßte nämlich zunächst geklärt werden, ob dem § 189 StGB das gleiche Rechtsgut zugrundeliegt wie den §§ 185 - 187 StGB (vgl. hierzu *Hirsch,* Ehre, S. 125 ff.) und inwieweit Kollektivpersonen überhaupt schutzwürdig sind (vgl. hierzu die Nachweise oben S. 35 Fußn. 1), ein Unterfangen, das den Rahmen der vorliegenden Arbeit bei weitem sprengen würde.

[52] Damit ist auch der dualistische psychologische Ehrbegriff, dessen eines Element sie subjektive Ehre ist, fragwürdig geworden.

geben: Einmal handelt es sich um die *wahren Tatsachenbehauptungen*, zum anderen um die *Konsequenzen*, die sich *auf der subjektiven Seite* aus dem Erfordernis der Wahrheit ergeben, und schließlich um die Gruppe der *elementaren menschlichen Unzulänglichkeiten*.

a) Nach normativer Betrachtungsweise *können der Wahrheit entsprechende Äußerungen* — sofern in der Form der Behauptung oder in den Umständen, unter denen sie geschehen[53], keine Formalbeleidigung gemäß § 192 StGB liegt — *die Ehre*[54] *nicht tangieren*[55], da jeder, der sich eine unehrenhafte Handlung zuschulden hat kommen lassen, den Umfang seiner Ehre bereits selbst vermindert hat[56].

aa) Das bedeutet zunächst, daß wahrheitsgemäße Vorhalte gegenüber dem Betroffenen selbst straflos bleiben, mögen sie ihn gerade um ihrer Wahrheit willen besonders hart treffen[57]. Diese Konsequenz kann indes für den strafrechtlichen Ehrenschutz ohne weiteres außer acht bleiben, da ihm nicht die Aufgabe zukommt, jemanden vor dem „Gefühl seelischer Nacktheit“[58] zu bewahren[59].

bb) Gravierender erscheint es schon, daß auch wahre Tatsachenbehauptungen gegenüber Dritten, die den guten Ruf eines anderen völlig in sein Gegenteil verkehren können[60], gleichfalls nicht den Beleidigungsvorschriften unterfallen[61]. Es stellt sich jedoch die Frage, ob tatsächlich eine Ausdehnung des „Ehrenschutzes“ auf derartige Fälle wünschenswert ist:

---

[53] Vgl. RG DR 1944, 768; *Binding*, BT I, S. 150 f.; *Herdegen*, LK, 6 ff. zu § 192; *Lackner / Maassen*, 3 zu § 192; *Oppe*, MDR 1962, 947; Begr. zu § 175 E 1962, S. 318. Demgegenüber sieht die Judikatur überwiegend (RGSt 1, 317; 64, 10/14; ebenso *Schönke / Schröder*, 1 zu § 192) hierin nur ein Indiz für eine besonders festzustellende Beleidigungsabsicht.

[54] Zum Indiskretionsdelikt vgl. unten S. 107, 133 ff.

[55] Vgl. statt aller *Bemmann*, MDR 1956, 387/389; Arthur *Kaufmann*, ZStW 72, 418/433 mit weiteren Nachweisen.

[56] Zur Frage der Einwilligung bzw. des Einverständnisses vgl. *Christiansen*, S. 166 ff.; siehe auch *Maurach*, BT, S. 135 mit weiterführenden Nachweisen.

[57] Das betonen *v. Bar*, GS 52, 81/128; *Heß*, S. 25; *Spiecker*, S. 62.

[58] *Heß*, S. 23.

[59] Zur Ablehnung der Theorie von der Seelenschmerzzufügung vgl. oben S. 20 ff.

[60] Insofern trifft Lord *Mansfields* bekannter Ausspruch „the greater the truth, the greater the libel“ durchaus zu. Vgl. aber auch *Euripides*: „und größ'res Weh, als wenn in Wahrheit wir gefehlt, ist's, wenn uns Vorwurf nicht vorhandner Fehler trifft“ (Helena, V. 271 f.).

[61] Ein Hauptargument der faktischen Ehrtheorie; vgl. insbesondere *Bockelmann*, Niederschriften, S. 18; JR 1954, 327/328; NJW 1954, 1745/1747; siehe auch *Finger*, GS 74, 296/313 ff.; *Liepmann*, VDB IV, S. 234; *v. Lilienthal*, VDB IV, S. 400; *Maurach*, BT, S. 143; Begr. zu § 138 AE, S. 19.

So hat schon *Beling*[62] zutreffend hervorgehoben, daß man „nicht den Ehrenmann gegen den Lumpen, sondern den Lumpen gegen den Ehrenmann schütze", wenn man wahre Tatsachenbehauptungen bestrafen wolle[63]. Dabei soll nun allerdings nicht verkannt werden, daß die Rechtsordnung ausnahmsweise auch einmal ein Interesse an der Nichtaufdeckung von Tatsachen, etwa von lange zurückliegenden Verfehlungen[64] oder von Vorgängen aus dem Privatleben, die das öffentliche Interesse nicht berühren[65], haben kann. Gerade an diesen Beispielen zeigt sich aber, daß das eigentlich *Strafwürdige nicht in der Ehrenrührigkeit* einer diesbezüglichen Behauptung liegt, wofern unter Ehre allein der wahre innere Wert verstanden wird. Was in derartigen Fällen strafrechtliche Sanktionen wünschenswert erscheinen läßt, ist etwas ganz anderes, nämlich das Bestreben, der Resozialisierung einmal Gestrauchelter keine Steine in den Weg zu legen[66], sowie die Gewährleistung eines ausreichenden Schutzes der Privatsphäre[67]; ob und inwieweit dem Rechnung zu tragen ist[68], mag hier dahinstehen[69].

---

[62] Nachrede, S. 12; vgl. auch Nachrede, S. 39 ff.

[63] Im gleichen Sinne *Baldus*, Niederschriften, S. 19; *Bemmann*, MDR 1956, 387/388 f.; *Christiansen*, S. 165 Anm. 769; *Krug*, S. 83.

[64] Zur Strafwürdigkeit der sog. Schmähung vgl. *Kern*, Materialien Bd. 1, S. 313 sowie in Niederschriften die Diskussionsbeiträge von *Baldus*, S. 167; *Dünnebier*, S. 54, 167 f.; *Fritz*, S. 52 f., 167; *Gallas*, S. 169; *Jescheck*, S. 55; *Koffka*, S. 55, 167; *Lackner*, S. 166, 168, 169; *Lange*, S. 167; *Schafheutle*, S. 55, 167, 169.

[65] Zum sog. Indiskretionsdelikt vgl. insbesondere *Arzt*, S. 143 ff.; *Dähn*, S. 21 ff. und passim; *Gallas*, ZStW 75, 16 ff.; Gerhard *Schmidt*, ZStW 79, 741 ff.

[66] Vgl. insbesondere *Fritz*, Niederschriften, S. 52 f., 167; demgegenüber tritt *Dähn*, S. 87 f., ausgehend von einem faktischen Ehrbegriff, für die Einbeziehung der Schmähung in die Ehrverletzungsdelikte — allerdings unter Ausschluß des Wahrheitsbeweises — ein.

[67] Vgl. *Arzt*, S. 154 ff.; *Dähn*, S. 21 ff., 127 ff.; *Dreher*, Niederschriften, S. 130; *Gallas*, ZStW 75, 16/21 f.; Niederschriften, S. 25, 131; Arthur *Kaufmann*, ZStW 72, 418/434; *Roeder*, Maurach-Festschrift, S. 363 f.; Gerhard *Schmidt*, ZStW 79, 741/765; *Schwalm*, Niederschriften, S. 129; Begr. zu § 173 E 1962, S. 315 und zu § 182, S. 329; Begr. zu § 145 AE, S. 29. Daneben spielt — zumindest unterschwellig — auch der Friedensschutzgedanke eine Rolle; vgl. Begr. zu § 173 E 1962, S. 315; *Simson / Geerds*, S. 302; *Krug*, S. 83, der allein hierauf abhebt.

[68] Gegen ein selbständiges Indiskretionsdelikt *Hirsch*, Ehre, S. 226 ff., 237; Eberhard *Schmidt*, Niederschriften, S. 128.

[69] Das Indiskretionsdelikt wird — trotz Beschränkung auf ehrenrührige Behauptungen im E 1962 — in den beiden neueren Entwürfen nicht mehr den Vorschriften zum Schutze der Ehre, sondern denen gegen Verletzung des persönlichen Lebens- und Geheimnisbereichs zugeordnet (vgl. § 182 E 1962 und § 145 AE). Unterschiedlich ist dagegen die Behandlung der Schmähung: Während der E 1962 entgegen den Vorschlägen der Unterkommission (vgl. Umdruck U 69, Niederschriften, S. 507) und der Großen Strafrechtskommission (vgl. Umdruck K 69, Niederschriften, S. 510) auf ihre Vertypung verzichtet und nur extreme Fälle als Formalbeleidigung gemäß § 175 Abs. 3

cc) Gegen ein Verständnis der Unwahrheit als konstitutives Element der Ehrenrührigkeit[70] und damit als — ungeschriebenes — Merkmal des objektiven Tatbestandes[71] könnten aber im Hinblick auf den Grundsatz *„in dubio pro reo“* Bedenken bestehen: Danach ist bei Zweifeln über das Vorliegen rechtserheblicher Tatsachen die dem Angeklagten günstigere Möglichkeit der Entscheidung zugrundezulegen[72]. Das aber scheint zur unausweichlichen Folge zu haben, daß stets, wenn sich — wie leider häufig — in der Beweisaufnahme nicht klären läßt, ob die Behauptung zutrifft, der Angeklagte freigesprochen werden müßte — ein gewiß wenig wünschenswertes Ergebnis[73].

Doch der Schein trügt; es bleibt nämlich unberücksichtigt, daß ja qua definitione das *Vorhandensein einer intakten Ehre* bis zum Beweis des Gegenteils zwingend *vermutet* wird[74]. Das bedeutet, daß bei bloßen Zweifeln hinsichtlich der Wahrheit einer aufgestellten Behauptung deren Ehrenrührigkeit zu bejahen ist, d. h. daß sie sich gerade *nicht als Zweifel an dem Tatbestandsmerkmal* Ehrenrührigkeit darstellen[75]. Die

— der etwa dem § 192 StGB entspricht — erfassen will (vgl. Begr. zu § 175 E 1962, S. 318), beruft sich der AE für ihre Strafwürdigkeit zwar auf das Resozialisierungsbedürfnis (vgl. Begr. zu § 138 AE, S. 19), unterstellt sie aber inkonsequent der gegen die Ehre gerichteten üblen Nachrede (Begr., S. 19), bei der gerade im Hinblick auf die Schmähung der Wahrheitsbeweis gegenüber dem geltenden Recht eingeschränkt wird (vgl. § 138 Abs. 5 AE sowie Begr., S. 19); dabei ist allerdings zu beachten, daß der AE nicht von einem normativen, sondern von einem faktischen Ehrbegriff ausgeht (vgl. Begr. zu § 138, S. 19 und zu § 139, S. 21).

[70] Nach einhelliger Auffassung der Mitglieder der III. Unterkommission (vgl. Sitzungsbericht, S. 328) und heute ganz überwiegender Ansicht (vgl. § 173 II E 1962; *Herdegen*, LK, 11 zu § 186; *Welzel*, Lehrbuch, S. 312) ist die Eignung zur Verächtlichmachung oder zur Herabwürdigung in der öffentlichen Meinung nur eine Umschreibung für das Merkmal Ehrenrührigkeit (a. A. *Mezger / Blei*, BT, S. 113; im älteren Schrifttum *Baltin*, S. 32 und *Schierloh*, S. 27).

[71] Die Deutung der Unwahrheit als Tatbestandsmerkmal wird vielfach als zwingende Folgerung aus dem normativen Ehrbegriff angesehen; vgl. etwa *Beling*, Nachrede, S. 8; *Bemmann*, MDR 1956, 387/389; *Frank*, StGB, III zu § 186; *Jescheck*, Niederschriften, S. 32; *Sauer*, Ehre, S. 152; *Simon*, Niederschriften, S. 44 f., 124.

[72] Vgl. *Baumann*, Lehrbuch, S. 166; *Jescheck*, Lehrbuch, S. 113; *Peters*, Strafprozeß, S. 247.

[73] Die Frage der Vereinbarkeit einer derartigen Lösung mit dem geltenden (§ 186 StGB) und dem zukünftigen (§ 173 Abs. 3 E 1962 und § 138 Abs. 5 AE) Recht mag hier dahinstehen.

[74] Vgl. oben S. 51, 80 ff.

[75] Mehr vom Rechtsgefühl getragen denn dogmatisch fundiert ist die Argumentation, in Beleidigungsprozessen sei nicht (nur) der Beleidiger, sondern in gewissem Sinne (auch) der Verletzte der (eigentliche) Angeklagte (vgl. *Brügger*, S. 10; *Engelhard*, Ehre, S. 114 ff.; *Hartung*, ZStW 71, 385/389 f.; Wolfgang *Hoffmann*, NJW 1966, 1200/1201; *Jescheck*, Niederschriften, S. 33, 43; *Roeder*, Maurach-Festschrift, S. 357; Begr. zu § 173 E 1962, S. 314; dagegen aber *Bockelmann*, Niederschriften, S. 37; *Lackner*, Niederschriften, S. 42. Zur geschichtlichen Entwicklung dieses Gedankens vgl. *Engelhard*, IKV, S. 157 ff.).

Voraussetzungen des Grundsatzes „in dubio pro reo" sind hier also überhaupt nicht gegeben[76], so daß bei einem „non liquet" in der Beweisaufnahme der Täter zu verurteilen ist.

dd) Somit trifft der Vorwurf nicht zu, der normative Ehrbegriff führe schon auf dem *objektiven Sektor* zu unerwünschten Einschränkungen des Ehrenschutzes.

b) Es bleiben aber die Konsequenzen auf der *subjektiven Seite* zu berücksichtigen:

Es stellt sich nämlich die Frage, ob nicht der gute Glaube des Täters an die Wahrheit seiner Behauptung den Vorsatz und damit die Strafbarkeit ausschließen muß[77], und zwar selbst dann, wenn der Angegriffene durch und durch ein Ehrenmann ist[78]. Dieses in der Tat sicher nicht der Intention des Gesetzgebers entsprechende Ergebnis[78a] wird zwar von der herrschenden Lehre für die Fälle der Tatsachenbehauptung gegenüber dem Betroffenen bejaht[79], von einer nicht unbeträchtlichen Mindermeinung[80], die für § 185 StGB eine von § 186 StGB abweichende Lösung für ausgeschlossen hält[81], aber verworfen[82]. Für den Bereich der letzteren Vorschrift jedenfalls wird es durchweg als unbillig empfunden, daß der — unter Umständen leichtfertig vorge-

---

[76] Ebenso — ohne nähere Begründung — *Hardwig*, EbSchmidt-Festschrift, S. 462 f.; *Henkel*, EbSchmidt-Festschrift, S. 594 f.; *Peters*, Strafprozeß, S. 250; vgl. auch *Otto*, Schwinge-Festschrift, S. 86. Unzutreffend BGH bei *Dallinger*, MDR 1954, 335; *Dreher*, StGB, 2 D zu § 186; *Kohlrausch / Lange*, VIII zu § 186; *Bemmann*, MDR 1956, 387/388; *Brandes*, S. 48; *Christiansen*, S. 46; *Dähn*, S. 127; *Engelhard*, Ehre, S. 116 f.; *Helle*, NJW 1961, 1896; 1964, 841/842; Arthur *Kaufmann*, ZStW 72, 418/437; *Sauer*, ZStW 46, 349/354.

[77] An sich eine unausweichliche Konsequenz, wenn man die Unwahrheit als Tatbestandsmerkmal sieht.

[78] So *Bockelmann*, Niederschriften, S. 18 und Beleidigung, S. 477; *Kern*, Abgrenzung, S. 32.

[78a] In den *Motiven*, S. 68 ist eindeutig zum Ausdruck gebracht, daß der gute Glaube nur im Rahmen der Strafzumessung berücksichtigt werden kann.

[79] Vgl. BayObLG NJW 1959, 57; OLG Köln NJW 1964, 2121; *Brandes*, S. 129 und passim; *Christiansen*, S. 45 f.; *Dreher*, StGB, 2 D d zu § 186; *Kohlrausch / Lange*, IV 2 vor und V zu § 185; *Maurach*, BT, S. 142 (anders wohl S. 154); *Schönke / Schröder*, 3, 17, 21 zu § 185.

[80] *Hartung*, NJW 1965, 1743; *Hirsch*, Ehre, S. 204 ff.; JR 1972, 516; *Otto*, Schwinge-Festschrift, S. 84; *Herdegen*, LK, 22 zu § 185; *Lackner / Maassen*, 7 zu § 185; *Sauer*, System, S. 377 f.; *Welzel*, Lehrbuch, S. 310 sowie die Mitglieder der III. Unterkommission (vgl. Sitzungsbericht, S. 334).

[81] Soweit Tatsachenbehauptungen gegenüber dem Betroffenen selbst als unter § 186 StGB fallend angesehen werden (so *Binding*, BT I, S. 158; *Schaefer*, LK, 8. Aufl., V vor § 185; *Welzel*, Lehrbuch bis zur 10. Aufl.), muß ohnehin die Regelung des Wahrheitsbeweises in § 186 StGB als allein maßgebend erachtet werden.

[82] Vgl. dazu unten S. 157 Fußn. 81.

hende — Täter sich mit strafbefreiender Wirkung auf seinen guten Glauben[83] an die Wahrheit seiner Behauptung soll berufen können.

So ist es nicht verwunderlich, daß immer wieder versucht wurde, diese mißliche Einschränkung des Ehrenschutzes zu vermeiden. Es ist hier nicht der Ort, die dogmatischen Konstruktionen bis ins Detail aufzuzeigen und die Kritik, die sie unter den verschiedensten Gesichtspunkten gefunden haben, ausführlich darzustellen[84]. Es kann vielmehr nur darum gehen, festzustellen, ob sich ohne Preisgabe des zugrundegelegten normativen Ehrbegriffs eine befriedigende und gleichzeitig dogmatisch vertretbare Lösung finden läßt:

aa) Von vornherein ausscheiden müssen deshalb alle Versuche, als Bezugspunkt der Schuldbeziehung die *Unwahrheit durch die Nichterweislichkeit zu ersetzen.* Denn es handelt sich weder um identische Begriffe noch um solche, die in einem notwendigen inneren Zusammenhang stehen, etwa dergestalt, daß Erweislichkeit die geoffenbarte Wahrheit wäre; Wahrheit und Erweislichkeit können vielmehr in der Weise auseinanderfallen — und derartige Fälle dürften nicht einmal allzu selten vorkommen —, daß eine behauptete Tatsache objektiv unwahr jedoch prozessual erweislich ist[85]; dann aber fehlt jede innere Beziehung zwischen beiden Begriffen[86]. Darüber hinaus ist ihre Funktion auch eine verschiedene: Während das Erfordernis der Wahrheit der normativen Beschränkung des Ehrbegriffs dient, hat das der Erweislichkeit, wie noch zu zeigen sein wird, eine ganz andere Aufgabe, nämlich die Strafbarkeit von Ehrverstößen auf Fälle zu beschränken, in denen auch der öffentliche Friede gestört wird[87].

---

[83] Ein solch „positiver" Irrtum ist noch nicht einmal erforderlich; zum Vorsatzausschluß genügt vielmehr, daß der Täter sich hinsichtlich der Wahrheitsfrage keine aktuelle Vorstellung gemacht hat (vgl. RGSt 73, 164/168; BGH NJW 1953, 152; *Schmidhäuser,* AT, S. 309); sie ist allerdings nicht nur gegeben, wenn er sich den betreffenden Tatumstand im Sinne eines angestrengten Darandenkens fortwährend vor Augen hält (vgl. zutreffend *Schönke / Schröder,* 14 zu § 59; *Stratenwerth,* AT, S. 95 unter Berufung auf *Platzgummer,* Die Bewußtseinsformen des Vorsatzes, 1964), sondern auch dann, wenn er die Vorstellung nur deshalb nicht „bewußt" vollzieht, weil sie in seinem bewußten Erleben bereits als selbstverständlich vorausgesetzt ist (vgl. *Schewe,* S. 120 und passim).

[84] Diesem Punkt ist zudem in der Beleidigungsliteratur ein breiter Raum gewidmet; vgl. statt aller aus neuerer Zeit *Brandes,* S. 92 ff.; *Hirsch,* Ehre, S. 152 ff.

[85] Ähnlich *Hirsch,* Ehre, S. 161, der jedoch unkorrekt der objektiven Wahrheit die erweisliche Wahrheit entgegensetzt.

[86] Der umgekehrte Fall, daß nämlich eine wahre Tatsache sich nicht erweisen läßt, wird zwar noch häufiger vorliegen (vgl. Wolfgang *Hoffmann,* NJW 1966, 1200/1202), ist aber hier ohne Belang (vgl. aber RGSt 19, 386/389 f.), da dies auch auf ein Plus-Minus-Verhältnis von Wahrheit und Erweislichkeit hindeuten könnte.

[87] Vgl. unten S. 172. Zur Bedeutung des Wahrheitsbeweises für das Schuldprinzip vgl. unten S. 122.

Diese wechselseitige Unabhängigkeit bedingt, daß gegenüber allen Konstruktionen, die ohne Rechtfertigung für den Austausch der beiden Begriffe die Nichterweislichkeit als Tatbestandsmerkmal[88], Strafbarkeitsbedingung[89] oder Prozeßvoraussetzung[90], beziehungsweise die Erweislichkeit als Rechtfertigungsgrund[91] oder Strafausschließungsgrund[92] behandeln, der Einwand durchschlägt, der postulierte normative Ehrbegriff sei wieder verlassen[92a].

bb) Nicht angängig ist es selbstverständlich auch, die Unwahrheit als ungeschriebenes *Tatbestandsmerkmal* zu bezeichnen, *auf das sich der Vorsatz* — oder eine andere Schuldform — aber ausnahmsweise *nicht zu erstrecken brauche*[93]. Denn der Vorsatz muß sich anerkanntermaßen auf sämtliche objektiven Tatbestandsmerkmale beziehen[94].

cc) Der Verzicht auf eine subjektive Kongruenz kann deshalb nur damit erklärt werden, daß es sich bei der Unwahrheit nicht um ein Merkmal des Tatbestands im engeren Sinne, sondern um eine *objektive Bedingung der Strafbarkeit* handele[95]. Damit wird aber in Wahrheit der normative Ansatz preisgegeben. Grundsätzlich ist nämlich diese Rechtsfigur wegen des Schuldprinzips nur anerkannt, soweit die tatbestandsmäßige Handlung an sich schon den Schuldvorwurf trägt[96]; danach läge das Unrecht hier bereits in der Behauptung nachteiliger

---

[88] *Binding*, BT I, S. 158 f. mit Nachweisen aus der älteren Rechtsprechung; *Schaefer*, LK, 8. Aufl., II 4 und IV zu § 186; *Eßlinger*, S. 43 ff.

[89] RGSt 2, 379/382; 69, 80/81; BGHSt 11, 273/274; BayObLG NJW 1965, 58; *Jescheck*, Lehrbuch, S. 423; *Kohlrausch / Lange*, VIII zu § 186; *Lackner / Maassen*, 7 zu § 186; *Mezger / Blei*, BT, S. 115; *Niethammer*, Lehrbuch, S. 199; *Helle*, NJW 1964, 841; *Krug*, S. 115 f.; *Lackner*, Niederschriften, S. 15; *Schweikert*, ZStW 70, 394/408.

[90] *Schmidhäuser*, AT, S. 391.

[91] *Helle*, NJW 1961, 1896.

[92] RGSt 1, 40/41; 9, 150; 19, 386/387 f.; 62, 83/95; 65, 422/425; RG GA 62, 143; BGHSt 11, 273/274; *Maurach*, BT, S. 151; *Sauer*, System, S. 378; *Schönke / Schröder*, 10 zu § 186; *Freudenstein*, S. 31; *Kohler*, GA 47, 1/119; *Ottow*, NJW 1956, 211.

[92a] Zur möglichen Rechtfertigung des Austauschs der beiden Begriffe vgl. unten S. 120 ff.

[93] So aber *Frank*, StGB, III zu § 186 und ZStW 12, 277/307; vgl. auch *Welzel*, Lehrbuch, 10. Aufl., S. 296 f.

[94] Vgl. *Baumann*, Lehrbuch, S. 405; *Jescheck*, Lehrbuch, S. 218; *Maurach*, AT, S. 253 f., 259; *Schmidhäuser*, AT, S. 310; *Stratenwerth*, AT, S. 96; *Welzel*, Lehrbuch, S. 72.

[95] So insbesondere *Sauer*, Ehre, S. 155; System, S. 374 ff.; ZStW 46, 349/353, der zusätzlich von der (sonst zum Schuldspruch unerläßlichen) Feststellung der objektiven Unwahrheit absehen will (System, S. 378); vgl. auch Arthur *Kaufmann*, ZStW 72, 418/437; *Krug*, S. 118 f.

[96] Vgl. *Jescheck*, Lehrbuch, S. 419; *Lackner / Maassen*, IV vor § 51; *Maurach*, AT, S. 249; *Mezger / Blei*, AT, S. 119; *Schmidhäuser*, AT, S. 384 f.; *Schönke / Schröder*, 101 vor § 51; *Stratenwerth*, AT, S. 74; *Welzel*, Lehrbuch, S. 59.

Tatsachen, lediglich aus strafökonomischen Gründen würde bei erwiesener Wahrheit auf eine Bestrafung verzichtet. Nur bei Zugrundelegung eines faktischen oder hypothetischen Ehrbegriffs kann aber die Unwahrheit völlig außerhalb des Unrechtstatbestandes stehen.

Nun wird zwar in der Literatur verschiedentlich auch die Möglichkeit sogenannter unechter Strafbarkeitsbedingungen anerkannt, die ihrem Wesen nach zum Unrechtstatbestand gehören, aus kriminalpolitischen Gründen[97] jedoch *formell* als Strafbarkeitsbedingungen ausgestaltet sein sollen[98]. Gerechtfertigt werden sie damit, daß der Täter das erkennbare Risiko eingehe, daß die objektive Strafbarkeitsbedingung vorliegen könne[99].

Neben die beiden anerkannten Formen des vorsätzlichen und fahrlässigen Verhaltens wird also das *riskante Verhalten* als dritte Form strafrechtlicher Haftung gestellt[100], das sich von der Fahrlässigkeit (nur) durch den Verzicht auf die dort geforderte Sorgfaltspflichtverletzung unterscheidet[101].

Bei Zugrundelegung dieses — allerdings höchst umstrittenen[102] — theoretischen Ansatzes müßte das riskante Verhalten des Täters nach der oben skizzierten Ansicht *Sauers*[103] darin liegen, daß er etwas behauptet, obwohl dies möglicherweise nicht der Wahrheit entspricht. Dabei wird aber übersehen, daß sich ein Risiko immer auf ein zukünftiges ungewisses Ereignis bezieht, hinsichtlich der Wahrheit beziehungsweise Unwahrheit, die objektiv feststehen, aber nur ein bloßes Nichtwissen gegeben ist[103a]. Der Täter riskiert also gar *nicht die Unwahrheit* seiner Behauptung[104]; was ihm zum Vorwurf gemacht werden kann, ist lediglich, daß er das Risiko einer Äußerung auf sich nimmt, obwohl nicht abzusehen ist, ob sich später ihre *Wahrheit erweisen* lassen werde[105].

[97] Anders ausgedrückt: man will auf kaltem Wege das — zuweilen lästige — Vorsatz- bzw. Fahrlässigkeitserfordernis eliminieren können.

[98] Vgl. *Jescheck*, Lehrbuch, S. 421; ähnlich *Baumann*, Lehrbuch, S. 492 f.

[99] *Jescheck*, Lehrbuch, S. 421 f. mit weiteren Nachweisen.

[100] Zur theoretischen Begründung der strafrechtlichen Risikohaftung vgl. *Schweikert*, Tatbestandslehre, S. 86 ff. und ZStW 70, 394 ff.; siehe auch *Hardwig*, EbSchmidt-Festschrift, S. 462 f.

[101] Vgl. *Schweikert*, ZStW 70, 394/407.

[102] Dagegen insbesondere *Brandes*, S. 105; *Cramer*, Vollrausch, S. 18 ff.; *Friedmann*, S. 19; *Maurach*, AT, S. 250; Begr. zu § 16 AE, S. 55.

[103] Für *Sauer* selbst, der die objektiven Strafbarkeitsbedingungen wegen der ihnen anhaftenden Beziehungen zum Unrecht dem Tatbestand zurechnet (vgl. in Mezger-Festschrift, S. 118 f.), ist dieser Lösungsweg nicht gangbar.

[103a] Vgl. auch *Koffka*, Niederschriften, S. 25.

[104] Nur scheinbar abweichend *Lackner*, Niederschriften, S. 42, wie sich aus dem Kontext (S. 15) ergibt.

[105] In der Tat bezeichnen auch die Autoren, die die Möglichkeit eines

Deshalb kann auch die Hilfskonstruktion eines Risikodelikts nicht dazu führen, die Unwahrheit der Äußerung als vom Vorsatzerfordernis gelöste Strafbarkeitsbedingung zu behandeln.

dd) Neben dem dogmatisch also nicht haltbaren völligen Verzicht auf den Vorsatz wird auch versucht, an den Vorsatz hinsichtlich der Unwahrheit vom Normalfall abweichende Anforderungen zu stellen, wobei sich eine prozessuale und eine materielle Lösung unterscheiden lassen[106]:

Die erstere — namentlich von *Beling*[107] vertretene — geht dahin, eine Vermutung nicht nur für das objektive Vorhandensein der Ehre aufzustellen, sondern auch das *Bewußtsein der Unwahrheit zu präsumieren*[108]; „denn andernfalls würde die im Gesetz ausdrücklich normierte Präsumtion wertlos sein: wenn es nicht einmal gelingt, objektiv die Unwahrheit der behaupteten etc. Tatsache positiv zu erweisen — wie wollte man dann beweisen, daß der Täter diese ... Unwahrheit gekannt habe?“[109].

Nun widerspricht zwar nach der Rechtsprechung des *Bundesverfassungsgerichts*[110] nicht jede Form einer Schuldvermutung rechtsstaatlichen Grundsätzen, doch ergibt sich aus dem Bestimmtheitsgebot des Art. 103 Abs. 2 GG, daß eine derartige Schuldvermutung als Ausnahmeregelung sich klar und eindeutig aus dem Gesetzeswortlaut entnehmen lassen muß[111]. Das ist hier aber gerade nicht der Fall; eine auch die subjektive Seite betreffende Vermutung ist — nicht einmal „zwischen den Zeilen“[112] — aus dem Wortlaut des § 186 StGB herauszulesen[113].

Hinzu kommt noch ein weiteres: Mit Vermutungen kann selbstverständlich nur dort gearbeitet werden, wo für ihre Berechtigung die tatsächliche Lebenserfahrung spricht. Zutreffend hat aber *Beling*

Risikodelikts anerkennen, nicht die Unwahrheit sondern die Nichterweislichkeit als die objektive Strafbarkeitsbedingung; vgl. *Hardwig*, EbSchmidt-Festschrift, S. 462; *Henkel*, EbSchmidt-Festschrift, S. 594 f.; *Jescheck*, Lehrbuch, S. 422; *Krug*, S. 115 f.; *Lackner*, Niederschriften, S. 15; *Schweikert*, ZStW 70, 394/408; unklar RGSt 7, 207/209.

[106] Selbstverständlich können beide Lösungen auch kombiniert werden; so etwa *Gallas*, Beleidigung, S. 451 f.

[107] Nachrede, S. 8 f.; ebenso Grundzüge, S. 81.

[108] Zustimmend *Bemmann*, MDR 1956, 387/389; Ferdinand *Schmid*, S. 69; de lege ferenda auch *Gallas*, Niederschriften, S. 25 und Beleidigung, S. 455; *Jescheck*, Niederschriften, S. 33.

[109] Nachrede, S. 9.

[110] Vgl. BVerfGE 9, 167/169; strenger *Hirsch*, Ehre, S. 166.

[111] So auch *Brandes*, S. 70; *Sauer*, Ehre, S. 165.

[112] *Beling*, Nachrede, S. 9.

[113] Ebenso *Brandes*, S. 107; *Hirsch*, Ehre, S. 166; Arthur *Kaufmann*, ZStW 72, 418/437; *Krug*, S. 118; *Sauer*, Ehre, S. 165.

selbst[114] es als eine Ungeheuerlichkeit bezeichnet, wollte man die Menschen im Regelfall als Lügner — und das wären sie, wenn man unterstellen dürfte, daß sie im allgemeinen *bewußt* die Unwahrheit über ihre Mitmenschen verbreiten — bezeichnen[115].

Scheitert demnach eine prozessuale Lösung des Vorsatzproblems[116], so bleibt ein von *Gallas* der 3. Unterkommission unterbreiteter Vorschlag[117] erwägenswert[118]. Danach soll die auf triftigen Gründen beruhende *Überzeugung* von der Wahrheit[119] einer Behauptung die Strafbarkeit wegen übler Nachrede ausschließen[120].

Abgesehen von kriminalpolitischen Einwendungen und dem Vorwurf mangelnder Praktikabilität[121] widerspricht jedoch diese Konstruktion den anerkannten Grundsätzen der Vorsatzlehre[122]; denn danach müßte schon das schlichte Nichtkennen der Unwahrheit — und sei es noch so leichtfertig und vorwerfbar — zum Vorsatzausschluß führen[123]. So läuft der Vorschlag, was von *Gallas* durchaus gesehen wird[124], auf die Bestrafung fahrlässiger übler Nachrede hinaus.

ee) Doch weshalb soll denn eigentlich *Fahrlässigkeit* nicht ausreichen? — Es ist zwar die ganz überwiegende Ansicht, daß fahrlässige

---

[114] Nachrede, S. 23.

[115] Insoweit zutreffend die Kritik bei *Brandes*, S. 68 ff.; *Friedmann*, S. 9 ff.; *Hirsch*, Ehre, S. 163 ff., 166; *Sauer*, Ehre, S. 163. Zur Berechtigung der Vermutung eines objektiven Ehrbestandes vgl. aber oben S. 80 f.

[116] Weitere Einwendungen hiergegen bei *Frank*, StGB, III zu § 186; *Gerland*, Lehrbuch, S. 502 Anm. 3; *Brandes*, S. 107; *Hirsch*, Ehre, S. 166 f.; Arthur *Kaufmann*, ZStW 72, 418/437; *Krug*, S. 118; *Sauer*, Ehre, S. 153 und selbst *Bemmann*, MDR 1956, 387/390.

[117] Beleidigung, S. 451.

[118] *Gallas* verknüpft ihn mit der prozessualen Lösung; vgl. auch die Regelung in Art. 169 Ziff. 3 jugoslaw.StGB, § 490 öster.StGB und Art. 173 Ziff. 2 schweiz.StGB.

[119] Entsprechend fordern *Binding*, BT I, S. 158 f. und *Schaefer*, LK, 8. Aufl., IV zu 186 Überzeugung der Erweislichkeit.

[120] Zur Rechtfertigung dieses Vorschlags vgl. Sitzungsbericht, S. 328 f.; Beleidigung, S. 453 f.; Niederschriften, S. 25; zustimmend *Jescheck*, Sitzungsbericht, S. 329 f.; Niederschriften, S. 33; *Otto*, Schwinge-Festschrift, S. 88. Ähnlich *Brügger*, S. 31, der einen fakultativen Strafaufhebungs- oder Milderungsgrund vorschlägt, sofern der gute Glaube des Täters offen zutage liegt.

[121] Vgl. hierzu die Diskussionsbeiträge von *Baldus, Dünnebier, Fritz* und *Lackner* in Sitzungsbericht, S. 329 sowie *Baldus, Dünnebier, Fränkel, Koffka* und *Voll* in Niederschriften, S. 42 ff.; zusammenfassend *Lackner*, Niederschriften, S. 16 f., 42 f.

[122] Vgl. ebenso zur *Binding-Schaeferschen* Ansicht *Hirsch*, Ehre, S. 161.

[123] Vgl. RGSt 6, 85/88; *Baumann*, Lehrbuch, S. 403; *Jescheck*, Lehrbuch, S. 230; *Maurach*, AT, S. 278; *Schmidhäuser*, AT, S. 309, 312; *Stratenwerth*, AT, S. 95 f.; *Welzel*, Lehrbuch, S. 65.

[124] Vgl. Beleidigung, S. 454.

Beleidigung nicht unter Strafe gestellt sein soll; die diesbezüglichen Äußerungen in Rechtsprechung und Literatur beziehen sich jedoch ausschließlich auf Fälle, in denen die Kundgabe fahrlässig erfolgt[125]. Hier aber wird vorsätzliches Behaupten oder Verbreiten einer ehrrelevanten Tatsache gefordert, lediglich hinsichtlich der *Prüfung der Wahrheitsfrage* soll bereits Fahrlässigkeit ausreichen[126]. Es würde sich also um eine sogenannte *Vorsatz-Fahrlässigkeits-Kombination*[127] handeln, die — abweichend von dem Hauptanwendungsbereich des § 56 StGB — durchaus in der Form möglich ist, daß der Vorsatzteil als solcher nicht einen selbständigen Straftatbestand bildet[128].

Aber auch mit dieser Beschränkung wird im allgemeinen die Strafbarkeit fahrlässiger übler Nachrede *für das geltende Recht verneint*, da im Gesetz fahrlässiges Handeln nicht ausdrücklich mit Strafe bedroht ist[129]. Dem dürfte — abgesehen von den im folgenden dargestellten dogmatischen Einwendungen — schon im Hinblick auf den eindeutigen Wortlaut des § 15 AT 75 zuzustimmen sein[130].

Zu dem entgegengesetzten Ergebnis gelangt *Hirsch*[131]. Nach ihm „ist es Aufgabe gesetzeskonformer Auslegung, den zu weit gefaßten § 186 durch Subintellegierung eines einschränkenden Erfordernisses so auszulegen, daß die Strafbestimmung auf ihren strafrechtlich relevanten Umfang eingegrenzt wird"[132]. Durch Einführung des Fahrlässigkeits-

---

[125] Vgl. RGSt 18, 167/168; 26, 33/34; RG Recht 1908, Nr. 3919; *Dochow*, Handbuch III, S. 341 f.; *Dreher*, StGB, 4 zu § 185; *Frank*, StGB, II zu § 185; *v. Hippel*, Lehrbuch, S. 213 Anm. 3; *Olshausen / Hörchner*, 9 a zu § 185 und 8 a zu § 186; *Schönke / Schröder*, 17 zu § 185; differenzierend *Liepmann*, VDB IV, S. 333.

[126] Eine darüber hinausgehende Ausdehnung der Strafbarkeitszone wird wohl niemand ernsthaft erwägen. Nur eine scheinbare Ausnahme bildet ein Fassungsvorschlag *Simons* (Niederschriften, S. 506), wie sich aus der Begründung hierzu (Niederschriften, S. 124 f.), insbesondere der beabsichtigten Parallele zu § 164 Abs. 5 StGB a. F. ergibt.

[127] So ausdrücklich *Hirsch*, Ehre, S. 169.

[128] Vgl. etwa § 315 c Abs. 3 Nr. 1 StGB; siehe hierzu *Lackner / Maassen*, 6 b zu § 315 c.

[129] Vgl. *Spiecker*, S. 51 f. mit zahlreichen Nachweisen. Anderer Ansicht lediglich *Hirsch*, Ehre, S. 169 ff. und ihm folgend *Welzel*, Lehrbuch, S. 313; aus früherer Zeit *Bassenge*, S. 73 f.; Ferdinand *Schmid*, S. 67.

[130] Vgl. *Baumann*, Lehrbuch, S. 399 f.; *Maurach*, AT, S. 532. Nach herrschender Auslegung des noch geltenden Rechts (vgl. statt aller BGHSt 6, 131 ff.) soll fahrlässige Begehungsweise auch dann strafbar sein, wenn sich das aus Sinn und Zweck des jeweiligen Tatbestandes, insbesondere aus seiner polizeilichen Natur, ergebe (einschränkend aber BGHSt 23, 167/171 f.). Angesichts des verfassungsrechtlichen Bestimmtheitsgebots sollte aber schon jetzt die Regelung des — bereits verkündeten — § 15 AT 75 (ebenso § 15 E 1962 und § 16 AE) beachtet werden (vgl. auch BGHSt 23, 167/171).

[131] Ehre, S. 196 ff.; zustimmend insoweit *Brandes*, S. 11.

[132] S. 198.

erfordernisses hinsichtlich der Unwahrheit soll deshalb dem Schuldprinzip Rechnung getragen werden[133].

Diese Argumentation hat jedoch einseitig nur die herrschende Lehre im Auge, die zwar in der Unwahrheit ein Tatbestandsmerkmal, im geglückten Wahrheitsbeweis aber nur eine negative Bedingung der Strafbarkeit beziehungsweise einen Strafausschließungsgrund sieht[134]; demgegenüber bildet die Fahrlässigkeitslösung durchaus eine Verbesserung[135]. Andererseits geht es aber nicht an, einen Verfassungsgrundsatz, nämlich das Bestimmtheitsgebot des Art. 103 Abs. 2 GG, einfach zu ignorieren, um einem anderen, nämlich dem Schuldprinzip, Geltung zu verschaffen. Zumindest wäre dafür der Nachweis erforderlich, daß *jede* andere denkbare Auslegung der Ehr- und Wahrheitsfrage ebenfalls verfassungswidrig wäre[136]. Nun läßt sich aber nicht leugnen, daß die „Subintellegierung" eines Vorsatzerfordernisses hinsichtlich der Unwahrheit zwar kriminalpolitisch unerwünscht wäre, jedoch weder den Bestimmtheits- noch den Schuldgrundsatz verletzen würde[137].

Es zeigt sich also, daß — sofern man in der Unwahrheit ein Tatbestandsmerkmal sieht — die *Fahrlässigkeitshaftung* in Wirklichkeit keine Strafeinschränkung, sondern eine Strafbarkeitserweiterung darstellt, die *nur de lege ferenda möglich* wäre.

In der Tat finden sich gewichtige Stimmen im Schrifttum[138], die die Unwahrheit als Tatbestandsmerkmal behandelt wissen möchten, auf das sich *Vorsatz oder Fahrlässigkeit* beziehen muß.

Damit können aber nur die Fälle befriedigend gelöst werden, bei denen schon *objektiv* die Unwahrheit festgestellt werden kann; ist das — wie meistens — nicht möglich, so muß Freispruch erfolgen, ein Ergebnis, das einen wirksamen Ehrenschutz nicht zulassen würde. Deshalb hat es sich ja auch als notwendig erwiesen, das Vorhandensein von

---

[133] S. 197; zustimmend *Rudolphi*, Maurach-Festschrift, S. 60 Anm. 44.

[134] Vgl. statt aller *Schönke / Schröder*, 10 zu § 186 mit weiteren Nachweisen.

[135] Auch ihr gelingt es nicht, das Schuldprinzip vollständig durchzuführen, jedenfalls dann nicht, wenn sie als Bezugspunkt der Sorgfaltspflicht die etwaige Unwahrheit (so wohl *Hirsch*, Ehre, S. 170) ansieht (vgl. *Brandes*, S. 116; unklar *Wolff*, ZStW 81, 886/907 Anm. 37); siehe dazu im Text S. 117.

[136] Es kann deshalb die Frage offen bleiben, welchem Verfassungsgebot Vorrang einzuräumen wäre; vgl. zur Antinomie von Verfassungsnormen *Maunz / Dürig / Herzog*, 253 ff. zu Art. 5 GG.

[137] Vor allem ist eine normative Ehrsicht keineswegs genötigt, die Unwahrheit als Tatbestandsmerkmal zu behandeln; vgl. unten S. 120 ff.

[138] Vgl. *Beling*, Nachrede, S. 24; *Bemmann*, MDR 1956, 387/390; *Engelhard*, IKV, S. 159; *Sauer*, Ehre, S. 155 ff. und System, S. 375; *Simon*, Niederschriften, S. 125, 506; auch der Vorschlag von *Gallas*, Beleidigung, S. 451, 454 läuft darauf hinaus.

Ehre zu vermuten[139]. Das bedeutet, daß auch das Behaupten objektiv wahrer Tatsachen, sofern sie sich nicht erweisen lassen, verboten ist. *Die Unwahrheit kann demnach nicht Bezugspunkt einer Sorgfaltspflicht sein.*

Es bleibt weiter die Möglichkeit, auf den Nachweis der Unwahrheit zu verzichten, gleichwohl aber *jede* mit dem Vorsatz hinsichtlich der Unwahrheit[140] oder diesbezüglicher Sorgfaltspflichtverletzung begangene ehrenrührige Tatsachenbehauptung zu bestrafen[141], es sei denn, die Wahrheit lasse sich erweisen[142]. Gegenstand dieser Sorgfaltspflicht ist also die *etwaige Unwahrheit.*

Damit verschiebt sich die Prüfungspflicht auf die Beweissituation[143]. Denn nur wenn die dem Täter zugänglichen Beweise nicht zum Nachweis der Richtigkeit der Behauptung ausreichen, kann er zu dem Urteil „möglicherweise unwahr“ gelangen[144]. Es wird also *nicht die Wahrheits- sondern die Erweislichkeitsfrage* zum entscheidenden *Kriterium* gemacht, weshalb auch hier der normative Ehrbegriff wieder verlassen wird.

Schließlich wäre noch zu erwägen, ob überhaupt ein Bezugspunkt für die Sorgfaltspflichtverletzung erforderlich ist, oder ob es zur Strafbarkeit ausreicht, daß ehrenrührige Behauptungen tatsächlicher Art ohne Einholung von Erkundigungen aufgestellt wurden[145]. So hat beispielsweise die Rechtsprechung auch für die Bejahung eines rechtfertigenden Notstandes[146] sowie der Unvermeidbarkeit eines Verbotsirrtums[147] eine *Verselbständigung der Informationspflicht* angenommen.

---

[139] Vgl. oben S. 108 f.

[140] Also auch die nur versuchte, wenn die Tatsache objektiv wahr ist; vgl. *Hirsch,* Ehre, S. 199; *Welzel,* Lehrbuch, S. 313.

[141] So wohl *Hirsch,* Ehre, S. 169 ff.; folgend *Welzel,* Lehrbuch, S. 313. Nur sieht sich *Hirsch,* da er die Ehrvermutung ablehnt (S. 162 ff.), genötigt, „das Erfordernis des Erfolgseintritts zu kupieren“ (S. 169); das heißt, die Ehre braucht objektiv gar nicht beeinträchtigt zu sein, vielmehr genügt ein fremde Ehre möglicherweise tangierendes sorgfaltswidriges Verhalten (S. 169 f.). Dieses Modell beruht auf der von *Welzel* entwickelten Lehre vom personalen Unrecht (vgl. Lehrbuch, S. 2 f., 62; Neues Bild, S. 29), die einen vom Erfolgsunwert gelösten Handlungsunwert anerkennt. Doch auch *Welzel* möchte Fahrlässigkeit nicht um ihrer selbst willen bestrafen, sondern nur, wenn und soweit durch sie eine Rechtsgutsverletzung oder -gefährdung realisiert wurde (Lehrbuch, S. 135 f.; ebenso *Herdegen,* LK, 4 zu § 186).

[142] *Hirsch,* Ehre, S. 170 f.

[143] Vgl. *Brandes,* S. 114.

[144] Die Lehre *Hirschs* kann deshalb nicht mit der Begründung abgelehnt werden, von einer Sorgfaltspflichtverletzung könne nicht die Rede sein, wenn selbst das Gericht nicht über ein non liquet hinauskomme (so aber *Herdegen,* LK, 4 zu § 186).

[145] Dahingehend könnte nach *Brandes,* S. 117 ff. die Konstruktion *Hirschs* ebenfalls verstanden werden.

[146] Vgl. RGSt 62, 137/138; BGHSt 2, 111/114; 3, 7/11; dagegen die überwie-

Doch, um ein Wort Armin *Kaufmanns*[148] abzuwandeln, es kann nicht zutreffen, daß die Verletzung der Pflicht a (hier: ehrenrührige Behauptungen über andere zu unterlassen) deshalb strafbares Unrecht wird, weil eine ganz andere Rechtspflicht b (hier: „Sorgfaltspflicht" zur Prüfung und Erkundigung) verletzt worden ist. Das Unrecht der Tat muß vielmehr immer deliktsspezifisch sein[149] und darf nicht durch die Verletzung einer *allgemeinen* Prüfungs- und Erkundigungspflicht ersetzt werden, soll nicht der Tatbestand seine Funktion als Deliktstypus[150] verlieren[151].

ff) Ist demnach die *Fahrlässigkeitslösung nicht konsequent* in der Durchhaltung des normativen Ehrbegriffs, so hat sich doch gezeigt, daß die Unwahrheit, wenn sie schon kein Tatbestandsmerkmal im engeren Sinne sein kann, doch ein Merkmal des Beleidigungsunrechts sein muß, da sonst der Bezug zur *verdienten* Ehre nicht gewahrt ist. Es liegt daher nahe, die Wahrheit der Behauptung als *Rechtfertigungsgrund* anzusehen[152].

---

gende Ansicht im Schrifttum; vgl. statt aller *Lackner / Maassen,* I 3 c vor § 51; *Schönke / Schröder,* 59 vor § 51 mit weiteren Nachweisen. Der ablehnenden Meinung ist schon im Hinblick auf § 34 AT 75 zuzustimmen (vgl. *Maurach,* AT, S. 333).

147 Vgl. BayObLG NJW 1960, 504; 1965, 1924/1926; BGHSt 21, 18/21; a. A. mit überzeugender Begründung die Literatur (vgl. *Dreher,* StGB, II E 3 zu § 59; *Schönke / Schröder,* 93 zu § 59 mit weiterführenden Hinweisen).

148 EbSchmidt-Festschrift, S. 329 f.; vgl. schon *Binding,* Normen I, S. 142 f.

149 Nach *Brandes,* S. 119 ist damit nicht mehr den Anforderungen hinsichtlich der gesetzlichen Bestimmtheit des Strafgesetzes genügt. Zumindest aber geht das normative Element des Ehrbegriffs verloren.

150 Vgl. zum Tatbestand als Deliktstypus *Gallas,* ZStW 67, 1/16 ff.; *Baumann,* Lehrbuch, S. 277; *Jescheck,* Lehrbuch, S. 184 f.; *Lackner / Maassen,* II 2 vor § 1; *Maurach,* AT, S. 227, 284 ff.

151 Entgegen *Brandes,* S. 118 f. ist es aber nicht ausgeschlossen, die anzuwendenden Sorgfaltsmaßstäbe ausreichend zu konkretisieren; denn der Richter ist nicht gehindert, die Grundsätze des § 193 StGB heranzuziehen (vgl. *Herdegen,* LK, 5 zu § 186). Dabei bestehen allerdings zur gängigen Praxis der Rechtsprechung, die „die zu weite Ausdehnung des § 186 durch eine großzügige Handhabung des § 193 korrigiert" (Wolff, ZStW 81, 886/908), einige wesentliche Unterschiede (verkannt von *Wolff*), vor allem folgender: Wenn zur Anwendung des § 193 vorausgesetzt wird, daß der Täter seine Informationspflicht nicht verletzt hat (vgl. BGHSt 14, 48/51; *Schönke / Schröder,* 11 zu § 193 mit weiteren Nachweisen), so kann hier dem Täter eine Sorgfaltspflichtverletzung nicht vorgeworfen werden, wenn schon objektiv die Frage der Wahrheit nicht geklärt werden kann (h. L.; vgl. RG JW 1936, 389; BayObLGSt 1956, 13; *Herdegen,* LK, 20 zu § 193).

152 So *Engelhard,* Ehre, S. 116; *Liepmann,* VDB IV, S. 254 Anm. 4, 278 (unklar aber S. 234, 258); *v. Lilienthal,* VDB IV, S. 402; *Roeder,* Maurach-Festschrift, S. 356; *Frank,* StGB, II zu § 192; *v. Hippel,* Lehrbuch, S. 214; *Olshausen / Hörchner,* 8 zu § 185; auch *Welzel,* Lehrbuch bis zur 8. Aufl.; vgl. auch RGSt 3, 328/330; KG JW 1930, 2579.

Die Anerkennung eines *allgemeinen „Rechts auf Wahrheit“*[153] verbietet sich jedoch schon deshalb, weil die Rechtsordnung zur Ermöglichung eines friedlichen und geordneten menschlichen Zusammenlebens aus mancherlei Gründen, etwa zum Schutze der Privatsphäre oder vor Geheimnisverrat, das schrankenlose Ausbreiten der Wahrheit unterbinden muß[154]. Das hindert aber nicht, wie das Beispiel des § 193 StGB zeigt[155], die Annahme eines *speziellen,* auf die Beleidigungstatbestände beschränkten Rechtfertigungsgrundes.

Ein solcher kann sich aber bei Ablehnung eines allgemeinen Rechts auf Wahrheit nur aus dem den Ehrdelikten zugrundeliegenden Rechtsgut ergeben. Die Rechtsgutsfrage erst auf der Ebene der Rechtfertigung zu berücksichtigen[156], ist indes materiell[157] nicht zu begründen[158] und dogmatisch nur unter Zuhilfenahme der von *Welzel* entwickelten Lehre von den *„Rechtspflichtmerkmalen“*[159] vertretbar[160]. Danach sollen nämlich gewisse Tatumstände nicht dem gesetzlichen Tatbestand, sondern der Rechtswidrigkeit zugehören, weil sie nicht die Beschaffenheit der

---

[153] Vgl. *Freudenstein,* S. 61; *Kleinschrod,* ArchCrimR 1799, IV, 1/22 f.; *Köstlin,* Abhandlungen, S. 59 und GA 3, 306/316; Adolph *Weber,* Iniurien I, S. 119; wohl auch *Lammasch,* S. 47 f. Der Vorwurf, es handle sich bei diesem Recht um ein „naturrechtliches Phantasieprodukt“ (*Schaefer,* LK, 8. Aufl., II 2 b zu § 192; ähnlich *Binding,* Rede, S. 24; *Engelhard,* Ehre, S. 87; *v. Lilienthal,* VDB IV, S. 454), berücksichtigt nicht, daß damit einfach eine Umkehrung des „Rechts auf Ehre“ (vgl. statt aller *Köstlin,* Abhandlungen, S. 2 f., 15) vorgenommen wird (vgl. *Eisler,* S. 99 f.).

[154] Vgl. mit eingehender Begründung *Sauer,* Ehre, S. 148 ff.; ablehnend auch *Binding,* BT I, S. 146 f.; *Bockelmann,* Niederschriften, S. 17 und Beleidigung, S. 478; *Brandes,* S. 33; *Engelhard,* IKV, S. 145; *Eisler,* S. 98 f.; *Friedmann,* S. 5; *Hirsch,* Ehre, S. 26; *Krug,* S. 85 f., 108; *Roeder,* Maurach-Festschrift, S. 351 f.; *Sauer,* Ehre, S. 44 f. und System, S. 372 f.; *Spiecker,* S. 62.

[155] Die Beschränkung des § 193 StGB auf das Beleidigungsrecht war lange Zeit anerkannt (vgl. RGSt 71, 34/37; BGH bei *Dallinger,* MDR 1953, 401; *Dreher,* StGB, 2 B zu § 193; *Maurach,* BT, S. 150, 156; *Mezger / Blei,* BT, S. 118; *Schaefer,* LK, 8. Aufl., II 2 zu § 193; unklar *Schönke / Schröder,* 1 zu § 193 einerseits und 62 a vor § 51 andererseits). Neuerdings mehren sich die Stimmen, die diesen engen Standpunkt aufgeben möchten (vgl. eingehend *Eser,* S. 9 ff. und passim mit Nachweisen). — Zur vergleichbaren Kontroverse über den Anwendungsbereich des § 226 a StGB vgl. *Schönke / Schröder,* 44 vor § 51 mit weiterführenden Hinweisen.

[156] Demgegenüber betrifft § 193 nicht die Rechtsgutsfrage, sondern den notwendigen Interessenausgleich zwischen den Beteiligten.

[157] Der eigentliche Zweck ist denn auch, den mißlichen, sich aus der Annahme eines Tatbestandsirrtums ergebenden Konsequenzen zu entgehen (vgl. hierzu allgemein *Schmidhäuser,* AT, S. 227). Er kann im übrigen nur erreicht werden, wenn man entgegen der h. M. (vgl. *Lackner / Maassen,* III 3 b bb zu § 59 mit Nachweisen) der strengen Schuldtheorie folgt, da der Täter sich in der Regel über die Voraussetzungen dieses Rechtfertigungsgrundes irren wird.

[158] Ähnlich *Hirsch,* Ehre, S. 26.

[159] ZStW 67, 196/224 ff.; einschränkend aber Lehrbuch, S. 82 f.

[160] Ebenso *Bemmann,* MDR 1956, 387/389.

Handlung oder das Tatobjekt beschreiben, sondern dem Täter lediglich die Pflicht auferlegen, die verbotene Tat zu unterlassen[161].

Diese Pflicht kann sich aber gerade und nur aus den Merkmalen ergeben, die in ihrer Gesamtheit den Tatbestand ausmachen[162], da andernfalls durch die im Tatbestand genannten Merkmale kein strafrechtliches Unrecht, sondern ein strafrechtlich irrelevanter Vorgang typisiert und damit der Tatbestand seine wesentliche Funktion[163] verlieren würde[164].

Ist somit die *Welzel*sche Lehre mit der Fundamentalfunktion des Tatbestandes unvereinbar, entfällt auch die Möglichkeit, die Wahrheit der behaupteten Tatsache als Rechtfertigungsgrund zu verstehen.

gg) So bleibt schließlich nur die Konstruktion der Beleidigung als *abstraktes*[165] *Gefährdungsdelikt*[166], bei dem Verletzung des Handlungsobjekts nicht erforderlich ist, sondern vielmehr die Wahrscheinlichkeit seiner konkreten Gefährdung ausreicht[167]. Das würde hier bedeuten, daß die *Unwahrheit* der Behauptung *kein Merkmal des objektiven Tatbestandes* wäre[168], auf den allein sich der Vorsatz erstreckt. Gleichwohl ist beim abstrakten Gefährdungsdelikt die Unrechtsbeziehung gewahrt: Der Umstand, dessen Verwirklichung der Täter riskiert (hier: Verletzung des Anspruchs auf Achtung der *wahren* inneren Ehre), bleibt nur deshalb außerhalb des Tatbestandes, weil der Gesetzgeber schon bei Aufstellung des Tatbestandes die Indizien der Gefährlichkeit (hier: Behaupten von Tatsachen, die — ihre *Wahrheit unterstellt* — ehrverletzend wären) bindend festgelegt hat, so daß ohne den Nachweis

---

[161] Vgl. *Welzel*, ZStW 67, 196/225 ff.; zur Kritik vgl. statt aller *Schönke / Schröder*, 111 zu § 59 mit Nachweisen.

[162] BGHSt 3, 248/254.

[163] So die heute herrschende Lehre; vgl. *Baumann*, Lehrbuch, S. 269; *Jescheck*, Lehrbuch, S. 184 f.; *Maurach*, AT, S. 227, 284 ff. Demgegenüber messen *Schönke / Schröder*, 45 vor § 1 dem Tatbestand als Deliktstypus nur rechtssystematische, aber keine praktische Bedeutung bei.

[164] Zutreffend *Bemmann*, MDR 1956, 387/389.

[165] Bei Annahme eines konkreten Gefährdungsdelikts würde das Erfordernis des Gefährdungsvorsatzes zu nahezu den gleichen Einschränkungen des Ehrenschutzes führen wie bei einem Verletzungsdelikt (vgl. *Gallas*, Niederschriften, S. 25; *Hirsch*, Ehre, S. 168); zum anderen ist der Gefahrbegriff bei einem bloß subjektiven Nichtwissen fehl am Platz (zutreffend *Koffka*, Niederschriften, S. 25), da eine unwahre Äußerung die Ehre stets, eine wahre aber niemals beeinträchtigt (*Brandes*, S. 94; *Hirsch*, Ehre, S. 153, 168).

[166] So — wenn auch nur angedeutet — *Finger*, GS 74, 296/314 f.; *Fritz*, Niederschriften, S. 44; *Roeder*, Maurach-Festschrift, S. 355; ablehnend — ohne Begründung — *Jescheck*, Niederschriften, S. 32; *Krug*, S. 114 Anm. 284.

[167] Vgl. *Jescheck*, Lehrbuch, S. 198. Diese Begriffsbestimmung ist nicht unstreitig, doch sind die bestehenden Meinungsverschiedenheiten (vgl. etwa *Cramer*, Vollrausch, S. 67 ff.; *Gallas*, Heinitz-Festschrift, S. 173 ff., 180 f.; *Schröder*, ZStW 81, 7 ff.) hier nicht erheblich.

[168] Vgl. *Jescheck*, Lehrbuch, S. 198; *Maurach*, AT, S. 238.

einer konkreten Gefahr bereits die Tatbestandsverwirklichung an sich ihrer objektiven Tendenz[169] nach grundsätzlich als gefährlich zur Herbeiführung des Umstandes angesehen wird[170].

Allerdings darf, wie oben[171] ausgeführt, mit Hilfe einer Gefährdungskonstruktion weder der Grundsatz der materiellen Rechtswidrigkeit eingeschränkt noch das Schuldprinzip aufgeweicht werden[172]. Beides könnte vorliegend zu Zweifeln Anlaß bieten:

Der Grundsatz der *materiellen Rechtswidrigkeit* beschränkt den Gesetzgeber — und damit auch die mögliche Auslegung der Norm — bei der Aufstellung abstrakter Gefährdungstatbestände auf solche Verhaltensweisen, die *typischerweise* zur Herbeiführung konkreter Gefahren für das Handlungsobjekt geeignet sind[173]. Es bedarf also des Nachweises, daß nachteilige Äußerungen über Mitmenschen typischerweise dazu führen, den aus der wahren inneren Ehre fließenden Achtungsanspruch der Gefahr einer Verletzung auszusetzen.

Das wird von *Brandes*[174] mit dem Hinweis auf die bekannte Feststellung *Belings* verneint, daß leider meistens derjenige, der einem anderen Schlechtes nachsage, ganz recht habe[175]. Damit wird aber der Akzent in unzulässiger Weise von der Ehre auf die Unwahrheit der Behauptung verlagert, während doch lediglich die *Verletzungshandlung* — und zwar infolge der bei Ehrangriffen bestehenden Abhängigkeit des Handlungsobjekts vom Rechtsgut[175a] — an der Vermutung teilnimmt. Das bedeutet: Da nach normativer Auffassung Ehre als der wahre Wert einer Person, der bis zum Beweise des Gegenteils vermutet wird, anzusehen ist, können auch wahre Behauptungen die so verstandene Ehre[176] verletzen, nämlich dann, wenn sie unbewiesen bleiben. Nur wenn später der Wahrheitsbeweis gelingt — und das ist vergleichsweise selten der Fall[177] — hat sich die Gefahr einer Verletzung der Ehre

---

[169] Vgl. hierzu *Schmidhäuser*, AT, S. 170.

[170] Vgl. statt aller *Jescheck*, Lehrbuch, S. 198; *Schmidhäuser*, AT, S. 180.

[171] S. 104 f.

[172] Vgl. *Cramer*, S. 51, 68; *Baumann*, Lehrbuch, S. 138; *Jescheck*, Lehrbuch, S. 198; *Schmidhäuser*, AT, S. 180.

[173] Vgl. *Cramer*, S. 68; *Jescheck*, Lehrbuch, S. 198.

[174] S. 94 f.; ähnlich *Hirsch*, Ehre, S. 154.

[175] Nachrede, S. 23.

[175a] Vgl. dazu oben S. 90 ff.

[176] Mit der Einführung dieses strafrechtlichen Ehrbegriffs wird durchaus nicht auf das normative Element der Ehre verzichtet; denn er ist dazu bestimmt, einen wirksamen Schutz der wahren inneren Ehre überhaupt erst zu ermöglichen (vgl. *Binding*, BT I, S. 137).

[177] Kriminologische Untersuchungen haben sogar ergeben, daß ein Versuch, die Wahrheit zu beweisen, vielfach nicht einmal unternommen wird (vgl. *Heesen*, S. 81; *v. Lippa*, S. 82).

nicht realisiert. Dann aber darf mit Fug gesagt werden, ehrrelevante Äußerungen seien generell geeignet, ehrverletzend zu sein[178]. Dem Erfordernis der materiellen Rechtswidrigkeit ist damit Genüge getan.

Auch vom *Schuldprinzip* her gesehen lassen sich insofern keine Bedenken gegen die Gefährdungskonstruktion ableiten, als nach zwingender gesetzlicher Regelung[179] die Strafbarkeit entfällt, wenn im Prozeß[180] die Wahrheit der Behauptung erwiesen wird[181]. Mehr verlangen im allgemeinen selbst die Kritiker des abstrakten Gefährdungsdelikts nicht: Nach ihrer Auffassung ist das Schuldprinzip gewahrt, wenn im Einzelfall der *Gegenbeweis der Ungefährlichkeit* geführt werden kann[182].

Weitergehend hält jedoch *Rudolphi*[183] hinsichtlich des mißbilligten Sachverhaltsunwerts — hier also der Unwahrheit der Behauptung — mindestens Fahrlässigkeit für erforderlich[184]; denn der Wille des Täters sei auf Vermeidung des Sachverhaltsunwerts gerichtet, wenn er den Eintritt einer konkreten Gefährdung für ausgeschlossen halte[185]. Das würde für den Bereich der Ehrdelikte bedeuten, daß ein Täter straflos bleiben müßte, der irrtümlich darauf vertraut hat, im Prozeß die Wahrheit seiner Behauptungen beweisen zu können.

Entscheidend für die abstrakten Gefährdungsdelikte ist aber gerade, daß die generelle Gefährlichkeit, die den Gesetzgeber zu einer Pönalisierung veranlaßt hat, *kein Tatbestandsmerkmal* ist. Durch die Ein-

---

178 Insofern kann dem Ausspruch *Bockelmanns,* die Norm laute: „Du sollst überhaupt nichts ehrenkränkendes sagen" (JR 1954, 327/328), zugestimmt werden, wenn ergänzt wird: „es sei denn, daß Du die Beweise dafür in der Hand hast" (zutreffend *Baltin,* S. 49).

179 § 186 StGB.

180 Dem Täter obliegt dabei nicht eine Beweisführungspflicht; das Gericht hat vielmehr auch hier wie sonst im Strafverfahren von Amts wegen die materielle Wahrheit zu erforschen (vgl. BGH bei *Dallinger,* MDR, 1954, 335; *Frank,* StGB, III zu § 186; *Lackner / Maassen,* 7 zu § 186; *Maurach,* BT, S. 153 f.; *Schönke / Schröder,* 12 zu § 186; *Roeder,* Maurach-Festschrift, S. 358; *Sauer,* Ehre, S. 164). Vgl. auch unten S. 140 f.

181 Die in der Reformdiskussion vielfach geforderte Abschaffung bzw. Einschränkung des Wahrheitsbeweises im Ehrbereich (vgl. aus neuerer Zeit § 138 Abs. 5 AE mit Begr. S. 19; *Bockelmann,* Niederschriften, S. 17 f., 20 f. und Beleidigung, S. 477 ff., 480; *Dähn,* S. 127 ff. mit Nachweisen) ist daher bei Zugrundelegung des normativen Ehrbegriffs wegen des Schuldprinzips nicht möglich (ebenso *Roeder,* Maurach-Festschrift, S. 353 f., 361 und passim).

182 Vgl. *Schröder,* ZStW 81, 7/17; *Baumann,* Lehrbuch, S. 138; *Jescheck,* Lehrbuch, S. 198 f.; *Schönke / Schröder,* 1 zu § 227, 3 a vor § 306, jeweils mit weiteren Nachweisen; siehe auch § 151 I AE.

183 Maurach-Festschrift, S. 60; ebenso *Stree,* S. 11 ff., 19.

184 Das Ergebnis entspricht der oben (S. 115 ff.) abgelehnten Lehre *Hirschs.*

185 *Rudolphi,* Maurach-Festschrift, S. 59.

führung einer Schuldbeziehung hinsichtlich des Gegenbeweises wird indes jenes Merkmal in eine konkrete Gefahr umgedeutet und damit die abstrakten Gefährdungsdelikte praktisch zu Gunsten der konkreten eliminiert. Will man das nicht, so darf nur, wie es das Gesetz vorsieht, der *geglückte* Gegenbeweis[186] zum Ausschluß der Strafbarkeit führen[187]. Das *Schuldprinzip* ist also infolge der generellen Zulassung des Wahrheitsbeweises *nicht verletzt.*

Dem Verständnis der *Beleidigung als abstraktem Gefährdungsdelikt* stehen somit keine dogmatischen[188] Bedenken entgegen. Der Vorsatz des Täters braucht also nicht die Unwahrheit der Behauptung[189] zu umfassen, so daß eine *normative Ehrsicht insoweit nicht zu Einschränkungen* des Ehrenschutzes zwingt.

c) Schließlich könnte zweifelhaft sein, ob der normative Ehrbegriff einen *ausreichenden Schutz für Geisteskranke* zu gewährleisten vermag. Denn wenn ihnen[190] nur ein verminderter Ehrumfang zuerkannt wird[191], scheint es, als ob ihr „Unwert alsdann gegen Beleidigungen vogelfrei machen müßte“[192].

So dürfen indes jene Autoren nicht mißverstanden werden, die entgegen der engeren Auffassung *Bindings*[193] die Ehre nicht lediglich auf

---

[186] Nur bei einem Verständnis der Beleidigung als abstraktem Gefährdungsdelikt zeigt sich also die Richtigkeit der herrschenden Lehre, die die Nichterweislichkeit als objektive Bedingung der Strafbarkeit bzw. die Erweislichkeit als Strafausschließungsgrund behandelt (so die in Fußn. 89 und 92 Genannten).

[187] So die in Fußn. 182 Genannten.

[188] Ob damit der Schutzbereich nicht zu weit ausgedehnt wird (so *Gallas*, Niederschriften, S. 25; *Hirsch*, Ehre, S. 154), ist eine Frage, die an anderer Stelle noch zu erörtern sein wird.

[189] Ob dies nicht nur für die Beleidigung durch Äußerung von Tatsachen, sondern auch für die Urteilsbeleidigung gilt, hängt davon ab, ob und wieweit bei Werturteilen der Wahrheitsbeweis — besser gesagt: Richtigkeitsbeweis — zulässig ist; vgl. dazu unten S. 135 ff.

[190] Anders sollen Kinder eine ihrer Altersstufe entsprechende volle Ehre besitzen (vgl. BGHSt 7, 129; *Herdegen*, LK, 11 vor § 185; *Hirsch*, Ehre, S. 16 Anm. 7). Wenn gleichwohl an Äußerungen über ein Kind weniger strenge Maßstäbe angelegt werden als an solche bei einem Erwachsenen (vgl. etwa BayObLGSt 12, 187: „Lausbub“; im Ergebnis ebenso *v. Bar*, GS 52, 81/183; *Schierloh*, S. 11), so beruht das auf dem allgemeinen Grundsatz des Beleidigungsrechts, daß es keine absoluten Beleidigungen gibt, sondern vielmehr die Frage der Ehrenrührigkeit entscheidend von Alter, Bildungsgrad und Beziehung der Beteiligten untereinander abhängig ist (vgl. RGSt 10, 372/374; *Binding*, BT I, S. 142; *Herdegen*, LK, 11 zu § 185; *Maurach*, BT, S. 132, 140 f.; eingehend *Sauer*, Ehre, S. 82 ff.).

[191] So *Hirsch*, Ehre, S. 16 Anm. 7; *Herdegen*, LK, 10 vor § 185; *Welzel*, Lehrbuch, S. 305.

[192] *Rosenfeld*, S. 101 Anm. 58.

[193] BT I, S. 143 f.

die sittliche und rechtliche Integrität der Person beschränken wollen, sondern auch den *zu Unrecht erhobenen Vorwurf* der Geisteskrankheit als ehrenrührig ansehen. Keineswegs sollte damit der Schutz der *tatsächlich Geisteskranken* verkürzt werden.

Eine derartige Betrachtungsweise wäre auch unzutreffend. Denn wie jedermann kommt dem Geisteskranken kraft seines Menschseins ein allgemeiner Menschenwert zu[194], der allerdings auf intellektuellem Gebiet verkürzt sein mag. Aber gegen diesen Teilbereich richten sich jene häßlichen und unwürdigen Foppereien, die es zu verhindern gilt, gerade nicht; durch Äußerungen wie „Esel, Depp, Rindvieh usw." wird vielmehr die niemandem fehlende Menschenqualität als solche mißachtet, so daß sie ohne weiteres als Beleidigungen gemäß § 185 StGB anzusehen sind[195].

d) Nach allem hat sich also der *normative Ehrbegriff unter keinem Gesichtspunkt als zu eng* erwiesen.

B. Faktische Ehrbegriffe

Auch gegenüber den *faktischen Theorien* wird vielfach der Vorwurf erhoben, sie führten zu Lücken im Ehrenschutz.

a) Ehre als Eigenvorstellung:

Bei Zugrundelegung des *subjektiven Ehrbegriffs* ist zunächst an jene *Überbescheidenen* zu denken, die sich selbst auf Grund übersteigerter Wertmaßstäbe oder auf Grund augenblicklicher Minderwertigkeitsvorstellungen unzutreffend nicht für ehrenhaft erachten[196]. Ihnen keinen Ehrenschutz zu gewähren, wohl aber denjenigen, die sich über Gebühr hoch einschätzen, scheint auf den ersten Blick in der Tat „die verkehrte Welt"[197] zu sein.

Daher verlassen die meisten Autoren[198] ihre rein faktische Ausgangsbasis, indem sie nicht die tatsächliche Ehreinschätzung des „Verletzten" zum Maßstab nehmen, sondern darauf abstellen, ob nach *objektiver* Betrachtung, d. h. nach Ansicht des Richters[199] oder der Durchschnitts-

---

[194] Vgl. oben S. 41 sowie *Mirkoff*, S. 46 f.

[195] Der daher mögliche Schutz von Geisteskranken ist nach *Bockelmann* ein wesentlicher Vorzug des normativen Ehrbegriffs (vgl. Beleidigung, S. 476).

[196] Hierauf weisen insbesondere *Binding*, BT I, S. 138; *Hirsch*, Ehre, S. 15; *Ramm*, S. 31, 33 und *Sauer*, Ehre, S. 61 hin.

[197] Arthur *Kaufmann*, ZStW 72, 418/430; *Krug*, S. 96.

[198] Anders jedoch *Heß*, S. 26; unklar *Mezger / Blei*, BT, S. 106.

[199] So *Maurach*, BT, S. 132.

einschätzung der Umwelt[200], jemand Ursache hatte, sich verletzt zu fühlen. Damit wird aber sowohl der faktische Ehrinhalt zugunsten eines normativen als auch das Ehrgefühl als selbständiges Angriffsobjekt aufgegeben, und die Beleidigung auf eine Rufgefährdung reduziert[201], da nur Äußerungen, die auch das Urteil der Umwelt negativ beeinflussen könnten, das Opfer als ehrgefühlsverletzend zu betrachten hätte.

Diese Friktion in der subjektiven Ehrtheorie ist jedoch nur erforderlich, wenn jene Gruppe der Überbescheidenen tatsächlich eines „Ehrenschutzes" bedarf. Das ist aber gerade nicht der Fall. Denn wenn man schon als entscheidendes Kriterium der Beleidigung die faktische Verletzung des Ehrgefühls oder -bewußtseins — also eine *„Schmerzzufügung"* — ansieht und daraus ihre Strafwürdigkeit ableitet, dann ist es nur folgerichtig, auf Strafschutz zu verzichten, wenn das Opfer einen solchen Schmerz nicht empfindet, weil sein Ehrgefühl oder -bewußtsein gar nicht beeinträchtigt wurde. Geisteskranke gegenüber Rüpeleien schutzlos zu lassen, ist zwar empörend, weil bewußt ihre Schwäche ausgenutzt wird; das beruht indes auf der Unzulänglichkeit des subjektiven Ehrbegriffs an sich[202], nicht aber auf seiner faktischen Inhaltsbestimmung: Versteht man unter Ehre das Ehrgefühl oder -bewußtsein, so liegt hier einfach ein fehlgeschlagener Angriff auf die Ehre eines anderen vor; und weshalb abweichend von der Gesamtregelung des Beleidigungsrechts bereits der Versuch einer Beleidigung strafbar sein sollte, ist nicht ersichtlich.

Es ist daher nicht berechtigt, insoweit den *faktischen* Ehrbegriff als zu eng zu verwerfen.

b) Ehre als Fremdvorstellung:

Weit bedenklicher wäre es schon, wenn der Schutz des *faktischen Ansehens* nur so weit reichen sollte, wie ein guter Ruf tatsächlich besteht[203]. Denn dann bliebe derjenige, der *zu Unrecht* einen schlechten Ruf genießt, gegenüber Beleidigungen schutzlos[204], ein Ergebnis, dessen

---

[200] So *v. Bar*, GS 52, 81/87 ff.; *Liepmann*, VDB IV, S. 241.

[201] Ebenso *Sauer*, Ehre, S. 61.

[202] Vgl. oben S. 101 ff.

[203] Vgl. *Baltin*, S. 15; *Binding*, BT I, S. 138; Arthur *Kaufmann*, ZStW 72, 418/429; *Kern*, Abgrenzung, S. 10 f.; *Lackner*, Niederschriften, S. 15; *Ramm*, S. 34; *Rehbinder*, S. 57; *Sauer*, Ehre, S. 42 f. und System, S. 346; *Welzel*, Beleidigung, S. 505; zusammenfassend *Krug*, S. 78 ff.

[204] Wenn darüber hinaus Karlheinz *Schmid*, S. 25 die religiösen und rassischen Außenseiter, die ein intolerantes Volksempfinden zu Minderwertigen stempelt, als schutzlos ansieht, so verabsäumt er eine Klarstellung, ob diese im Widerspruch zu Art. 3 GG stehende Ansicht überhaupt relevant sein kann; vgl. dazu BGHSt 8, 325 sowie unten S. 129 Fußn. 8 a.

Unhaltbarkeit[205] sich schon daraus ergibt, daß sich ein vorsichtiger Täter dadurch absichern könnte, daß er zuvor den Ruf des Opfers durch Einschaltung von Mittelsmännern und gezielter Flüsterpropaganda zerstört[206].

Derartige Fälle sind auch in der forensischen Praxis nicht ohne Bedeutung. Wenn *Bockelmann*[207] meint, daß derjenige, der einen lädierten Ruf aufweise, es nicht zum Prozeß kommen lassen werde, so trifft das nur dann zu, wenn der schlechte Ruf zu Recht besteht; andernfalls aber wird sich das Opfer die Gelegenheit, sich in einem öffentlichen Verfahren zu rehabilitieren, nicht entgehen lassen wollen.

Nun wird zwar ganz überwiegend eine Verletzung des Rufes gar nicht gefordert, sondern im Hinblick auf den Wortlaut des § 186 StGB für die Vollendung des Delikts *abstrakte Rufgefährdung* für ausreichend erachtet[208]. Es stellt sich jedoch die Frage, ob damit der Fall des zu Unrecht übel Beleumdeten befriedigend gelöst zu werden vermag:

Steht fest, daß der tatsächliche Ruf einer Person in bestimmter Beziehung schlecht ist, so liegt, macht man mit dem Erfordernis der materiellen Rechtswidrigkeit ernst, *auch keine Gefährdung* des tatsächlichen Rufes vor, wenn diesbezügliche Tatsachen behauptet oder verbreitet werden; Ehrenschutz kann dann nicht gewährt werden.

Ist hingegen zunächst offen, wie beschaffen der tatsächliche Ruf wirklich ist, so muß sich die Beweisaufnahme auch auf diesen Punkt erstrecken, ein für den Betroffenen höchst peinliches, ja geradezu rufmörderisches Vorgehen[209]! Ergibt sich dabei, daß der Ruf bereits schlecht war, so gilt das oben Gesagte; war er aber gut, so ist er verletzt, eine Gefährdungskonstruktion mithin überflüssig. Nur für Fälle, bei denen auch nach Beweisaufnahme die tatsächliche Beschaffenheit des Rufes ungeklärt bleibt, kommt eine Rufgefährdung überhaupt in Betracht.

Hier aber zeigt sich eine andere Ungereimtheit: Sind eindeutige Feststellungen hinsichtlich des tatsächlichen Rufes nicht möglich[210], kann die inkriminierte Äußerung nur daran gemessen werden, ob sie

---

[205] Es wird gleichwohl für richtig gehalten von *Lorenz*, S. 8 f. und *Wilhelm*, GS 45, 161/162 f.

[206] Vgl. *Baldus*, Niederschriften, S. 19; zustimmend Eberhard *Schmidt*, Niederschriften, S. 22; *Hirsch*, Ehre, S. 22; *Krug*, S. 79 f.

[207] Beleidigung, S. 480.

[208] So insbesondere *Bockelmann*, Beleidigung, S. 479; *Engelhard*, Ehre, S. 86, 112 f.; *Liepmann*, VDB IV, S. 232 ff.; *Spiecker*, S. 27 ff.; *Frank*, StGB, II 2 zu § 186; *Maurach*, BT, S. 136; *Olshausen / Hörchner*, 1 zu § 186.

[209] Zutreffend die Diskussionsbeiträge von *Baldus*, Eberhard *Schmidt*, *Gallas* und *Dünnebier* in Niederschriften, S. 19, 22, 24, 31.

[210] Zur Frage einer Vermutung des guten Rufs vgl. unten S. 129.

generell geeignet ist, einen etwaigen Ruf zu verletzen; dieser kann jedoch nur ein Durchschnittsruf, der dem *verdienten* entspricht, sein[211], da der tatsächliche Ruf notwendigerweise einzelfallbezogen ist und sich daher nicht abstrakt bestimmen läßt, wie ein „fingierter tatsächlicher“ Ruf aussehen soll.

Die Gefährdungskonstruktion führt also stillschweigend zu einem *Austausch des Angriffsobjekts* und ist daher in sich widersprüchlich. Sie ist mithin ungeeignet, die mißlichen Folgen einer rein *faktischen Betrachtungsweise der äußeren Ehre* zu beseitigen.

C. Die Ansicht *Wolffs*

Schließlich ist noch kurz auf die Auffassung *Wolffs* einzugehen, der einen *normativ-faktischen* Ehrbegriff vertritt[212] und darunter „das die Selbständigkeit ermöglichende Anerkennungsverhältnis“ versteht[213]. Mangels anderweitiger Angaben ist demnach als Ehrinhalt wohl nur dasjenige anzusehen, was *die Selbständigkeit ermöglicht*, das heißt dasjenige, worin sich der Unselbständige, z. B. das Kind oder der Sklave, vom Selbständigen, vom Freien unterscheidet — der Abhängigkeit von anderen[214].

Überprüft man die möglichen Faktoren, die einen Unterschied von Freien und Unfreien ausmachen können, so sind dies ungeminderte Menschenwürde, Ruhm, Vermögen und ähnliches, nicht jedoch die Tatsache der Pflichterfüllung; denn „Freier“ und „Unfreier“ sind gleichermaßen gehalten, die ihnen jeweils obliegenden Pflichten nicht zu verletzen.

Ehrinhalt[215] kann danach — und für eine andere Auslegung bieten die Ausführungen keinen Anhaltspunkt — allenfalls das sein, was im Text als der den konstanten Faktor der Ehre[216] bildende *Menschenwert* bezeichnet wurde[217]. Dann aber ist die *Wolff*sche Lehre als bei weitem *zu eng* zu verwerfen; denn unmöglich können Äußerungen hinsichtlich der variablen Ehrkomponente, insbesondere der Vorwurf von Pflichtverletzungen, als ehrirrelevant angesehen werden.

---

[211] Ebenso *Sauer*, Ehre, S. 44.

[212] ZStW 81, 886/888.

[213] S. 899, 901.

[214] S. 896.

[215] Während sich alle anderen Ehrtheorien bei Bestimmung des Ehrinhalts lediglich hinsichtlich der Abhängigkeit von dem wahren inneren Wert unterscheiden, ist bei *Wolff* nur eine Aussage darüber möglich, welche Elemente die äußere Form, das reflexive Beziehungsverhältnis, ausfüllen sollen.

[216] Zur Frage, ob nicht andererseits auch der Ehrbereich verlassen wird, vgl. unten S. 174.

[217] Vgl. dazu oben S. 41.

II. Einschränkungen der Feststellungsmöglichkeit

Der Sache nach macht es keinen Unterschied, ob die Ehre im Einzelfall gar nicht vorhanden oder ihr Umfang nur *nicht feststellbar* ist. Zweifel in dieser Hinsicht könnten sich bezüglich der *äußeren* Ehre[1] sowie *den faktischen* und *normativen* beziehungsweise normativ korrigierten Ehrtheorien ergeben.

1. Ehre als äußere Geltung

Definiert man Ehre als die Geltung, das Ansehen, den guten Ruf, so muß man sich auch die Frage nach dem maßgebenden *Subjekt der Wertung* stellen. Denn der Mensch lebt nicht in einem einzigen fest abgeschlossenen Zirkel; er ist vielmehr einer Vielzahl von Gemeinschaften zugehörig, angefangen von der Gemeinschaft der Menschheit über den Staatsverband und die Berufsorganisationen bis hin zur Familie, ja dem Skatklub. Ob nun jede dieser Gemeinschaften Ehre zu verleihen vermag[1a], oder doch wenigstens die wesentlichen[2], mag dahinstehen[3]. Jedenfalls wenn eine Äußerung den Menschen nicht nur in seiner Zugehörigkeit zu einer einzigen Gruppe betrifft — und das wird regelmäßig der Fall sein —, wird sein Ruf angesichts der vielfachen Gruppenzugehörigkeit nicht einheitlich sein, sondern in verschiedene „Einzelrufe" zerfallen[4]. Das bedeutet, daß nicht auf das Urteil irgendeiner Gruppe abgestellt werden darf[5], sondern allenfalls auf ein Durchschnittsurteil der „sozialen Gemeinschaft überhaupt"[6].

Das aber entzieht sich jeglicher empirischer Feststellung[6a]; es ist zudem fiktiver Art, so daß insofern *dem psychologisch verstandenen Ehrbegriff die Grundlage* entzogen wird.

---

[1] Bedenken äußert *Brügger*, S. 12 auch hinsichtlich der Feststellbarkeit der subjektiven Ehre. Sie bereitet indes keine größeren Schwierigkeiten als etwa die Feststellung des Vorsatzes.

[1a] So *Sauer*, Ehre, S. 6.

[2] So *Liepmann*, VDB IV, S. 224 ff.

[3] Die sog. Verbrecherehre kann sicher nicht vom Recht anerkannt und mit Strafschutz bewehrt werden (vgl. *Ramm*, S. 31; *Sauer*, Ehre, S. 8, 30; System, S. 344).

[4] Vgl. *Binding*, BT I, S. 138 f.; *Hirsch*, Ehre, S. 18; *Krug*, S. 88 ff.; *Ramm*, S. 28 ff., 36; Karlheinz *Schmid*, S. 24 f.

[5] Auch nicht auf den „Kreis, in dem er lebt, für den zu wirken er berufen ist" (*Liepmann*, VDB IV, S. 231), eben weil eine Äußerung zumeist mehrere Aspekte der Person betrifft und in verschiedene Gemeinschaftskreise dringt (ebenso *Krug*, S. 89).

[6] Liepmann, VDB IV, S. 231; vgl. auch *Maurach*, BT, S. 145.

[6a] Zutreffend *Krug*, S. 89.

2. *Faktische Ehrbegriffe*

Dies deckt gleichzeitig eine Schwäche der faktischen Ehrbegriffe auf. Denn wie soll aus der Vielzahl der Gruppenmeinungen der *tatsächliche* Ruf bestimmt werden können?

a) Schwierigkeiten bestünden allerdings nicht, wenn das Fehlen negativer Umweltvorstellungen ebenso wie das Vorhandensein des wahren inneren Wertes[7] zu präsumieren wäre[7a]; gegenüber dieser *Vermutung einer intakten faktischen Geltung* müßte sodann, soll nicht von vornherein der faktische zugunsten des hypothetischen Ehrbegriffs, nach dem ohne Rücksicht auf Wahrheit oder Erweislichkeit jede Mißachtungskundgabe Unrecht ist, preisgegeben werden, der Gegenbeweis möglich sein[7b]:

Die hierzu erforderlichen Feststellungen, ob im konkreten Fall nicht doch unwertbetonte Umweltvorstellungen bestehen, können aber infolge ihrer Wertbezogenheit nur getroffen werden, wenn sie an einem fiktiven Urteil, was generell als „guter" Ruf anzusehen ist, gemessen werden[8]; dieses Durchschnittsurteil aber bestimmt sich nicht nach faktischen, sondern nach normativen Gesichtspunkten. Eine *„Ehrvermutung"* ist demnach *mit* einem rein *faktischen Ehrbegriff unvereinbar,* so daß die Frage, wie der tatsächliche Ruf festzustellen ist, anderweitig gelöst werden muß.

b) *Theoretisch* läßt sich gewiß ein System entwickeln, in welcher Weise er aufzufinden ist: Zunächst müßte ermittelt werden, in welche Gruppen eine Äußerung hineinreicht; sodann wäre in den einzelnen Gruppen die Beschaffenheit des Rufs, die je nach Wissen und Interessiertheit der Gruppenmitglieder von schlecht über zwiespältig oder indifferent bis ausgezeichnet reichen kann, festzustellen und schließlich bei einem Auseinanderklaffen der Ansichten[8a] zu entscheiden, welche letztlich maßgebend sein soll.

---

[7] Vgl. oben S. 51, 80 ff.

[7a] So *Sturtzel,* S. 53; *Thomsen,* Lehrbuch, S. 301.

[7b] Vgl. aber *Thomsen,* Lehrbuch, S. 301.

[8] Im Ergebnis ebenso *Sturtzel,* S. 52 f., der die Vermutung als widerlegt erachtet, wenn erkennbar ein rechtswidriges Verhalten des Betroffenen vorliegt (S. 53), also sogar die tatsächliche Umweltvorstellung unberücksichtigt läßt.

[8a] Dabei ist nur die Kenntnis der tatsächlichen Umstände von Belang, nicht hingegen ihre Bewertung als ehrenhaft bzw. unehrenhaft. Letztere mag in den verschiedenen Gruppen unterschiedlich ausfallen, so z. B. wenn der Betroffene als Gewerkschaftsfunktionär oder Streikbrecher (vgl. RG JW 1914, 368), als Pazifist oder Widerstandskämpfer (vgl. BGH NJW 1952, 1183) gilt. Denn der Ehrinhalt wird nicht durch eine beliebige Gemeinschaft bestimmt, sondern durch das objektive Recht unter Zugrundelegung der Wertentscheidungen des Grundgesetzes (insoweit zutreffend BGHSt 8, 325; ebenso

c) *Praktisch* ist das aber *undurchführbar:* Schon die Ermittlung der in Betracht zu ziehenden Gruppen wird sich in der Regel als recht kompliziert erweisen. Denn wie sollen ihre Grenzen bestimmt werden? Bilden die unmittelbar Angesprochenen, die näheren Kollegen, alle Interessierten, sämtliche Verbandszugehörigen oder die soziale Gesellschaft die Gruppe, deren Urteil es zu erforschen gilt? Hier versagt auch die Literatur, die in horizontaler Hinsicht entsprechend den verschiedenen Aufgabenbereichen des Menschen zahlreiche Gemeinschaften als ehrbildend anzugeben weiß[9], jede Antwort. In der Tat dürften handfeste Kriterien kaum aufzuzeigen sein.

Fast noch schwieriger aber gestaltet sich eine empirische Feststellung des tatsächlichen Rufs innerhalb einer bestimmten Gruppe. Denn daß einmal eindeutig feststeht, daß der Bescholtene schon vorher in schlechtem Ruf stand, wird eine Ausnahme sein[10]. Zumeist wird der Leumund zweifelhaft sein und deshalb den Richter zur Beweiserhebung hierüber nötigen, eine Aufgabe, die angesichts der Vielzahl möglicher differenzierter Einzelansichten nahezu unlösbar erscheint[11]. Zudem wird durch die notwendigerweise umfangreiche Beweisaufnahme[12] der Ruf des Verletzten vollends ruiniert werden[13]; das aber kann nicht Sinn eines „Ehrenschutzes" sein.

Divergieren schließlich die Ansichten über das Ansehen eines Menschen in den verschiedenen ehrgebenden Gemeinschaften[14], so kann diesem nicht teils Ehre, teils Unehre zukommen[15]. Vielmehr ist eine

---

BGHSt 11, 329/331 mit Anm. *Fränkel*, LM 7 zu § 186; *Frank*, StGB, II 2 zu § 186; *Herdegen*, LK, 11 zu § 186; *Maurach*, BT, S. 145; *Olshausen / Hörchner*, 4 zu § 186; *Schaefer*, LK, 8. Aufl., II 3 zu § 186; *Engelhard*, Ehre, S. 95; *Kratz*, S. 24; *Sauer*, Ehre, S. 30; eingehend *Waack*, DJZ 1911, 1439/1440).

[9] Vgl. *Liepmann*, VDB IV, S. 224 ff.; *Sauer*, Ehre, S. 6 ff.; System, S. 343.

[10] Wegen dieser Ausnahmemöglichkeit zu eng *Kern*, Abgrenzung, S. 10, der jegliche Feststellbarkeit leugnet. Zur Vermutung eines guten Rufs vgl. oben S. 129.

[11] Vgl. *Baldus*, Niederschriften, S. 10; ebenso *Krug*, S. 79; a. A. *Brügger*, S. 13.

[12] Darüber hinaus ist der Umfang der erforderlichen Erhebungen weit größer, wenn nicht die Wahrheit einer Tatsache, sondern allgemein der Ruf hinsichtlich dieser Tatsache festgestellt werden muß (vgl. *Gallas*, Niederschriften, S. 24; Arthur *Kaufmann*, ZStW 72, 418/435). Es kommt hinzu, daß de lege lata auf alle Fälle auch der Wahrheitsbeweis erhoben werden muß.

[13] Vgl. *Baldus*, Niederschriften, S. 10; *Dünnebier*, Niederschriften, S. 31; Arthur *Kaufmann*, ZStW 72, 418/435; *Krug*, S. 79. Das Gegenargument *Bokkelmanns*, daß der schlecht Beleumdete in der Regel auf gerichtlichen Ehrenschutz verzichten werde (Niederschriften, S. 21 und Beleidigung, S. 480), trifft zum einen nur die Ausnahmefälle und nötigt zweitens den zu Unrecht Bescholtenen, will er sein Ansehen wiederherstellen, zu einer Vielzahl von Zivilprozessen.

[14] Ist der Ruf *innerhalb* einer Gemeinschaft zwiespältig, kommt es darauf an, welche Auffassung überwiegt (vgl. weiterführend *Sauer*, Ehre, S. 49 ff.).

Harmonisierung dergestalt anzustreben, daß für den Konfliktsfall Prioritäten festgelegt werden. *Sauer*[16] möchte der rechtlich bedeutungsvolleren Pflichtenstellung den Vorrang einräumen; das mag zwar im Ergebnis meist richtig sein, ist aber in der Begründung an der unerheblichen Frage der unterschiedlichen Wertvorstellungen orientiert[17]. Es scheint vielmehr nur die Lösung möglich, daß im Falle, daß die Vorstellungen einzelner Gemeinschaften hinsichtlich der ehrbildenden Faktoren voneinander abweichen, nur das *Gesamturteil der nächsthöheren umfassenden Gemeinschaft* maßgebend sein kann, mag dem Betroffenen auch am meisten an der Wertschätzung seiner engeren Umgebung liegen[18].

Je größer aber die Gemeinschaft, desto schwieriger die Feststellung ihrer *tatsächlichen* Auffassung. Es nimmt daher nicht wunder, wenn auf ein *fiktives Durchschnittsurteil,* das ja nur normativer Art sein kann[19], ausgewichen wird[19]. Zutreffend bemerkt *Krug*[20]: „Von einer faktischen Konzeption ist hier nicht mehr viel zu spüren."

3. Die verdiente Ehre

Angesichts der aufgezeigten Schwierigkeiten ist die Hinwendung zu einem *normativen* oder doch normativ korrigierten *Ehrbegriff* verständlich, zumal hier die Ehrvermutung das Problem der Feststellbarkeit als gegenstandslos erscheinen läßt. Aus dem normativen Charakter der Ehre in Verbindung mit dem Schuldprinzip folgt jedoch, daß die Vermutung widerlegbar sein muß[21]. Es stellt sich daher die Frage, ob die *hierfür* erforderlichen Feststellungen in befriedigender Weise getroffen werden können:

Im Gegensatz zum Rufbeweis ist es beim *Wahrheitsbeweis*[22] völlig unschädlich, wenn die Beweisaufnahme mit einem „non liquet" endet; dann ist eben der Gegenbeweis mißlungen und von einer integren Ehre auszugehen. Was hier so problematisch ist, daß immer wieder eine Abschaffung oder doch Einschränkung des Wahrheitsbeweises gefordert wurde[23], ist die nicht wegzuleugnende Gefahr für den Verletzten — zu-

---

[15] Das erscheint *Hirsch,* Ehre, S. 18 als die einzige Konsequenz; vgl. auch *Ramm,* S. 36.

[16] Ehre, S. 29 f.; ähnlich *Krug,* S. 89 f.

[17] Vgl. oben Fußn. 8 a.

[18] Vgl. *v. Lilienthal,* VDB IV, S. 394; siehe auch *Brügger,* S. 13.

[19] Vgl. etwa *Maurach,* BT, S. 145.

[20] S. 90.

[21] Vgl. oben S. 122.

[22] Künftig WB abgekürzt.

[23] Vgl. insbesondere *Bockelmann,* Niederschriften, S. 17 f., 20 f. und Beleidigung, S. 477 ff.; Begr. zu § 138 AE, S. 19 ff.; zur Regelung des WB in den

weilen auch für Zeugen —, im Zusammenhang mit der Führung des WB immer neuen Beleidigungen, Verdächtigungen, ja Verleumdungen ausgesetzt zu werden[24]. Die leidvolle Geschichte zahlreicher Politiker, Schriftsteller und Künstler, deren psychische und physische Existenz in Beleidigungsprozessen[25] gebrochen wurde[26], spricht eine eigene Sprache. Sind derartige Konsequenzen wirklich unvermeidbar, so wäre das ein schwer ins Gewicht fallender Einwand gegen den normativen Ehrbegriff.

Es muß daher versucht werden, Inhalt, Umfang und Durchführung des WB so auszugestalten, daß, bei aller Wahrnehmung des Schuldprinzips, schutzwürdige Belange des Verletzten nicht zu Schaden kommen. Dazu bedarf das bisher geübte Verfahren samt seiner theoretischen Grundlagen einer kritischen Überprüfung:

a) *Gegenstand* des WB sind nach dem Wortlaut der §§ 186, 190 und 192 StGB *Tatsachen.* Damit ist jedoch nicht gesagt, daß *alle* Tatsachen[26a] und *nur* Tatsachen[26b] dem WB zugänglich sind.

aa) Durchweg wird unter Tatsache „etwas Geschehenes oder Bestehendes ..., das zur Erscheinung gelangt und in die Wirklichkeit getreten ist und daher dem Beweise zugänglich ist“[27], verstanden[28]; dabei ist der Übergang zu den den Gegensatz bildenden Werturteilen[29] sehr flüssig[30]

Entwürfen siehe *Pfleiderer,* S. 67 ff.; *Roeder,* Maurach-Festschrift, S. 360 ff.; *Yazici,* S. 46 ff.; vgl. auch *Lissner,* ZStW 51, 742/768 ff. Gegen jede Einschränkung namentlich *Engelhard,* IKV, S. 145 ff.

[24] Vgl. *Arzt,* S. 144 f.; *Bockelmann,* Niederschriften, S. 17 f.; Beleidigung, S. 478; *Hartung,* ZStW 71, 385/390; *Lackner,* Niederschriften, S. 15; *Maurach,* BT, S. 155 f.; Gerhard *Schmidt,* ZStW 79, 741/801; Begr. zu § 173 E 1962, S. 315.

[25] Zutreffend weist *Engelhard,* IKV, S. 147 darauf hin, daß es sich bei der Umgrenzung der Beweisaufnahme um ein allgemeines strafprozessuales Problem handele und es oft auch in anderen Prozessen, namentlich in politischen und Sensationsprozessen, überflüssige Schädigungen zu verhindern gelte, die schlimmsten Auswüchse jedoch in Beleidigungssachen zu befürchten seien.

[26] Man denke etwa an die Fälle Friedrich *Ebert* (vgl. dazu RGSt 65, 422), Matthias *Erzberger* (vgl. dazu RGSt 55, 129), Gustav *Stresemann* (vgl. dazu RGSt 62, 83), Philipp *v. Eulenburg* und Karl *May* (vgl. zu den beiden letzteren Maximilian *Jacta,* Berühmte Strafprozesse, Deutschland I, 1963, S. 8 ff. und III, 1972, S. 9 ff.); siehe auch *Uhlitz,* NJW 1967, 129/131 f.

[26a] Dazu unten bb.

[26b] Dazu unten cc.

[27] RGSt 55, 129/131.

[28] Vgl. *Dreher,* StGB, 1 zu § 186; *Herdegen,* LK, 2 zu § 185; *Lackner / Maassen,* 4 zu § 186; *Maurach,* BT, S. 305; *Olshausen / Hörchner,* 2 a zu § 186; *Schönke / Schröder,* 3 zu § 186; siehe auch *Engelhard,* Ehre, S. 99 ff.; *Sauer,* Ehre, S. 103 ff.

[29] Zur Unkorrektheit dieser Gegensatzbildung vgl. *Hirsch,* Ehre, S. 210; siehe auch *Bockelmann,* NJW 1953, 554.

[30] Vgl. *Herdegen,* LK, 3, 4 zu § 185; *Maurach,* BT, S. 144; *Schaefer,* LK,

und die diesbezügliche Rechtsprechung[31] durchaus nicht einheitlich[32]. Eine genaue Abgrenzung erübrigt sich aber, sofern es sich herausstellen sollte, daß auch letztere — jedenfalls soweit der Übergangsbereich zu den Tatsachenbehauptungen betroffen ist — dem WB zugänglich sein sollten[33]. Doch zuvor ist noch zu klären, ob hinsichtlich *aller* Tatsachenäußerungen die Erhebung des WB möglich ist.

bb) Ein Ausschluß des WB — oder dem gleichkommend eine Beschränkung der Wirkung auf die Strafzumessung — bei *Tatsachenbehauptungen gegenüber dem Betroffenen* selbst ließe sich nur aus der formalen Zuweisung zu § 185 StGB rechtfertigen, stünde aber in unerklärbarem Widerspruch zu einem normativen Ehrbegriff und wird heute[34] auch nicht mehr erwogen[35].

Wohl aber soll de lege ferenda der WB hinsichtlich *Tatsachen des Privat- oder Familienlebens* grundsätzlich[36] nicht mehr geführt werden

---

8. Aufl., I b zu § 185; *Schönke / Schröder*, 4 zu § 185; *Welzel*, Lehrbuch, S. 312; *Engelhard*, Ehre, S. 107 ff.; *Lissner*, ZStW 51, 742/744; *Pfleiderer*, S. 36 ff.; *Wenzel*, NJW 1968, 2353.

[31] Vgl. RGSt 1, 52; 16, 368/369; 18, 158; 22, 158; 24, 300, 387; 29, 40; 31, 281; 33, 50; 35, 227/232; 41, 193, 277/284; 52, 270; 55, 129; 59, 414/417; 64, 10/12 mit Anm. *Eyck*, JW 1930, 2138; 67, 268; 68, 120; RG Rspr 2, 197; 4, 232/234; 8, 649; 9, 179; JW 1914, 367, 368; 1926, 1184 mit Anm. *Pestalozza;* 1932, 409 mit Anm. *Klefisch* und *Lissner;* 1934, 692, 905, 1852; RMG 16, 249; 17, 65; OGHSt 2, 291/310; BGHSt 6, 159, 357 mit Anm. *Sarstedt*, LM 3 zu § 186 und Bespr. *Jescheck*, GA 1956, 97/110; 7, 385/389; 8, 325 mit Bespr. *Jescheck*, GA 1958, 1/11, 11, 329 mit Anm. *Fränkel*, LM 7 zu § 186; 12, 287 mit Anm. *Martin*, LM 9 zu § 186 und Arthur *Kaufmann*, JZ 1959, 373; BGH NJW 1952, 1183; 1955, 311; LM 1 zu § 186 (insoweit in BGHSt 1, 185 nicht enthalten); bei *Dallinger*, MDR 1955, 269; BayObLGSt 1963, 177; BayObLG JW 1925, 1674 mit Anm. *Engelhard;* OLG Braunschweig GA 1953, 50; OLG Celle GA 49, 304; NJW 1953, 1764; OLG Dresden JW 1930, 2582 mit Anm. *Radbruch;* OLG Düsseldorf NJW 1970, 905; 1972, 650; OLG Hamburg GA 47, 459; 77, 137; OLG Hamm NJW 1961, 1937; OLG Jena JW 1929, 1498; OLG Karlsruhe GA 69, 206; OLG Kassel GA 54, 98; OLG Stuttgart JZ 1969, 77; vgl. auch die Entscheidungen in Zivilsachen BGH NJW 1970, 187 mit Anm. *Wenzel* und OLG Düsseldorf NJW 1948, 386. Weitere Nachweise bei *v. Gamm*, S. 20 ff.

[32] Einer Kapitulation vor den Schwierigkeiten kommt es gleich, wenn in Zweifelsfällen das richterliche *Ermessen* entscheiden soll (so *Eßlinger*, S. 25).

[33] Wegen des Analogieverbots ist hingegen für eine Anwendung des § 186 StGB der Begriff „Tatsache" eindeutig zu bestimmen. De lege ferenda wäre zu erwägen, ob nicht der Anwendungsbereich des § 186 StGB der Reichweite des WB angepaßt werden sollte.

[34] A. A. noch KglOLGSt München, 10, 60; *Motive*, S. 69; *Rüdorff / Stenglein*, 1, 5 zu § 192; *Freudenstein*, S. 69; *Köstlin*, Abhandlungen, S. 63; wohl auch *Mezger*, JW 1931, 938; vgl. auch RG JW 1916, 1026: zumindest Bedeutung für die Strafzumessung.

[35] Vgl. BayObLG NJW 1959, 57; KG JW 1930, 2579 mit zust. Anm. *Mamroth; Frank*, StGB, II zu § 192; *Herdegen*, LK, 2 zu § 192; *Olshausen / Hörchner*, 2 c cc zu § 192; *Schönke / Schröder*, 2 zu § 192; *Hegler*, JW 1931, 2792 mit zahlreichen Nachweisen; *Kern*, Frank-Festgabe, S. 343; *Kühl*, S. 27 f.; *Pfleiderer*, S. 51 f.; *v. Schwarze*, GS 32, 561/569; § 175 II E 1962 mit Begr. S. 317.

dürfen[37]. Da hierunter auch ehrrelevante[38] Tatsachenbehauptungen fallen können[39], stellt sich die Frage nach der Vereinbarkeit einer derartigen Reform mit dem normativen Ehrbegriff. Denn sollen die mit der Schaffung eines *Indiskretionsdelikts* angestrebten kriminalpolitischen Zwecke erreicht werden, darf im Falle einer Konkurrenz von Beleidigung und Indiskretion weder der WB hinsichtlich des Ehrdelikts zugelassen werden[40] noch es dem Verletzten freistehen, die Verfolgung auf das Indiskretionsdelikt zu beschränken[41]. Ein gänzlicher Ausschluß des WB hingegen, wie er im E 1962 vorgesehen ist[42], führt, soll nicht das Schuldprinzip verletzt werden, zum Verbot einer Bestrafung wegen eines Ehrdelikts[43] und macht damit das Indiskretionsdelikt zu einer „privilegierten" üblen Nachrede bzw. Verleumdung[44].

---

[36] Zu den notwendigen Ausnahmen — etwa bei Behauptung strafbarer Handlungen — vgl. Begr. zu § 182 E 1962, S. 329 f.; *Arzt*, S. 114, 177; *Beling*, Nachrede, S. 53 ff.; *Roeder*, Maurach-Festschrift, S. 362 f.

[37] § 182 E 1962 mit Begr. S. 328; § 145 AE mit Begr. S. 29 ff.; vgl. hierzu statt aller *Dähn*, S. 46 ff. — Gegen jede derartige Einschränkung *Delaquis*, S. 165 ff.

[38] Die Beschränkung des § 182 E 1962 ausschließlich auf ehrenrührige Behauptungen (ebenso bereits § 352 E 1913 und § 353 E 1919) ist ganz überwiegend auf Ablehnung gestoßen (*Arzt*, S. 229; *Baldus*, Niederschriften, S. 30; *Dreher*, Niederschriften, S. 130; *Dünnebier*, Niederschriften, S. 131; *Gallas*, ZStW 75, 16/36 f.; *Henkel*, Gutachten, S. 103 f.; Gerhard *Schmidt*, ZStW 79, 741/776, 793; Begr. zu § 145 AE, S. 29; vgl. bereits *Beling*, Nachrede, S. 37 f.).

[39] Eine Beschränkung des Indiskretionsdelikts auf nichtehrenrührige Tatsachenbehauptungen, wie sie *Arzt*, S. 155 vorschlägt (ebenso *Roeder*, Maurach-Festschrift, S. 363, 368, 371), verkürzt in unannehmbarer Weise den Anwendungsbereich, da in den meisten Mitteilungen über den „lieben Mitmenschen" eben dessen Ehre angesprochen wird (zur Kritik vgl. weiterführend *Dähn*, S. 44 f.).

[40] Vgl. Begr. zu § 182 E 1962, S. 330 f.; *Gallas*, ZStW 75, 16/29 f. sowie in Niederschriften die Diskussionsbeiträge von *Baldus*, S. 132; *Bockelmann*, S. 133; *Dreher*, S. 130; *Koffka*, S. 129; *Lackner*, S. 127; *Lange*, S. 130: Dem Verletzten soll gerade die Durchforschung seiner privaten Verhältnisse erspart werden.

[41] So aber § 352 II S. 3 E 1913 und § 353 II S. 3 E 1919; dagegen zu Recht *Beling*, Nachrede, S. 64 ff.; *v. Dohna*, ZStW 57, 158/161; *Engelhard*, Ehre, S. 189 und IKV, S. 152; *Gallas*, ZStW 75, 16/28 und Niederschriften, S. 131 f.; *Hirsch*, Ehre, S. 235 f.; *Lackner*, Niederschriften, S. 127 f.; *v. Lilienthal*, ZStW 29, 647/650 f.; Begr. zu § 182 E 1962, S. 331; Begr. zu § 145 AE, S. 31; weitere Nachweise bei *Dähn*, S. 38 Anm. 142: Lehnt nämlich der Angegriffene die Erhebung des WB ab, gibt er damit praktisch die behauptete Tatsache zu.

[42] § 182 II E 1962. Auch nach § 145 II iVm. § 138 V AE soll der WB nur zulässig sein, wenn Interessenwahrnehmung in Betracht kommt; dabei ist zu berücksichtigen, daß der AE von einem faktischen Ehrbegriff ausgeht (vgl. Begr. zu § 138, S. 19).

[43] So § 182 IV E 1962; vgl. dazu *Gallas*, Niederschriften, S. 134.

[44] *Lackner*, Niederschriften, S. 127; vgl. auch *Engelhard*, Ehre, S. 153; *Hirsch*, Ehre, S. 231 f.

Sollte § 182 E 1962 Gesetz werden[45], bleibt nur die Möglichkeit, in der öffentlichen Begehungsweise[46] stets einen *Kundgabeexzeß* zu sehen[46a]; ein solcher *schließt* aber schon unabhängig von den Bestimmungen des Indiskretionsdelikts gemäß § 192 StGB hinsichtlich des Ehrdelikts[47] die *Erhebung des WB aus*[48].

Demnach gibt es *keine Tatsachen, die dem WB nicht zugänglich* wären; er kann lediglich wegen der Art und Weise der Begehung ausgeschlossen sein. Darin liegt aber keine Verletzung des Schuldprinzips, da eine Bestrafung nicht wegen der — sei es wahren oder unwahren — Tatsachenbehauptung, sondern wegen der beleidigenden Form erfolgt.

cc) Es bleibt folglich nur die Frage, ob *Werturteile* ebenso zu behandeln sind wie Tatsachen[49]: Versteht man unter Ehre den wahren Wert, so ist nicht recht einsichtig, weshalb zutreffende[49a] Werturteile sich als Beleidigung darstellen sollten[50]. Ob der Richter die Wahrheit einer

---

[45] Vgl. aber Art. 19 Nr. 85 des Einführungsgesetzes zum StGB v. 2. 3. 1974 (BGBl I, S. 469). Das Gesetz verzichtet darauf, in §§ 201 ff. StGB eine derartige Vorschrift einzuführen, da im gegenwärtigen Zeitpunkt kein dringendes Bedürfnis nach einer Erweiterung des Strafrechtsschutzes der Privatsphäre in diesem Punkt bestehe (vgl. BT-Drucks. 7/550, S. 235 f.).

[46] Dieses Tatbestandsmerkmal ist daher trotz gewisser Bedenken (vgl. *Bockelmann*, Niederschriften, S. 132 f.; *Roeder*, Maurach-Festschrift, S. 367; *Sauer*, Ehre, S. 180 ff.; Gerhard *Schmidt*, ZStW 79, 741/791 ff.) unverzichtbar, soll eine Harmonisierung von Indiskretionsdelikt und Beleidigung erreicht werden.

[46a] Hierzu überzeugend *Hirsch*, Ehre, S. 223 ff.

[47] Ähnlich *Hirsch*, Ehre, S. 225 ff. im Anschluß an *Engelhard*, Ehre, S. 186 und *Köstlin*, GA 3, 304/326. Zu beachten ist aber, daß *Hirsch* das Indiskretionsdelikt als Unterfall der Formbeleidigung behandeln und deshalb *nur* wegen Beleidigung bestrafen will (Ehre, S. 237); damit werden aber alle Behauptungen indiskreter ehrindifferenter Tatsachen dem Strafrechtsschutz entzogen (vgl. zutreffend *Dähn*, S. 36), mit anderen Worten: das Indiskretionsdelikt ist völlig überflüssig.

[48] Zur Berechtigung dieser von der absolut herrschenden Meinung (vgl. statt aller RGSt 1, 260; 64, 10/11; *Herdegen*, LK, 9 zu § 190) abweichenden Auslegung des § 192 StGB siehe unten S. 143 ff.

[49] Eine tätliche Beleidigung ist stets eine Behandlung zuwider der Ehre, der WB also ausgeschlossen (vgl. *Pfleiderer*, S. 51).

[49a] Mit einem normativen Ehrbegriff unvereinbar ist die Ansicht Adolph *Webers*, Iniurien II, S. 210 ff., daß es auf die Wahrheit eines Urteils nicht ankomme, wenn es nur der Überzeugung des Urteilenden gemäß sei; zur Kritik unter kriminalpolitischen Gesichtspunkten vgl. *Hertel*, S. 75.

[50] So aber außer den in Fußn. 34 Genannten OLG Hamm NJW 1961, 1937; *Engelhard*, Ehre, S. 129 und IKV, S. 150 f., der derartige Urteile jedoch ohnehin für nicht strafwürdig erachtet; *Sauer*, Ehre, S. 110 ff. und System, S. 365; *Thyrén*, ZStW 43, 225/230; wohl auch BGH bei *Dallinger*, MDR 1955, 269; *Schönke / Schröder*, 2 zu § 192. Nach der ständigen Rechtsprechung des RG (vgl. RGSt 1, 260/261; 64, 10/11; JW 1931, 2792 mit zust. Anm. *Hegler;* weitere Nachweise bei *Hirsch*, Ehre, S. 211 Anm. 22) und herrschender Meinung (vgl. RMG 13, 112; *Kohlrausch / Lange*, III zu § 185; *Lackner / Maassen*, 7 zu § 185;

Tatsache durch Augenschein, Zeugen und Urkunden ermittelt oder ob er zusätzlich noch die Richtigkeit — oder doch Vertretbarkeit — einer Schlußfolgerung aus den festgestellten Tatsachen anerkennt[51], darf *keine unterschiedliche Behandlung* rechtfertigen[52]. Die Schwierigkeiten liegen nämlich nicht bei der Bewertung der Tatsachen; sie hat der Richter auch sonst — namentlich bei allen normativen Tatbestandsmerkmalen — vorzunehmen[52a]. Problematisch ist vielmehr die Gewinnung einer zureichenden Tatsachenbasis für die Bewertung. Dies ist abhängig von der (möglichen) Substantiierung des abgegebenen Urteils, so daß verschiedene Gruppen von Werturteilen zu unterscheiden sind:

Da sind zunächst Vorwürfe wie „Dieb, Lügner, Verführer" etc., die, soweit sie erkennbar auf einen konkreten Sachverhalt und nicht auf die Gesamtpersönlichkeit[53] bezogen sind[54], nichts weiter als „abgekürzte tatsächliche Vorhalte"[55] darstellen[56] und die deshalb ohne weiteres als Tatsachenbehauptungen[57] oder doch wie solche behandelt werden können[58].

Ähnlich verhält es sich mit den sogenannten „substantiierten" Werturteilen, die ohne jeden Exzeß eine wertende Schlußfolgerung der gleichzeitig mitgeteilten Tatsachen enthalten. Werden beispielsweise in

---

Mezger / Blei, BT, S. 111; *Olshausen / Hörchner,* 2 c aa und bb zu § 192; *v. Schwarze,* GS 32, 561/570) ist die Richtigkeit nur für die Strafzumessung von Bedeutung.

[51] Das ist dem Richter entgegen *Engelhard,* IKV, S. 150 f. trotz der Vielfalt der Meinungen durchaus möglich, da er die Wertmaßstäbe der Verfassung zugrunde zu legen hat (vgl. BGHSt 8, 325).

[52] Sind die zugrundegelegten Tatsachen wahr, so liegt keine „Behandlung nach Maaß nicht vorhandener Unehre" (*Binding,* BT I, S. 143) vor.

[52a] Ebenso *Hertel,* S. 76.

[53] Vgl. KG Recht 1929, Nr. 144; *Schaefer,* LK, 8. Aufl., I b zu § 185.

[54] Anders aber, wenn sich zwei Kontrahenten nach Erschöpfung ihres Repertoirs an Schimpfwörtern auch noch „Dieb" und „Betrüger" titulieren (vgl. *Kühl,* S. 40).

[55] *Binding,* BT I, S. 148. Dagegen *Baltin,* S. 29; Begr. zu §§ 259 ff. VE 1909, S. 702.

[56] So wird ein Ladeninhaber — um ein Beispiel *Liepmanns* (VDB IV, S. 261) zu gebrauchen — einem flüchtenden „Selbstbediener" nur „haltet den Dieb!" nachrufen und nicht „haltet den, der eine ihm fremde bewegliche Sache in der Absicht rechtswidriger Zueignung weggenommen hat!" (ebenso *Kühl,* S. 38).

[57] So RGSt 68, 120/121; RMG 17, 65/66; BayObLGSt 1963, 174/177; OLG Celle GA 49, 304; OLG Jena JW 1925, 1027; OLG Karlsruhe HöchstRR 1, 391; *Binding,* BT I S. 148 f.; *Schaefer,* LK, 8. Aufl., I b zu § 185; *Schönke / Schröder,* 4 zu § 186; *Kern,* Abgrenzung, S. 16; Alfred *Weber,* JW 1931, 2800 f. mit Nachweisen.

[58] Vgl. BayObLG JW 1925, 1647 mit Anm. *Engelhard; Herdegen,* LK, 5 zu § 190; *Maurach,* BT, S. 152; *Borkott,* S. 20 f.; *Hertel,* S. 70; *Hirsch,* Ehre, S. 214; *Kühl,* S. 41 f.; dagegen aber *Baltin,* S. 29; *Freudenstein,* S. 70; *Liepmann,* VDB IV, S. 261 f.; *v. Schwarze,* GS 32, 561/570; *Wetzel,* S. 89.

der Presse Unteroffiziere, die mehrere Frauen gröblich belästigt haben, als „Rüpel“ bezeichnet[59], so werden nur ehrenrührige Tatsachen zutreffend beurteilt und die Täter entsprechend ihrer wahren Ehre behandelt[60]. Zutreffend bemerkt *Mittermaier*[61]: „Nicht selten preßt dem kräftigen offenen Manne das überwältigende moralische Gefühl, wenn er etwas Schlechtes sieht oder hört, einen starken Ausdruck ab ... Es dürfte schwierig seyn, auf der Goldwage die Ausdrücke des Urtheils abzuwägen und ungerecht werden, jeden zu strafen, der stärker als der ruhige Richter sich ausspricht.“

Nun wird häufig nicht der „Täter“ selbst die zugrundeliegenden Tatsachen mitteilen, sondern sie als bekannt unterstellen oder an Bemerkungen der Gesprächspartner anknüpfen. Darin aber, daß ein Verhalten ausschließlich angemessen bewertet wird und *nicht* auch *zusätzlich* die betreffenden Tatsachen beigefügt werden, liegt kein Mehr an Ehrverletzung[62]. Zutreffende Kommentare und durch das eigene Verhalten gerechtfertigte Werturteile muß sich deshalb der Angegriffene von jedermann[63] gefallen lassen[64].

Unterläßt jemand dergestalt die Substantiierung seines Werturteils, kann erst ex post festgestellt werden, ob wirklich ein Zusammenhang mit beweisbaren Tatsachen besteht. Deshalb müssen *grundsätzlich alle Werturteile* hinsichtlich ihrer Tatsachengrundlage *dem Wahrheitsbeweis zugänglich* sein[65], es sei denn, ein Exzeß wäre offensichtlich[66] wie

---

[59] OLG Hamburg GA 47, 459.

[60] Im Ergebnis ebenso OLG Hamburg GA 47, 459; *Frank*, StGB, II zu § 192; *v. Liszt / Schmidt*, Lehrbuch, S. 517; *Olshausen / Hörchner*, 2 c cc zu § 192; *Borkott*, S. 21; *Hirsch*, Ehre, S. 210 und JR 1972, 516/517; *Kern*, Abgrenzung, S. 16, 55; *Kühl*, S. 32 ff.; *Lammasch*, S. 78; *Liepmann*, VDB IV, S. 319; *Lissner*, ZStW 51, 742/766; *Pfleiderer*, S. 53 ff.; a. A. RGSt 33, 50/53; RG JW 1934, 1852 mit abl. Anm. Alfred *Weber;* BGH NJW 1955, 311; OLG Jena JW 1929, 1498; *Hegler*, JW 1931, 2792; Werner *Schmidt*, S. 29; *Schönke / Schröder*, 4 zu § 186.

[61] ArchCrimR 1839, 1/45.

[62] So *Hirsch*, Ehre, S. 211 und JR 1972, 516/517; *Löwenstein*, JW 1926, 2750; Alfred *Weber*, JW 1927, 2671/2678.

[63] Der Ehrumfang ist absolut gemindert, nicht nur gegenüber demjenigen, gegen den das Fehlverhalten gerichtet war (so aber anscheinend OLG Frankfurt JR 1972, 515).

[64] Vgl. OLG Frankfurt JR 1972, 515 mit zust. Anm. *Hirsch; Binding*, BT I, S. 147; *Frank*, StGB, II zu § 192; *Herdegen*, LK, 5 zu § 190; *Maurach*, BT, S. 152; *Delaquis*, S. 171; *Hirsch*, Ehre, S. 211; *Wetzel*, S. 88; vgl. auch KG JR 1954, 355 mit Bespr. *Bockelmann*, JR 1954, 327; ablehnend *Liepmann*, VDB IV, S. 261.

[65] Vgl. *Frank*, StGB, II zu § 192; *Herdegen*, LK, 5 zu § 190; *Welzel*, Lehrbuch, S. 317; *Engelhard*, JW 1925, 1647; *Hirsch*, Ehre, S. 212 ff.; *Kühl*, S. 39 ff.; siehe auch Begr. zu § 139 AE, S. 23.

[66] Vgl. dazu unten S. 146.

bei dem Gebrauch von Schimpfwörtern aus dem Tier- und Fäkalienbereich[67].

Ob es darüber hinaus Urteile gibt, die keinesfalls durch Tatsachen gedeckt werden können, ist zweifelhaft. In Betracht zu ziehen wären allenfalls gänzlich allgemein gehaltene Ausdrücke wie „Schuft, Schurke, Luder“ usw. Aber, gehört der Gescholtene einer ob ihrer brutalen Verbrechen berüchtigten Bande an, so ist die Bezeichnung „Schurke“ ebensowenig zu beanstanden[68], wie wenn ein Mann, der sich gewohnheitsmäßig zu betrinken pflegt, als „Trunkenbold“ apostrophiert wird[69]. Denn ob „eine Reihe fortlaufender gleichartiger Geschehnisse zum Gegenstand einer zusammenfassenden Behauptung“[70] oder eines zusammenfassenden Urteils gemacht wird, bleibt unerheblich[71], wobei allerdings bei letzterem weit häufiger ein Exzeß vorliegen wird, weil die Verallgemeinerung einer Mitteilung aller zugrundeliegender Tatsachen entgegensteht[71a]. Grundsätzlich aber gilt: Sind Tatsachen ersichtlich, die ein abgegebenes Werturteil *voll*[72] zu tragen vermögen, so ist darüber Beweis zu erheben.

Demnach können *Gegenstand des Wahrheits- beziehungsweise Richtigkeitsbeweises* nicht nur Tatsachen, sondern *auch Werturteile* sein. Es werden allerdings mit dem Abklingen der ersten Empörung Beschimpfungen, sodann die Werturteile und schließlich nach längerer Zeit auch Tatsachenbehauptungen sich als unberechtigte Behandlung zuwider der Ehre darstellen[73]. Letztere, weil die Ehre nicht nur durch

---

[67] Vgl. *Lissner*, ZStW 51, 742/767; ähnlich *Kühl*, S. 40. Es macht schon einen Unterschied, ob ich einen törichten Menschen „Dummkopf“ oder „Esel“ schelte.

[68] Vgl. *Binding*, BT I, S. 148; *Herdegen*, LK, 3 zu § 185; *Hirsch*, Ehre, S. 214.

[69] Ebenso *Hertel*, S. 70; *Kühl*, S. 36 f. Hier eine durch die zugrundeliegenden Tatsachen nicht mehr gedeckte Abwertung annehmen zu wollen, würde die psychologische Lage dessen, der die Wahrheit in kräftige Worte kleidet (vgl. den oben zitierten Ausspruch *Mittermaiers*), verkennen (vgl. Begr. zu § 175 III E 1962, S. 318); nur wenn der Täter auf epitheta non ornantia nicht verzichten zu können glaubt — „elender Trunkenbold“ —, liegt ein Exzeß vor; vgl. auch *Hirsch*, Ehre, S. 222.

[70] RGSt 55, 129/131.

[71] Vgl. auch *Frank*, StGB, II zu § 192; *Herdegen*, LK, 5 zu § 190; *Maurach*, BT, S. 152; *Hertel*, S. 73 f.; *Kühl*, S. 35; ablehnend *Lissner*, ZStW 51, 742/766; *Olshausen / Hörchner*, 2 c bb zu § 192.

[71a] So wird etwa bei einer Bezeichnung als „Dieb“ nicht erwähnt, daß es sich vorliegend um einen Diebstahl aus lange zurückliegender Zeit handelt; vgl. auch *Hertel*, S. 71 f.

[72] Andernfalls ist entgegen der h. M. (vgl. statt aller *Maurach*, BT, S. 152) ein WB auch nicht im Hinblick auf die Strafzumessung zu erheben (vgl. unten im Text).

[73] Zutreffend *Otto*, Schwinge-Festschrift, S. 85 im Anschluß an *Hardwig*, Strafrecht BT, 1966 (verfielfältigtes Manuskript).

wertwidrige Handlungen vermindert werden, sondern auch durch längerdauerndes Wohlverhalten wieder anwachsen kann[73a], soll nicht der „Mensch ... mit seinen Taten identifiziert werden und damit gleichsam an das Kreuz seiner Taten unwiderruflich und ein für allemal geheftet werden"[74]. Werturteile hingegen, insbesondere die drastischen Beschimpfungen, enthalten Verallgemeinerungen und Gesamtbeurteilungen eines Menschen[74a], die sehr schnell unrichtig werden, wenn sie nicht stets neue Nahrung erhalten[74b]. Deshalb *richtet sich die Zulässigkeit des WB nach dem Zeitablauf und der Art des Ehrangriffs.*

b) Der *Wahrheitsbeweis ist erbracht*, wenn die behauptete Tatsache beziehungsweise das Werturteil in den wesentlichen Punkten[75], im Tatsachenkern, nachgewiesen ist: Gleichwertigkeit reicht nicht aus[76], vielmehr ist *Identität* erforderlich[77]. Hat der Angeklagte zur Bekräftigung einer „Sammelbehauptung", etwa des Vorwurfs von Vermischung politischer Tätigkeit mit eigenen Geldinteressen[77a], einige Beispiele als „Sonderbehauptungen" angeführt, so ist der WB selbst dann geglückt, wenn einige der Sonderbehauptungen nicht bewiesen werden konnten oder sogar widerlegt wurden, jedoch der Kern der Sammelbehauptung sich — und sei es auch nur auf Grund neu vorgebrachter Tatsachen — als zutreffend herausgestellt hat[78]. Entsprechendes muß für substantiierte Werturteile gelten, wenn die beigefügten Tatsachen nur als Illustration der den Kern der Beleidigung bildenden Schlußfolgerung dienen sollten[79].

[73a] Vgl. *Schaefer*, LK, 8. Aufl., I 3 vor § 185; eingehend *Sturtzel*, S. 68 ff.; daß dieser eine bloß innere Sühne nicht ausreichen lassen möchte (S. 70 ff.), beruht auf seiner faktischen Grundkonzeption (vgl. S. 39 f.).

[74] *Hardwig*, S. 131 (zitiert nach *Otto*, Schwinge-Festschrift, S. 85).

[74a] Vgl. *Schaefer*, LK, 8. Aufl., I 3, IV vor § 185.

[74b] Noch enger *Hertel*, S. 75: Ein einzelner Akt berechtige niemals zu einem verallgemeinernden Schlusse. Vgl. aber zu den „abgekürzten tatsächlichen Vorhalten" oben S. 136.

[75] Enger *Kronecker*, GS 32, 62/63, der die volle Wahrheit in allen Einzelheiten fordert; vgl. auch OLG Königsberg JW 1930, 2584 mit abl. Anm. *Unger; Müllereisert*, S. 348 f.

[76] So aber *Kohler*, GA 47, 1/136.

[77] So die ständige Rechtsprechung (vgl. RGSt 2, 2; 55, 129/133; BGHSt 18, 182 mit Anm. *Schneider*, NJW 1963, 665; OLG Celle GA 49, 304) und h. L. (vgl. *Dreher*, StGB, 2 D a, b zu § 186 und 1 zu § 190; *Herdegen*, LK, 7 zu § 190; *Lackner / Maassen*, 7 zu § 186; *Maurach*, BT, S. 153; *Schönke / Schröder*, 14 zu § 186; *Olshausen / Hörchner*, 6 b zu § 186 mit zahlreichen Nachweisen). Vgl. auch Nr. 254 RiStBV sowie wegen Einzelheiten *Kühl*, S. 47 ff. und *v. Lilienthal*, VDB IV, S. 402 ff.

[77a] RGSt 55, 129/131.

[78] Vgl. RGSt 55, 129; 64, 284/285 f.; OLG Hamburg GA 77, 137; OLG Hamm JMBlNRW 1958, 112; *Kühl*, S. 51 f.; *Lissner*, ZStW 51, 742/752; *Olshausen / Hörchner*, 6 b zu § 186; *Schaefer*, LK, 8. Aufl., I 2 a zu § 190; E 1927, Begr. S. 157.

[79] Ähnlich *Kühl*, S. 60; *Lissner*, ZStW 51, 742/767.

Es liegt auf der Hand, daß hierin eine große Gefahr für den Verletzten liegt, der mit stets neuen Beweisanträgen konfrontiert werden kann. Entscheidend für die Bewährung des WB — und damit eines normativen Ehrbegriffs — ist deshalb eine sachgemäße Handhabung durch den Richter *im Prozeß*[80]:

aa) Gemäß §§ 155 II, 244 II StPO hat der Richter von Amts wegen die Beweisführungslast[81]; fraglich ist aber, ob auch dann, wenn sich weder der Angeklagte auf die Wahrheit beruft noch sonst diesbezügliche Anhaltspunkte vorliegen, das Gericht von sich aus zur Beweiserhebung verpflichtet ist[82]. Das wird jedoch vielfach gar nicht möglich sein, weil in der Praxis solche Anhaltspunkte häufig nicht ohne weiteres erkennbar sind und der Richter darüber hinaus auf die Benennung bestimmter Beweismittel angewiesen sein wird[83].

Wie aber, wenn der Richter den Eindruck hat, er könne durch eine Beweiserhebung, etwa durch Zeugenvernehmung der Ehefrau des Privatklägers, die Wahrheitsfrage klären? Dann würde nach allgemeinen Grundsätzen[83a] die Aufklärungspflicht eine Benutzung dieses Beweismittels auch ohne Anregung des Angeklagten, ja sogar gegen dessen Willen[83b] gebieten. Das würde jedoch dazu führen, daß der Richter von sich aus eine bisher intakte Ehre — und das ist sie, solange keine konkreten ehrmindernden Tatsachen notorisch sind — von sich aus in Zweifel ziehen[84], also zumindest gefährden müßte. Es stellt sich daher die Frage, wie dieser Widerstreit zwischen Aufklärungspflicht und Interesse des Beleidigten aufzulösen ist.

Eine Durchbrechung der Aufklärungspflicht ist dem deutschen Strafverfahren nicht fremd[84a]; neben Vorschriften, die dem Schutze des

---

[80] De lege ferenda sollte § 172 GVG dahingehend erweitert werden, daß in Beleidigungsprozessen bei Angelegenheiten, die das öffentliche Interesse nicht berühren, die Öffentlichkeit ausgeschlossen werden kann. Vgl. auch Begr. zu § 173 E 1962, S. 316; *Engelhard*, IKV, S. 148; *Sturtzel*, S. 94; ablehnend *Sauer*, Ehre, S. 186; Werner *Schmidt*, S. 47 f.

[81] Vgl. RG Rspr 6, 788; DJ 1937, 163; BGH bei *Dallinger*, MDR 1954, 335; OLG Tübingen DRZ 1948, 495/497; *Herdegen*, LK, 8 zu § 190; *Maurach*, BT, S. 153 f.; *Schönke / Schröder*, 12 zu § 186; Wolfgang *Hoffmann*, NJW 1966, 1200; *Pfleiderer*, S. 42 mit weiteren Nachweisen.

[82] So *Maurach*, BT, S. 154; ebenso *Sauer*, Ehre, S. 164 f., da es sich bei dem Merkmal Wahrheit anders als bei sonstigen Strafausschließungsgründen nicht um ein fernliegendes handele; abweichend aber ders. in System, S. 377. Unklar *v. Lilienthal*, VDB IV, S. 403.

[83] Vgl. *Pfleiderer*, S. 42; siehe auch *Hertel*, S. 37.

[83a] Vgl. BGH LM 1 zu § 244 StPO; *Gollwitzer*, LR, III 1 zu § 244 StPO; *Kleinknecht*, 4 c zu § 244 StPO.

[83b] Vgl. RG HRR 1940 Nr. 840; *Gollwitzer*, LR, III 1 zu § 244 StPO.

[84] Ähnlich *Hirsch*, Ehre, S. 215 Anm. 32.

[84a] Vgl. dazu statt aller *Peters*, Strafprozeß, S. 72 ff.

Angeklagten dienen, findet sie, wie etwa die §§ 55, 81 c und 81 d StPO zeigen, ihre Grenze auch in schutzwürdigen Belangen anderer Beteiligter. Eine derartige Beschränkung der Wahrheitserforschung könnte sich daher durchaus aus der *Sonderregelung des Beleidigungsrechts* ergeben. Hier hat der Gesetzgeber in § 186 StGB materiellrechtlich zwei Grundentscheidungen getroffen: Einmal wird den Interessen des Ehrenträgers gegenüber denen des Angreifers der Vorrang eingeräumt, und zum anderen wird bestimmt, daß jedermann als Ehrenmann zu behandeln ist, solange nichts Gegenteiliges bekannt ist[84b].

Überträgt man dies auf den prozessualen Bereich, so zeigt sich, daß noch nicht einmal eine gegenüber dem Angeklagten bestehende Fürsorgepflicht den Richter berechtigen kann, ohne konkreten Anlaß die Wahrheitsfrage zu prüfen und so die Ehre des Betroffenen zu beeinträchtigen. Es ist vielmehr eine *Beweisinitiative* des Angeklagten zu fordern[85].

bb) Die *Beweisaufnahme* selbst *erstreckt sich* nur auf solche Tatsachen, die zum *Zeitpunkt der Tat* bereits vorgelegen haben[86], jedoch unabhängig davon, ob der Täter sie gekannt hat oder nicht[87]. Das mag insofern unbefriedigend sein, als auch derjenige straffrei ausgeht, der sich erst nach der Tat nach Beweisen umsieht[88], folgt aber zwingend aus dem normativen Charakter der Ehre[89]. Der Angeklagte hat deshalb, vor allem weil bei Sammelbehauptungen und Werturteilen das ursprüngliche Vorbringen ergänzt und ersetzt werden kann[90], scheinbar die Möglichkeit, durch immer neuen Sachvortrag das Leben des „Klägers“ auf eventuelle Ehrdefekte gründlich durchleuchten zu lassen.

84b Zur Frage, weshalb dies nicht auch zu Gunsten des Angeklagten gilt, vgl. oben S. 81 f.

85 Im Ergebnis ebenso *Hälschner,* Deutsches Strafrecht, S. 201 f.; *Herdegen,* LK, 8 zu § 190; *Hirsch,* Ehre, S. 215 Anm. 32; *Kern,* Frank-Festgabe, S. 343.

86 Die Einbeziehung nachträglicher Vorgänge, die bei Sammelbehauptungen (und Werturteilen) von BayObLGSt 20, 113/116 und *Lissner,* ZStW 51, 742/752 f. für zulässig erachtet wird, würde, wenn die Vermutung für den Vollbesitz der Ehre zum Tatzeitpunkt nicht anderweitig widerlegt werden kann, auf eine Berücksichtigung hypothetischer Erfolgsursachen (dagegen zu Recht BGHSt 2, 20/24; 10, 369; 13, 13; *Baumann,* Lehrbuch, S. 227 f.; *Lackner / Maassen,* II 1 c aa vor § 1; eingehend *Roxin,* ZStW 74, 411/425 ff.) hinauslaufen.

87 Vgl. RG JW 1934, 692; OLG Naumburg JW 1939, 336; *Hirsch,* Ehre, S. 215; *Kühl,* S. 7, 60; *v. Lilienthal,* VDB IV, S. 403; *Olshausen / Hörchner,* 6 b zu § 186; *Pfleiderer,* S. 41; *Sauer,* Ehre, S. 166; *v. Schwarze,* GS 32, 561/576 f.; a. A. *Löwenstein,* IKV, S. 174 f.; *Wolff,* ZStW 81, 886/910 Anm. 42.

88 Vgl. *Finger,* GS 74, 296/312; *Sauer,* Ehre, S. 166.

89 Vgl. *Hertel,* S. 69 Anm. 1. Im allgemeinen wird das Ergebnis lediglich daraus abgeleitet, daß die Erweislichkeit nur Strafausschließungsgrund sei (vgl. OLG Naumburg JW 1939, 336).

90 Vgl. zu Grenzen und Umfang dieser Möglichkeit RGSt 55, 129; 62, 83/95;

Indes ergibt eine Rückbesinnung auf die Konstruktion der Beleidigung als Ehrgefährdungsdelikt und die Funktion des WB als ein das Schuldprinzip wahrendes Korrektiv, daß dem Angeklagten abverlangt werden muß, zu *Beginn des Verfahrens* seine *Vorwürfe* durch Angabe der sie rechtfertigenden Tatsachen zu *konkretisieren*[91]. Mit der Einlassung zu diesem Zeitpunkt wird der Verfahrensgegenstand näher bestimmt, während jedes weitere Vorbringen eine neue Ehrverletzung bedeutet, die nicht der „in der Anklage bezeichneten Tat" unterfällt[91a]. Deshalb sind auch Beweisanträge, die ausschließlich auf die Feststellung solch neuer Tatsachen abzielen, abzulehnen[92].

cc) Wesentlich ist weiter, soll eine Ausuferung der Beweisaufnahme vermieden werden, eine strikte Beachtung des Erfordernisses der *Identität* von behaupteter und zu beweisender Tatsache[93] sowie — bei Werturteilen — der *Schlüssigkeit* der vorgebrachten Tatsachen[94]; insbesondere ist eine Beweiserhebung darüber unzulässig, ob der Betroffene nicht aus anderen — u. U. gleichwertigen — Gründen als unehrenhaft zu behandeln ist[95]. Das ergibt sich nicht nur aus dem Wortlaut des § 186 StGB[95a], sondern beruht vor allem darauf, daß ein angeborener Ehrmangel oder eine Pflichtverletzung die Ehre nur hinsichtlich des konkreten Fehlers mindert[95b]. „Es handelt sich (also) bei der üblen Nachrede nicht darum, ob die Ehrbilanz des Angegriffenen in der Endsumme stimmt, sondern darum, ob der einzelne Bilanzposten stimmt[95c].

dd) Daraus ergibt sich aber auch ein *Verbot* der Beweisaufnahme über solche Tatsachen, bei deren Nachweis keine Straflosigkeit, sondern *nur Strafmilderung* in Betracht käme[96]. Denn der WB dient nur zur Feststellung, ob die vom Gesetzgeber vermutete Gefährdung für

---

64, 284/286; OLG Hamburg GA 77, 137; OLG Hamm JMBlNRW 1958, 112; eingehend *Olshausen / Hörchner*, 6 b zu § 186, mit weiteren Nachweisen.

[91] *Hirsch*, Ehre, S. 215; noch enger *Wolff*, ZStW 81, 886/910 Anm. 42.

[91a] *Hirsch*, Ehre, S. 215.

[92] In Privatklageverfahren ist der Richter ohnehin nicht an die Ablehnungsgründe der §§ 244 III, 245 StPO gebunden (vgl. *Borkott*, S. 35; *Kleinknecht*, 3 zu § 384 StPO).

[93] Vgl. dazu Arthur *Kaufmann*, ZStW 72, 418/436 f.; *Otto*, Schwinge-Festschrift, S. 86; *Schwinge*, GA, 1956, 309/310.

[94] Vgl. zu letzterem *Kühl*, S. 60; *Lissner*, ZStW 51, 742/767.

[95] Vgl. RGSt 62, 83/95 f.; 64, 284/286; BGH bei *Dallinger*, MDR 1955, 269; *Hälschner*, Deutsches Strafrecht, S. 205; *Lackner / Maassen*, 7 zu § 186; *Maurach*, BT, S. 153; *Olshausen / Hörchner*, 6 b zu § 186 und 5 zu § 192; *Engelhard*, Ehre, S. 117 und IKV, S. 148; *Kühl*, S. 50; *v. Lilienthal*, VDB IV, S. 403; *Lissner*, ZStW 51, 742/751; *Pfleiderer*, S. 40; Werner *Schmidt*, S. 28; *v. Schwarze*, GS 32, 561/575; großzügiger BGH (Ziv.) VersR 1963, 943/945.

[95a] Vgl. *Maurach*, BT, S. 153; Werner *Schmidt*, S. 28.

[95b] Vgl. statt aller *Krug*, S. 107; *Sauer*, Ehre, S. 36 f. und System, S. 348.

[95c] *Engelhard*, IKV, S. 148; unrichtig daher *Kohler*, GA 47, 1/136.

das Rechtsgut Ehre im konkreten Fall ausgeschlossen war[97]; für andere Zwecke dieses dem Verletzten so gefährliche Instrument einzusetzen, fehlt eine Rechtfertigung im Gesetz. Auch stellt für die Frage der Strafzumessung im Hinblick auf § 13 II StGB ein möglicherweise objektiv bestehender — jedoch mit dem Vorwurf nicht identischer — Ehrdefekt nur eine der zahlreichen in Betracht kommenden Strafzumessungserwägungen[98] dar, so daß seine Nichtberücksichtigung nicht allzu schwer ins Gewicht fallen dürfte[98a].

ee) Vor allem aber bedarf die herrschende Meinung, die die Erhebung des WB auch dann fordert, wenn feststeht, daß im Hinblick auf den Schlußsatz des § 192 StGB *ohnehin eine Bestrafung* wegen Beleidigung *erfolgen muß*[99], einer kritischen Überprüfung:

Soweit sie sich hierfür auf die Bedeutung für die *Strafzumessung* beruft[100], ist einzuräumen, daß es schon einen Unterschied machen kann, ob die Behauptung nur ihrer Form nach verletzend oder auch inhaltlich unwahr ist. Dieser Unterschied wird aber durch die Praxis stark eingeebnet, die auch bei festgestellter objektiver Unwahrheit ausnahmslos gering bemessene Geldstrafen verhängt[100a]. Hinzu kommt folgendes: Liegt ein Formexzeß vor, so wird sich häufig die Frage der Wahrheit oder Unwahrheit für die Strafzumessung als zweitrangig erweisen. Erzählt beispielsweise während der Hochzeitstafel ein Onkel intime Einzelheiten aus dem Vorleben der jungen Frau[100b], so erscheint der Wahrheitsgehalt seiner Behauptungen relativ gleichgültig; das

---

[96] Ebenso RGSt 62, 83/96; *Olshausen / Hörchner,* 6 b zu § 186; *Schaefer,* LK, 8. Aufl., I 2 a zu § 190; a. A. *Maurach,* BT, S. 155. RGSt 35, 227/232 stellt die Erhebung des WB in das Ermessen des Gerichts.

[97] Deshalb darf sich die Beweisaufnahme auch nicht auf solche Tatsachen erstrecken, die lediglich einen Schluß auf die *Wahrscheinlichkeit* der Wahrheit zulassen (vgl. *Kühl,* S. 50; *Pfleiderer,* S. 41 f.; *v. Schwarze,* GS 32, 561/578; anders *Finger,* GS 74, 296/321). Hingegen ist selbstverständlich der Indizienbeweis zuzulassen (vgl. *Engelhard,* Ehre, S. 92; *Finger,* GS 74, 296/329; *Kühl,* S. 50 f.; *Sauer,* Ehre, S. 184; Werner *Schmidt,* S. 45 f.; a. A. hinsichtlich Tatsachen des Privatlebens *Beling,* Nachrede, S. 61).

[98] Vgl. dazu *Bruns,* Strafzumessungsrecht, S. 383 ff.; *Lackner / Maassen,* 5 zu § 13.

[98a] Für die Strafzumessung wesentlicher ist die Motivation des Täters (vgl. *Borkott,* S. 27) sowie die Frage seiner Gut- oder Bösgläubigkeit (ebenso *Borkott,* S. 72; *Lissner* ZStW 51, 742/756; *Löwenstein,* IKV, S. 175).

[99] Vgl. statt aller RGSt 1, 260; 64, 10/11; RG JW 1930, 2540, 2980; *Olshausen / Hörchner,* 5 c zu § 192; *Schaefer,* LK, 8. Aufl., I 2 b zu § 190; *Schönke / Schröder,* 3 zu § 192; *Borkott,* S. 36; *Kühl,* S. 58, 61; *Pfleiderer,* S. 64 f.; *Sauer,* Ehre, S. 117 f.; *v. Schwarze,* GS 32, 561/580; *Yazici,* S. 45 f.

[100] Vgl. RGSt 1, 260/262; RG JW 1931, 938; *Lackner / Maassen,* 1 zu § 192; *Maurach,* BT, S. 152; *Kühl,* S. 58; Werner *Schmidt,* S. 32; dagegen *Lissner,* ZStW 51, 742/760.

[100a] Vgl. *Schwinge,* MDR 1973, 801/806.

[100b] Beispiel von *Frank,* StGB, I zu § 192.

eigentlich Gravierende dieser Handlung liegt vielmehr in der öffentlichen Bloßstellung des in dieser Situation nahezu wehrlosen Opfers. Man wird deshalb einer Klärung der Wahrheitsfrage für die Strafzumessung innerhalb der §§ 185, 186 StGB keine allzugroße Bedeutung beimessen können, so daß ein Verzicht auf die Erhebung des WB bei Vorliegen eines Exzesses durchaus diskutabel erscheint.

Allerdings dürfte angesichts des Strafrahmens des § 187 StGB eine von der herrschenden Auslegung des § 192 StGB abweichende Meinung nicht dazu führen, auch die Möglichkeit einer Bestrafung wegen Verleumdung auszuschließen[100c]. Das ist aber auch gar nicht der Fall: Der Richter wird nämlich bei Bejahung eines Exzesses zunächst Beweis über den bösen Glauben des Angeklagten zu erheben haben; verneint er ihn, so entfällt ohnehin § 187 StGB; bejaht er ihn aber, so steht weiteren Feststellungen hinsichtlich der objektiven Unwahrheit nichts mehr im Wege, da eine Bestrafung wegen Verleumdung ernstlich in Betracht kommt. Nun würde sich gewiß die umgekehrte Reihenfolge der Beweisaufnahme häufig als zweckmäßiger erweisen, wenn nur die Klärung der Wahrheitsfrage Aufschlüsse über den guten oder bösen Glauben geben kann[100d]; allein, mit derartigen Schwierigkeiten hat sich der Richter auch sonst, etwa bei der Feststellung der Voraussetzungen des Versuchs, auseinanderzusetzen; sie sollten deshalb nicht überbewertet werden.

Nach allem lassen sich aus den Erfordernissen der Strafzumessung keine wirklich zwingenden Argumente für die Erhebung des WB ableiten. Sollten deshalb keine weiteren Gründe dafür, gewichtige Bedenken jedoch dagegen sprechen, so wäre der herrschenden Meinung die Gefolgschaft zu versagen.

Jene beruft sich denn auch zur Stützung ihrer Ansicht auf das Rehabilitierungsinteresse des Betroffenen[101], weil dieser ohne WB um die Feststellung, daß die Tatsache nicht erweislich wahr sei, gebracht werde. Das aber erscheint in mancherlei Beziehung angreifbar:

Zunächst einmal zeigt die forensische Erfahrung, daß eine eindeutige und zweifelsfreie Feststellung der Unwahrheit die Ausnahme bildet[102]; ein richterliches Erkenntnis aber dahingehend, die Wahrheit des erhobenen Vorwurfs habe sich nicht erweisen lassen, dürfte die gleichen

---

[100c] Immerhin kam in den Jahren 1954 - 1961 auf etwa jede vierte Verurteilung wegen übler Nachrede eine wegen Verleumdung; vgl. Hilde *Kaufmann*, S. 76.

[100d] Vgl. *Sturtzel*, S. 94.

[101] Vgl. *Borkott*, S. 36; *Herdegen*, LK, 9 zu § 190; *Lackner / Maassen*, 7 zu § 186; *Schaefer*, LK, 8. Aufl., I 2 b zu § 190.

[102] Vgl. *Hartung*, NJW 1959, 640.

Wirkungen in der Öffentlichkeit haben wie ein — früher zulässiger — Freispruch mangels Beweises[103] und ist deshalb einer Rehabilitierung des Verletzten weit weniger dienlich als eine Verurteilung[104] des Angeklagten ohne Beweisaufnahme[105]. Wem wirklich an einer Aufklärung des Sachverhalts liegt, mag zu den Rechtsbehelfen des Zivilrechts[106] greifen[107]; Schadenswiedergutmachung ist nicht Aufgabe des Strafrechts[108].

Schließlich, wem sollte mit dem WB gedient sein? Dem Verletzten nicht, da er nur neuen Ehrbeeinträchtigungen ausgesetzt wird; den Verlust seines Bußanspruchs gemäß § 188 StGB[108a] wird er seinem Frieden zuliebe gerne verschmerzen, zumal die Zuerkennung einer Buße die zivilrechtliche Geltendmachung seines Schadens ausschließen würde[108b]. Aber auch dem Beleidiger nicht, da er ohnehin wegen eines Ehrdelikts mit gleichem Strafrahmen[109] bestraft wird; und ihn vom Makel der Lüge freistellen zu müssen[110], besteht kein Anlaß, da die

---

[103] Vgl. hierzu *Peters*, Strafprozeß, 1. Aufl., S. 496; siehe auch BVerfGE 6, 7.

[104] In der Verurteilung liegt der entscheidende Unterschied zu den Fällen, in denen wegen berechtigter Interessenwahrnehmung ohnehin Freispruch erfolgen müßte; hier fordert die h. M. zu Recht, gleichwohl den WB zu erheben (vgl. RG JW 1936, 3461; BGHSt 11, 273; OLG Hamm JMBlNRW 1953, 139; *Herdegen*, LK, 9 zu § 190; *Olshausen / Hörchner*, 5 c zu § 192; *Schaefer*, LK, 8. Aufl., I 2 b zu § 190; a. A. OLG Stuttgart NJW 1967 mit abl. Anm. *Roxin; Borkott*, S. 37; *Lissner*, ZStW 51, 742/757 mit weiteren Nachweisen pro und contra).

[105] Ähnlich *Kern*, Abgrenzung, S. 85; *Roeder*, Maurach-Festschrift, S. 353 Anm. 22; *Wendt*, DRZ 1950, 554; anderer Ansicht *Hartung*, NJW 1965, 1743/1746; *Yazici*, S. 138.

[106] Namentlich kommen (vorbeugende) Unterlassungs-, Widerrufs- und gegebenenfalls Schadensersatzklagen gemäß §§ 823 I und II, 1004 BGB in Betracht; vgl. dazu RGZ 88, 130; BGHZ 13, 334; 26, 349; *Arzt*, S. 4 ff.; *Helle*, Schutz der Ehre, S. 28 ff.; *Erman / Weitnauer*, Anh. zu § 12 BGB, Rn. 28 ff. mit weiteren Nachweisen.

[107] Zu den Möglichkeiten eines strafrechtlichen Feststellungsverfahrens und den diesbezüglichen Reformbestrebungen vgl. *v. Bar*, GS 52, 81/156 ff.; *Engelhard*, IKV, S. 162 ff.; *Friedmann*, S. 25 ff.; *Hirsch*, Ehre, S. 182 ff.; *Jescheck*, Sitzungsbericht, S. 439 ff.; *Kern*, Frank-Festgabe, S. 363 und Materialien Bd. 1, S. 321 ff.; *Lackner*, Niederschriften, S. 98 ff.; *v. Lilienthal*, VDB IV, S. 460 ff.; *Löwenstein*, IKV, S. 179 ff.; Adolph *Weber*, Iniurien II, S. 13 sowie die Diskussionsbeiträge in Niederschriften, S. 106 ff.

[108] Gegen diese sog. iudicium-duplex-Lehre (vgl. *Engelhard*, IKV, S. 157 ff.; *Pfleiderer*, S. 18 f.) siehe insbesondere *Beling*, Nachrede, S. 19 f.; *Friedmann*, S. 16 ff.; *Hirsch*, Ehre, S. 178 ff.; *Wendt*, DRZ 1950, 554.

[108a] Hierauf weist *Borkott*, S. 36 f. hin.

[108b] Vgl. § 188 II StGB. Der Bußgeldanspruch wird daher praktisch nicht geltend gemacht (vgl. *Lackner / Maassen*, 3 zu § 188) und ist deshalb in den E 1962 nicht mehr aufgenommen; vgl. Begr. S. 313.

[109] Daher nicht überzeugend OLG Jena JW 1929, 1498.

[110] So aber *Lackner / Maassen*, 7 zu § 186.

Verurteilung nicht aus §§ 186, 187 StGB, sondern wegen Formbeleidigung erfolgt[110a].

Ergeben deshalb Form oder Umstände[111] auf jeden Fall das Vorliegen einer Beleidigung[112], so würde zwar eine Beweisaufnahme über die Wahrheit der Äußerung unter Umständen und in sehr engem Rahmen eine differenziertere Strafzumessung ermöglichen. Das allein — und alle anderen Begründungen für die herrschende Lehre haben sich als unrichtig herausgestellt — kann aber nicht dazu führen, den Beleidigten dem Martyrium einer Beweisaufnahme auszusetzen.

Es ist deshalb bei Vorliegen eines Exzesses *ohne Erhebung des WB und unabhängig vom Willen des Betroffenen*[113] gemäß § 192 StGB aus § 185 StGB[114] zu bestrafen. Soweit auch sonst nur § 185 StGB in Betracht gekommen wäre, ist das relativ unproblematisch und teilweise auch anerkannt[115]. Soweit aber § 186 StGB Anwendung gefunden hätte, muß § 192 StGB, der im Urteilstenor als Formbeleidigung gekennzeichnet werden sollte, als lex specialis[116] vorgehen.

[110a] Das Gericht ist deshalb auch nicht verpflichtet (so aber RGSt 1, 260/262; *Borkott*, S. 36; Werner *Schmidt*, S. 32), die Tat unter dem rechtlichen Gesichtspunkt des § 186 zu prüfen (ebenso *Beling*, Nachrede, S. 61 f.).

[111] Daß es nicht auf die Beleidigungsabsicht ankommen kann (so aber die ständige Rechtsprechung und die h. L.; vgl. RGSt 1, 317; 40, 317; *Schönke / Schröder*, 1 zu § 192 mit weiteren Nachweisen; dagegen eingehend *Oppe*, MDR 1962, 947), zeigt sich schon daran, daß jede Beleidigung bereits *objektiv* ehrverletzend sein muß (vgl. statt aller *Binding*, BT I, S. 150; *Herdegen*, LK, 8 zu § 192; *Hirsch*, Ehre, S. 218).

[112] Zur Frage, wann das der Fall ist, ist den zutreffenden Ausführungen von *Hirsch*, Ehre, S. 220 ff. nichts hinzuzufügen. Wegen Einzelheiten siehe auch *Pfleiderer*, S. 56 ff.

[113] Nach *Hirsch*, Ehre, S. 225 Anm. 53; *Lissner*, ZStW 51, 742/763; JW 1932, 410 und *Welzel*, Lehrbuch, S. 319 soll der Verletzte den Strafantrag auf §§ 192, 185 StGB beschränken können (ebenso de lege ferenda *Engelhard*, Ehre, S. 129; *Herdegen*, LK, 9 zu § 190). Eine solche Beschränkungsmöglichkeit wäre aber ein Danaergeschenk (vgl. *Beling*, Nachrede, S. 64); es sprechen nämlich die gleichen Erwägungen, die auch beim Indiskretionsdelikt gegen ein Wahlrecht des Beleidigten vorgebracht werden (vgl. oben Fußn. 41), dagegen; eingehend *Yazici*, S. 150 f.; vgl. auch *Hertel*, S. 66 mit Nachweisen aus ausländischen Rechtsordnungen, der jedoch de lege ferenda ein Vetorecht des Beleidigten fordert, wobei dann ein dem Angeklagten günstiges Ergebnis präsumiert werden müßte (S. 115 ff.).

[114] Die Ansicht *Freudensteins*, es sei nach den jeweiligen gesetzlichen Bestimmungen (§§ 185 - 187, 189) zu bestrafen, wie wenn die „Strafausschließungsgründe" der §§ 192, 193 StGB nicht vorhanden wären (S. 92), ist schon mit dem Wortlaut dieser Bestimmungen nicht vereinbar.

[115] Vgl. KG GA 73, 309; *Olshausen / Hörchner*, 5 zu § 192.

[116] Es handelt sich also um keine Frage der Wahlfeststellung (so anscheinend *Lissner*, ZStW 51, 742/761 und JW 1932, 410), noch liegt eine Verletzung der richterlichen Kognitionspflicht gemäß §§ 155, 264, 384 StPO (so aber *Engelhard*, Ehre, S. 129; Pfleiderer, S. 64 f.) vor.

ff) All diese *Einschränkungen des Beweisverfahrens*[117] führen, wenn sie konsequent beachtet werden, dazu, daß trotz der Erstreckung des WB auf Werturteile die dem Verletzten drohenden Nachteile auf ein vertretbares Maß zurückgeführt werden können, da die immer wieder beklagte Ausuferung der Beweisaufnahme[118] vermieden wird.

Aus der Notwendigkeit des WB lassen sich daher *keine* durchgreifenden *Bedenken* gegen einen normativen Ehrbegriff herleiten.

III. Einschränkungen der Verletzungsmöglichkeit

Während sich beim normativen Ehrbegriff die Frage stellte, ob ein innerer Wert *überhaupt* verletzbar ist, könnte bei Zugrundelegung *psychologischer und dualistischer Ehrtheorien* die Verletzungsmöglichkeit *im Einzelfall* ausgeschlossen sein.

1. Ehre als Fremdvorstellung

Die gegen die Ehre als Fremdvorstellung vorgebrachten Bedenken betreffen einmal das *psychologische Phänomen an sich* und zum anderen seine Qualifikation als *ausschließliches Rechtsgut* der Beleidigungstatbestände.

a) Die *äußere Ehre* könnte sich im Hinblick auf die Angriffsmittel und den beteiligten Personenkreis als unverletzbar und damit als zu eng erweisen.

aa) Nach *Sauer*[1] ist der *gute Ruf* schon um deswillen nicht als (ein) Schutzgut der Beleidigungstatbestände anzusehen, weil es Äußerungen und Handlungsweisen gibt, die, wie etwa die Behauptung ehrirrelevanter Tatsachen, zu einer Rufschädigung *völlig ungeeignet* sind[2]. Weshalb aber, so muß man sich fragen, soll für derartige Fälle überhaupt ein Strafrechtsschutz bestehen? Sie stellen sich dogmatisch doch nur als — und zwar mit untauglichen Mitteln — versuchte Iniurien dar, deren Straflosigkeit vom Gesetzgeber gewollt ist.

bb) Hingegen erscheinen wegen ihrer größeren Gefährlichkeit die Fälle durchaus strafwürdig, in denen der gute Ruf aus *Gründen*, die ausschließlich *in der Person des Täters oder des Adressaten* liegen, nicht berührt wird. Zu denken ist dabei an Beleidigungen durch einen

[117] Zur Durchführung des WB im übrigen vgl. insbesondere *Lissner*, ZStW 51, 742 ff., 753 ff.; *Pfleiderer*, S. 42 f.

[118] Vgl. aus neuester Zeit *Schwinge*, MDR 1973, 801 ff.

[1] Ehre, S. 44.

[2] Auch *Ramm*, S. 35 weist darauf hin, daß die Beeinflußbarkeit der Fremdvorstellung stark von der Art und Weise des Vortragens der ehrenrührigen Behauptungen abhängig sei.

notorischen Lumpen[3] oder an Äußerungen, die die Einstellung der Umwelt zu dem „Beleidigten" gar nicht zu beeinflussen vermögen, weil es sich um einen allseits bekannten Ehrenmann handelt[4], weil der Angesprochene die Unwahrheit der Behauptung positiv kennt[5] oder weil er schlicht geistig zu unbeweglich ist, um sich von einmal gefaßten (Vor-)Urteilen wieder trennen zu können[6].

Hier aber, wo im Gegensatz zu den Fällen des mangelnden Rufes eine tatsächlich Geltung vorhanden ist[7], vermag ein Verständnis der Beleidigung als *abstrakte Rufgefährdung* weiterzuhelfen; denn nach allgemeiner Lebenserfahrung kann davon ausgegangen werden, daß ehrenrührige Äußerungen das Vorstellungsbild der Umwelt durchaus beeinflussen, soweit sie nur geschickt genug an den Mann gebracht werden.

Nach *Hirsch*[8] wird indes durch die Gefährdungskonstruktion der Unrechtsgehalt der Beleidigung verkannt, da nicht zum Ausdruck komme, „daß der Verleumdete durch die zur Kenntnis des Dritten gelangte wissentlich unwahre Tatsachenäußerung eine Mißachtung durch den Verleumder" erfahre und dadurch *verletzt* werde; ja sie führe zu dem absurden Ergebnis, daß eine Ehrverletzung gemäß § 185 StGB geringer bestraft werde als eine Ehrgefährdung gemäß § 187 StGB[9].

Diese Argumentation subintellegiert aber zu Unrecht einen monistischen Ehrbegriff. In Wirklichkeit ist jedoch gerade ein doppelter Ehrbegriff kennzeichnend für die modernen psychologischen Ehrtheorien[10]. Davon ausgehend[11], wird man es als völlig legitim ansehen müssen, eine Gefährdung des Rufs durch Tatsachenbehauptungen wegen der möglichen schwerwiegenden Nachteile, die dem Betroffenen aus einer Verschlechterung seines Leumunds erwachsen können, strafwürdiger

---

[3] Vgl. *Hirsch*, Ehre, S. 20; *Ramm*, S. 35; *Sauer*, Ehre, S. 44.

[4] Vgl. *Hirsch*, Ehre, S. 20; *Sauer*, Ehre, S. 43.

[5] Vgl. *Baltin*, S. 15; *Bassenge*, S. 6. — Seltsamerweise können aber unter Umständen auch nicht geglaubte Beschuldigungen Mißachtung erzeugen (ebenso *Spiecker*, S. 37) — ein psychologisches Phänomen!

[6] Vgl. *Ramm*, S. 35. Zeitgeschichtlich aufschlußreich ist das angeführte Beispiel: Während „durch die Kontinuität und Beharrlichkeit ihrer Vorstellungswelt" die Bauern gekennzeichnet werden, wird als besonders leicht beeinflußbar der Offiziersstand erwähnt.

[7] Unrichtig daher *Sauer*, Ehre, S. 44.

[8] Ehre, S. 22.

[9] S. 23 Anm. 24 im Anschluß an *Ramm*, S. 39 Anm. 57.

[10] Vgl. insbesondere *Maurach*, BT, S. 131; *Mezger / Blei*, BT, S. 106; *Olshausen / Hörchner*, 1 a aa und bb vor § 185; *Christiansen*, S. 20 ff.; Begr. zu § 139 AE, S. 21. Weitere Nachweise oben S. 59 Fußn. 40.

[11] Zu den monistischen Theorien vgl. unten im Text.

zu bewerten als eine Verletzung des Ehrgefühls; so wird etwa auch eine Gefährdung von menschlichen Wohnstätten durch Brand in § 308 2. Alt. StGB mit schwererer Strafe bedroht als eine auf andere Weise herbeigeführte Zerstörung von Bauwerken (§ 305 StGB).

Die *Gefährdungskonstruktion* ist also durchaus *geeignet*, unerwünschte *Strafbarkeitslücken* zu schließen, soweit eine Fremdvorstellung[12] nur tatsächlich besteht[13] und der Richter die Eignung der Äußerung zur Verletzung des Rufs für wahrscheinlich hält[14].

b) Wird, wie in der älteren Literatur vielfach vertreten[15], als *alleiniges Schutzobjekt* der Beleidigungstatbestände die *äußere Ehre* angesehen, so bedarf die Strafbarkeit *tätlicher Beleidigungen, unsubstantiierter Werturteile* und von *Äußerungen unter vier Augen* einer Erklärung.

aa) In § 185 StGB ist ausdrücklich bestimmt, daß Beleidigungen auch *„mittels einer Tätlichkeit"* begangen werden können; dies könnte wohl nur als *Rufgefährdung* verstanden werden. Und es erscheint in der Tat nicht ganz abwegig, einer in Gegenwart Dritter verabreichten Ohrfeige — insbesondere mit dem Handrücken — die Eignung, den Ruf des Gezüchtigten zu beeinträchtigen, zuzusprechen[16] — und zwar unabhängig davon, ob das Opfer den Schlag auf sich beruhen läßt oder ihn zurückzahlt[17].

bb) Schwierigkeiten bereitet eher die Frage der Beleidigung durch *unsubstantiierte Werturteile*. So spricht *Liepmann*[18] ihnen die Eignung zu einer Rufbeeinträchtigung überhaupt ab[19]. Das ist aber sicher nicht

---

[12] Entsprechendes gilt für die Fälle, in denen — etwa infolge minderer Intelligenz oder Auffassungsgabe — die *Eigenvorstellung*, d. h. also die subjektive Ehre, *unverändert* bleibt, weil der beleidigende Sinn einer Äußerung nicht erfaßt wird (unrichtig daher *Hirsch*, Ehre, S. 21 f.). Im Gegensatz zu den oben S. 102 geschilderten Fällen von Geisteskranken, die gar kein Ehrgefühl entwickeln können, steht hier nicht von vornherein die Ungeeignetheit beleidigender Äußerungen zu einer Gefühlsverletzung fest.

[13] So wohl auch *Krug*, S. 80.

[14] Vgl. zu letzterem Erfordernis, durch das die absolut untauglichen Äußerungen aus dem Strafbarkeitsbereich ausgeschieden werden, *Cramer*, Vollrausch, S. 69.

[15] Vgl. statt aller *Olshausen / Freiesleben*, 11. Aufl., 2 a zu § 185 mit weiteren Nachweisen.

[16] So wohl auch *Eisler*, S. 67; ablehnend *Bassenge*, S. 5 im Anschluß an *Hübner*, S. 165.

[17] Das mag zu germanischer (vgl. *Köstlin*, ZfdR 15, 151/176, 435) und Wilhelminischer (vgl. *Liepmann*, VDB IV, S. 238 f.) Zeit anders gewesen sein.

[18] VDB IV, S. 239 (anders jedoch in Beleidigung, S. 47); ebenso *Bassenge*, S. 5; Albert *Steiner*, S. 47.

[19] Demgegenüber sollen sich nach *Olshausen / Hörchner*, 1 a aa vor § 185 in Gegenwart Dritter abgegebene Werturteile vornehmlich gegen den Ruf richten.

richtig: Durch die abfällige Beurteilung seitens eines mir vertrauenswürdigen Menschen[20] wird auch mein Vorstellungsbild über die kritisierte Person beeinflußt[21]. Andererseits ist *Hirsch* zuzustimmen, wenn er *ausschließlichen Schimpfereien keine abstrakte Gefährlichkeit* für das Ansehen zuerkennt[22]; und hier die Strafwürdigkeit verneinen zu wollen[23], ist entschieden verfehlt: Man denke nur an die Anpöbelungen (vermeintlich) Wehrloser[24].

cc) Vor allem aber wird der monistischen Auffassung vorgehalten, sie sei außerstande, eine befriedigende Erklärung für die *Beleidigung unter vier Augen*[25], deren Strafwürdigkeit außer Streit stehe, zu geben[26]. An Versuchen, gleichwohl an dem guten Ruf als alleinigen Schutzobjekt der §§ 185 ff. StGB festzuhalten, hat es nicht gefehlt:

Unzulänglich ist die „gewundene Konstruktion"[27] *v. Liszt / Schmidts*, nach der auch der Beleidiger zu der Umgebung gehört, die dem Beleidigten seine Geltung, sein Ansehen gibt, und der durch seine Mißachtungskundgebung diese Geltung vermindert[28]. — Denn durch die Beleidigung gibt der Täter gerade zu erkennen, daß hier schon vorher keine Geltung bestand[29]. Sie kann daher durch die Äußerung nicht mehr verletzt oder gefährdet werden.

Eine Rufbeeinträchtigung oder doch wenigstens eine generelle Eignung hierzu läßt sich auch nicht aus der Erwägung herleiten, daß der Beleidigte auf Grund der Kränkung seine Einstellung zur Umwelt ändere, worauf diese mit einer Änderung ihrer bisherigen Fremdvor-

---

[20] Es kommt die psychologische Eigentümlichkeit hinzu, daß die meisten Menschen lieber das Böse als das Gute von ihren Mitmenschen glauben (vgl. *Spiecker*, S. 36 f.).

[21] Ebenso *Baltin*, S. 16; *Eichmann*, S. 51; *Hirsch*, Ehre, S. 23; *Schierloh*, S. 16.

[22] Ehre, S. 23; ebenso Karlheinz *Schmid*, S. 27.

[23] So aber *Engelhard*, Ehre, S. 88 f., 123 ff. sowie — beschränkt auf Werturteile gegenüber Dritten — *v. Dohna*, DStR 1941, 34/38; *Liepmann*, VDB IV, S. 248.

[24] Die Rechtsprechung ist daher stets von einer Strafbarkeit ausgegangen; vgl. etwa RGSt 23, 347; RG JW 1936, 2997; BGH NJW 1951, 368; OLG Hamburg StRZ 1916, 176.

[25] Entsprechendes gilt, wenn nur der Adressat den Sinn der Äußerung zu verstehen vermag; vgl. *Sauer*, Ehre, S. 44.

[26] Vgl. insbesondere *Baltin*, S. 15; *Bassenge*, S. 15; *Frank*, StGB, I vor § 185; *Heins*, S. 17 f.; *Liepmann*, VDB IV, S. 231; *Ramm*, S. 35.

[27] *Heins*, S. 17.

[28] Lehrbuch, S. 510 Anm. 12; ähnlich *Wilhelm*, GS 45, 161/163 f.

[29] Zutreffend *Eisler*, S. 67; *Heins*, S. 17; vgl. auch *Eckstein*, S. 71. — Nach *v. Liszt / Schmidt*, Lehrbuch, S. 510 Anm. 12 soll es wohl auch gar nicht auf diese innere Geltung ankommen, sondern auf das äußere Geltenlassen. Damit wird aber der psychologische Ehrbegriff zugunsten des formalen Interesses an der Ehre aufgegeben.

stellung reagiere[30]. Ein derartiger Ablauf ist zwar möglich, jedoch gewiß nicht die Regel[31].

Auch eine andere Kausalreihe ist nicht zwingend, oder doch jedenfalls im allgemeinen nicht vom Vorsatz umfaßt[32], nämlich daß die Öffentlichkeit durch eine Klageerhebung Kenntnis von der Kränkung erhält[33]. Auf alle Fälle erfolgt dann aber die Rufbeeinträchtigung nicht durch die beleidigende Handlung, sondern erst durch die Weitererzählung[34].

Aber, so folgert *Binding*[35], in der geschilderten Möglichkeit einer Weiterverbreitung liege stets eine Gefahr für den Ruf, die Beleidigung unter vier Augen sei daher ein *Rufgefährdungsdelikt*.

Dem kann nicht einfach mit dem Hinweis begegnet werden, Ursache der empfundenen Kränkung sei die freche Haltung des Beleidigers und nicht die mögliche Gefährdung des Ansehens[36], da qua definitione nicht das Ehrgefühl Rechtsgut ist, es auf die Ursachen einer Kränkung also gar nicht ankommt. Auch eine Ablehnung der Gefährdungskonstruktion mit der Begründung, nur ein hypothetischer Ruf, nicht aber die tatsächliche Geltung könnten abstrakt gefährdet werden[37], wäre nur berechtigt, wenn ein tatsächlicher Ruf gar nicht feststellbar wäre, während es hier doch aus ganz anderen Gründen nicht zu einer Rufverletzung kommt[38].

Entscheidend ist vielmehr, ob es nicht eine Überdehnung des Gefährdungsbegriffs bedeutet, wenn es zu einer Verletzung des Handlungsobjekts *ausschließlich auf Grund zusätzlicher vorsätzlicher Handlungen des Täters oder des Opfers* kommen kann[39]:

Was zunächst die Weiterverbreitung *durch den Täter* betrifft, so kann dadurch zwar der Ruf des Opfers beeinträchtigt werden; allein, diese Gefahr beruht nicht unmittelbar auf der ursprünglichen Kränkung unter vier Augen, sondern auf der negativen Einstellung des

---

30 Von dieser Wechselwirkung scheint *v. Bar*, GS 52, 81/96 auszugehen.

31 Ähnlich *Ramm*, S. 36, der — zu eng — eine solche Kausalreihe für nicht *notwendig* erklärt.

32 Vgl. *Allfeld*, GS 93, 225/229.

33 So aber wohl *v. Bar*, GS 52, 81/96.

34 Darauf weisen *Bassenge*, S. 5; *Heins*, S. 17 und *Liepmann*, VDB IV, S. 231 hin.

35 BT I, S. 158; ebenso *v. Volkmann*, S. 36 f. Anm. 3.

36 So aber *Heins*, S. 18.

37 So *Sauer*, Ehre, S. 43 f.

38 Im übrigen würde das nicht grundsätzlich gegen einen psychologischen Ehrbegriff sprechen, sondern nur eine inhaltliche Korrektur des an sich faktischen Phänomens erfordern.

39 Diese Frage wird von *Eisler*, S. 67 ohne Begründung verneint.

Täters zum Opfer, die er erneut zum Ausdruck bringt[40]. Man wird insofern jener Mißachtungskundgebung eine generelle Eignung zur Rufverletzung nicht zusprechen können[41].

Andererseits besteht durchaus die naheliegende Möglichkeit, daß der *Gekränkte selbst* in seinem verletzten Stolz vom Richter Ehrenschutz begehrt[42] und dadurch den Vorwurf Dritten zur Kenntnis bringt. Eine *Gefahr*, d. h. ein „regelwidriger, ungewöhnlicher Zustand, bei dem nach den obwaltenden konkreten Umständen der Eintritt eines Schadens bei objektiv-nachträglicher Prognose als wahrscheinlich gelten kann“[43], wird damit für seinen Ruf indes nicht heraufbeschworen[44]. Denn der Betroffene wird ja den Vorfall nur insoweit und in der Version schildern, wie es ihm tunlich erscheint. Zudem wird sein Schritt in die Öffentlichkeit bei den Mitmenschen häufig den Eindruck erwecken, daß dem Kläger durch den Beleidiger Unrecht geschehen sei[45]; dies selbst dann, wenn man berücksichtigt, daß mitunter der Beleidigte einer einseitig gefärbten Darstellung seines Gegners zuvorkommen will; denn angesichts der schwer abschätzbaren Prozeßchancen und des „Martyriums“ der Beweisaufnahme ist ein derartiges Verhalten nicht unbedenklich und dürfte daher eine Ausnahme bilden[45a]. Das

---

[40] Vgl. auch *Schmidhäuser*, AT, S. 182 ff., der stets die objektive Zurechnung verneinen will, wenn sich nicht im Erfolg gerade die Gefahr realisiert, die der Täter handelnd geschaffen hat.

[41] Erzählt der Täter die Tatsache weiter, so liegt *darin* eine gegenüber der ersten Beleidigung selbständige üble Nachrede bzw. Verleumdung; zutreffend *v. Lilienthal*, VDB IV, S. 307 Anm. 1; ebenso *Brandes*, S. 12.

[42] Ist das Opfer *verpflichtet*, von der Äußerung einem anderen — etwa der vorgesetzten Dienststelle (vgl. RGSt 41, 61) — Mitteilung zu machen, so liegt nicht eine Äußerung unter vier Augen, sondern — in mittelbarer Täterschaft — auch an Dritte vor. Daß der Betroffene „geradezu genötigt“ sei, gerichtlich vorzugehen, weil hinter dem Vorwurf die Drohung stehe, auch anderen gegenüber von dem angeblichen Wissen Gebrauch machen zu können (so *Hartung*, NJW 1965, 1743/1745), würde, selbst wenn es zuträfe, mittelbare Täterschaft nicht begründen können; denn es ist heute weitgehend anerkannt (vgl. *Jescheck*, Lehrbuch, S. 508; *Schmidhäuser*, AT, S. 421; eingehend *Roxin*, Täterschaft, S. 156 ff.), daß der ausgeübte Druck die in § 52 StGB aufgeführten Voraussetzungen erreichen muß.

[43] *Maurach*, AT, S. 238; vgl. auch RGSt 30, 178/179; BGHSt 18, 271/272; *Jescheck*, Lehrbuch, S. 198; *Schmidhäuser*, AT, S. 171 f.; *Lackner*, Gefährdungsdelikt, S. 16 ff.; *Schröder*, ZStW 81, 7/8 ff.

[44] Unklar *Engelhard*, Ehre, S. 128 f.; ihm folgend *Brügger*, S. 19. Nach Albert *Steiner*, S. 42 ff. liegt eine — wegen Konsumtion straflose — Rufgefährdung vor.

[45] Ebenso *Brandes*, S. 12 f.; ähnlich *Allfeld*, GS 93, 225/229; *Hirsch*, Ehre, S. 150.

[45a] Vgl. dazu *Schwinge*, MDR 1973, 801 ff., der berichtet, daß häufig selbst in relativ klaren Fällen auf eine Realisierung des Ehrenschutzes verzichtet wird, sowie Hilde *Kaufmann*, S. 76, die das Kostenrisiko betont.

bedeutet: Das Persönlichkeitsbild des Opfers erfährt in der Umwelt im Regelfall keine Einbuße[46].

In einer Beleidigung unter vier Augen liegt daher keine generelle Gefährdung des Ansehens. Die *monistische Lehre*, die als Rechtsgut allein das Ansehen gelten lassen will, führt folglich zu bedenklichen *Strafbarkeitslücken* und ist deshalb nicht haltbar.

2. *Ehre als Eigenvorstellung*

Demgegenüber muß sich die *rein subjektive Ehrtheorie*[47] um eine befriedigende Erklärung der *Beleidigung in Abwesenheit des Betroffenen*, insbesondere der üblen Nachrede des § 186 StGB, bemühen[48].

a) So unterstellt *v. Bar*, daß die Eigenvorstellung des Opfers mittelbar tangiert wird, nämlich durch ein verändertes Verhalten der Umwelt ihm gegenüber, das durch die beleidigende Äußerung ausgelöst wurde[49]. Wie oben ausgeführt[50], besteht eine solche *Wechselwirkung* zwischen veränderter Umwelt- und Eigenvorstellung jedoch regelmäßig nicht.

b) Wohl aber ist es so, daß dem Opfer häufig die Äußerung hinterbracht wird und sich dieses dann — möglicherweise — verletzt fühlt[51]. Abgesehen jedoch davon, daß dieser Verlauf nicht zwingend ist, wird es zumeist an einem diesbezüglichen Vorsatz des Täters, der im allgemeinen auf die Diskretion seines Gesprächspartners vertrauen wird, fehlen[52]. Aber selbst wenn einmal Vorsatz vorliegen sollte, so kann der Unrechtsgehalt von Beleidigungen und Verleumdungen (!) doch nicht davon abhängen, ob der Geschädigte von ihnen Kenntnis erhält[53] und der Täter damit rechnet[54]; das ergibt sich nicht nur aus der gegenüber

---

[46] Wenn Sprichwörter wie „audacter calumniare, semper aliquid haeret" (Francis *Bacon*) oder „kein Rauch ohne Feuer" wirklich zuträfen, wäre jeglicher Versuch eines gerichtlichen Ehrenschutzes zum Scheitern verurteilt.

[47] Vgl. insbesondere *Hälschner*, Deutsches Strafrecht, S. 158 f., 163; ähnlich die Lehre von der Seelenschmerzzufügung (vgl. *v. Bar*, GS 52, 81 ff.).

[48] Vgl. die Kritik von *Hirsch*, Ehre, S. 14; *Krug*, S. 99; *Pfleiderer*, S. 7; *Ramm*, S. 33; *Sauer*, Ehre, S. 62.

[49] GS 52, 81/95. Nach Erwin *Schmidt*, S. 88 wird jede Verletzung des Ehrgefühls durch eine Verletzung des Ehransehens ausgelöst.

[50] S. 150 f.; vgl. auch *Ramm*, S. 33.

[51] Damit bescheidet sich *v. Bar*, GS 52, 81/95.

[52] Vgl. *Hirsch*, Ehre, S. 23; ebenso schon *Liepmann*, VDB IV, S. 247; *Pfleiderer*, S. 7.

[53] Anders noch in den meisten germanischen Volksrechten; hier war die Nachrede nur strafbar, wenn sie auf Aufforderung des Verletzten hin ihm ins Gesicht wiederholt wurde (vgl. *Gabler*, S. 6).

[54] Ähnlich *Krug*, S. 99, der überdies die Frage der Tatvollendung anschneidet: Bekanntlich hält die Rechtsprechung (vgl. RGSt 26, 202/206 f.; BGH bei

§ 185 StGB erhöhten Strafdrohung des § 187 StGB, sondern auch aus der seit *Feuerbach*[54a] in allen Partikulargesetzbüchern[54b] anerkannten Zweiteilung in Iniurien im engsten Sinne und Verleumdungen (= ehrenrührige Äußerungen vor Dritten). Wollte man also auf eine *Gefühlsverletzung* abstellen, blieben zahlreiche — angesichts der §§ 186, 187 StGB unstreitig — strafwürdige Fälle ohne Ahndung.

c) Daher betrachtet denn auch die herrschende Meinung innerhalb der subjektiven Theorie die Beleidigung als *abstraktes Gefährdungsdelikt*[55]. Es läßt sich ja auch kaum leugnen, daß eine allzu menschliche Schwäche dazu verleitet, ehrenrührige, vielfach pikante Neuigkeiten, die man gerade über seinen lieben Mitmenschen erfahren hat, weiterzuverbreiten, so daß sie gar bald auch ihm zu Ohr kommen. Äußerungen in Abwesenheit des Betroffenen fehlt daher nicht die generelle Eignung[56], eine Gefühlsverletzung herbeizuführen[57].

Stehen demnach einem Verständnis der Beleidigung als Ehrgefühlsgefährdung im Hinblick auf den Gefahrbegriff keine dogmatischen Einwände entgegen, so bleibt nur die Frage, ob eine derartige Auslegung auch sachgerecht und den Intentionen des Gesetzgebers gemäß ist:

Gegen sie spricht schon[58] das Verhältnis der §§ 186, 187 StGB zu § 185 StGB: Denn wie soll erklärt werden, daß § 187 StGB, der nach herrschender Lehre[59] ausschließlich[60] bei Tatsachenbehauptungen gegenüber

---

Dallinger, MDR 1954, 335) und herrschende Lehre (vgl. *Binding*, BT I, S. 145; *Brockamp*, S. 14 und passim; *Herdegen*, LK, 23 zu § 185 mit weiteren Nachweisen; a. A. *v. Dohna*, DStR 1941, 34/38) Vollendung bei Kenntniserlangung des Äußerungsadressaten *oder* eines Dritten für gegeben.

[54a] Lehrbuch, §§ 284 ff.

[54b] Vgl. dazu die Nachweise bei *Gabler*, S. 7 ff.

[55] Vgl. RG Rspr 9, 572; *van Calker*, Strafrecht, S. 135; *v. Hippel*, Lehrbuch, S. 213; *Brügger*, S. 18 f.; *Christiansen*, S. 23; *Eisler*, S. 84 f.; *Engelhard*, Ehre, S. 86, 122; *Schierloh*, S. 7 f.; unklar *Liepmann*, VDB IV, S. 239 ff., der der Konstruktion eines konkreten Gefährdungsdelikts zuzuneigen scheint.

[56] In das Erfordernis, daß die Äußerung generell zu einer Ehrverletzung geeignet sein müsse, wird von *Liepmann*, VDB IV, S. 240 gleichzeitig eine normative Beschränkung des Ehrinhalts hineininterpretiert; ähnlich *v. Bar*, GS 52, 81/86 ff.; *Eisler*, S. 81 f.

[57] Vgl. *Sauer*, Ehre, S. 62; unrichtig, *Krug*, S. 99 Anm. 196.

[58] Aus dem Wortlaut des Begriffs „Beleidigung" können wohl keine eindeutigen Ergebnisse gefolgert werden; anders *Heß*, S. 22; *Hirsch*, Ehre, S. 21.

[59] Vgl. statt aller *Dreher*, StGB, 2 A zu § 186; *Herdegen*, LK, 1 zu § 186 und 2 zu § 187; *Maurach*, BT, S. 143; *Schönke / Schröder*, 8 zu § 186; *Welzel*, Lehrbuch, S. 310; weiterführend *Hirsch*, Ehre, S. 147 ff. mit zahlreichen Nachweisen und zutreffender Darstellung des Streitstandes; ebenso die ständige Rechtsprechung (vgl. RG Rspr 1, 14; RGSt 4, 401; 29, 40; 41, 61; 56, 100; BayObLG NJW 1959, 57; OLG Celle GA 1960, 247; NdsRpfl 1963, 91; OLG Köln NJW 1964, 2121; OLG Oldenburg NdsRpfl 1955, 117). Die Richtig-

Dritten eingreift[61], also nur *Gefühlsgefährdung* sein kann, mit weit *schwererer Strafe* bedroht ist *als* die — regelmäßige — *Gefühlsverletzung* des § 185 StGB?

Das ginge nur an, wenn negative Tatsachenäußerungen das *Gefühl*[62] stärker verletzten als abschätzige Werturteile; das aber entspricht sicher nicht dem Normalfall. Der eigentliche Unrechtskern der §§ 186, 187 StGB kann demnach nicht in einer Gefühlsgefährdung liegen. Und als „geradezu anstößig" bezeichnet es *Hirsch*[63], den Unwertgehalt von Schimpfereien gegenüber Dritten in der Möglichkeit, daß der Abwesende davon Kenntnis erhalten könne[64], sehen zu wollen.

Der Versuch, mittels einer Gefährdungskonstruktion die Strafbarkeit einer Beleidigung in Abwesenheit des Betroffenen zu begründen, schlägt daher fehl. Die *monistische subjektive Theorie* ist daher als *zu eng* abzulehnen.

3. Dualistische Ehrtheorien

Die Mängel der beiden monistischen psychologischen Theorien sollen dadurch vermieden werden können, daß dem § 185 StGB der Schutz der subjektiven, den §§ 186, 187 der der äußeren Ehre zugewiesen wird[65].

a) Damit wird aber nicht die Problematik der *Werturteile vor Dritten* in Abwesenheit des Betroffenen gelöst, die, wie oben ausge-

---

keit dieser Auffassung ergibt sich daraus, daß der erhöhte Strafrahmen des § 187 nur dann gerechtfertigt ist, wenn die Äußerung nach *außen* dringt, weil damit unübersehbare Nachteile für den Beleidigten verbunden sein können (vgl. *Welzel*, Lehrbuch, S. 310).

[60] Das hindert nicht, daß *auch* der Betroffene anwesend sein kann; vgl. *Herdegen*, LK, 29 vor § 185; *Hirsch*, Ehre, S. 209 Anm. 19; *Schönke / Schröder*, 2 zu § 185.

[61] Kein Verfechter der — heute nicht mehr vertretenen — Mindermeinung, die auch bei Tatsachenäußerungen gegenüber dem Betroffenen selbst die §§ 186, 187 StGB anwenden möchte (vgl. *Binding*, BT I, S. 158; *v. Hippel*, Lehrbuch, S. 214 Anm. 1; *Schaefer*, LK, 8. Aufl., V vor § 185; *Welzel*, Lehrbuch, 10. Aufl., S. 296; *Baltin*, S. 38 ff.; *Engelhard*, Ehre, S. 128 f.; wohl auch *Hartung*, NJW 1965, 1743/1744), sieht Äußerungen gegenüber Dritten als gegen das *Gefühl* gerichtet an.

[62] Da hier die subjektive Ehrtheorie zugrunde gelegt wird, ist die erhöhte Gefährdung des Ansehens ohne Belang.

[63] Ehre, S. 24.

[64] Allerdings setzt der zu einer Bestrafung erforderliche Antrag (§ 194 StGB) Kenntnis des Beleidigten voraus; er steht aber als Prozeßvoraussetzung außerhalb des Unrechtstatbestandes (vgl. *Jescheck*, Lehrbuch, S. 664; *Maurach*, AT, S. 939 f.; *Schmidhäuser*, AT, S. 384, 391 f.; *Schönke / Schröder*, 8 zu § 61).

[65] So vor allem *Liepmann*, VDB IV, S. 230 und Beleidigung, S. 46; vgl. auch *v. Dohna*, DStR 1941, 34/35 f.; *v. Lilienthal*, VDB IV, S. 375 Anm. 1; *Olshausen / Hörchner*, 1 a aa und bb vor § 185.

führt, im Einzelfall rufgefährdend zu sein vermögen, jedoch angesichts des klaren Wortlauts der §§ 186, 187 StGB nicht unter „Tatsachen" subsumiert werden können[66]. Andererseits aber lassen sie die subjektive Ehre unberührt[67]; und die Hilfskonstruktion einer Ehrgefühlsgefährdung würde, weil sich letztlich alle Fälle von Rufbeeinträchtigung als Ehrgefühlsgefährdungen darstellen würden, hier dazu führen, daß die zugrundegelegte Differenzierung zugunsten der monistischen Ehrgefühlstheorie preisgegeben würde[68].

Liepmann verneint nun zwar in Übereinstimmung mit einigen ausländischen Vorbildern[69] die *Strafwürdigkeit* derartiger Äußerungen, da es nicht Aufgabe des Strafrechts sei, „urbane Lebensformen zu schaffen"[70]. Er setzt sich damit aber nicht nur in Widerspruch zu „den im deutschen Volke lebenden Anschauungen"[71], sondern auch zur ständigen Rechtsprechung[72] und herrschenden Lehre[73], die stets bei derartigen Äußerungen von einer Strafbarkeit ausgegangen sind. Und in der Tat ist eine unterschiedliche Behandlung von unsubstantiierten Urteilen gegenüber Dritten und dem Betroffenen schwer verständlich: Sind die Mißachtungsäußerungen leichterer Natur, so ist der Staat allerdings nicht gehalten, einem „übertriebenen Selbstkultus verweichlichter Stubenhockerempfindlichkeit"[74] die Mittel des Strafrechts zur Verfügung zu stellen; das gilt aber für beide Fallgruppen gleichermaßen[75]. Sind die abfälligen Urteile gegenüber Dritten andererseits von schwerwiegender Bedeutung, so sind sie in ihrer Auswirkung in der Umwelt Tatsachenbehauptungen angenähert[76] und daher für den Betroffenen sogar gefährlicher als Werturteile unter vier Augen.

Ihnen gegenüber bedarf es demnach ebenfalls des Strafrechtsschutzes, den eine konsequent durchgeführte *dualistisch-psychologische Ehrauffassung* indes *nicht* zu gewähren vermag.

---

[66] Zum Tatsachenbegriff vgl. die S. 132 f. Fußn. 28, 30 und 31 Genannten.

[67] Vgl. *Heß*, S. 38; *Krug*, S. 95, 100; *Schierloh*, S. 16.

[68] Zutreffend *Hirsch*, Ehre, S. 23 f.

[69] Vgl. VDB IV, S. 286, 287 ff., 296, 301.

[70] VDB IV, S. 248; ebenso *v. Dohna*, DStR 1941, 34/38; *Heß*, S. 40.

[71] Begr. zu § 259 VE 1909, S. 705.

[72] RGSt 29, 40; BGHSt 6, 159; weitere Nachweise bei *Schaefer*, LK, 8. Aufl., I b zu § 185.

[73] Vgl. *Dreher*, StGB, 1 A zu § 186; *Herdegen*, LK, 1 zu § 185; *Lackner / Maassen*, 2 zu § 185; *Maurach*, BT, S. 140, 144; *Schaefer*, LK, 8. Aufl., I b zu § 185; *Schönke / Schröder*, 2 zu § 185; wohl auch *Welzel*, Lehrbuch, S. 310.

[74] *Köstlin*, Abhandlungen, S. 48.

[75] Vgl. auch Begr. zu § 259 VE 1909, S. 705.

[76] Vgl. *Kronecker*, GS 38, 481/488; übereinstimmend selbst *Engelhard* (Ehre, S. 35 f., 108 ff. und JW 1925, 1647), der grundsätzlich Rufgefährdung durch unsubstantiierte Werturteile ablehnt (vgl. Ehre, S. 88 ff., 123 ff.).

b) Die dualistische Betrachtungsweise soll nach einer Mindermeinung im Schrifttum aber auch deshalb zu unerwünschten Freisprüchen führen, weil bei der Annahme einer strengen Trennung der §§ 185 und 186, 187 StGB auch eine *Scheidung des Tätervorsatzes* Platz greifen müßte: Wer kränken will, will nicht den Ruf verletzen und umgekehrt[77].

Dieser Einwand wäre, träfe er zu, nicht nur für die psychologische Theorie sondern *bei jeder Aufspaltung des Ehrbegriffs*[78] von Belang und steht wohl letztlich hinter der ansonsten wenig ergiebigen Formel von der „Auflösung der systematischen Einheit der Beleidigungstatbestände“[79]. Um festzustellen, ob er auch durchschlagend ist, muß zunächst geklärt werden, wann überhaupt die Verschiedenartigkeit des Vorsatzes theoretisch zu Strafbarkeitslücken führen könnte:

In Betracht kommen nur Fälle der *aberratio ictus* und des *error in persona*[80], bei denen versehentlich statt desjenigen, den eine Kränkung treffen soll, ein Dritter[81] oder umgekehrt an Stelle des Dritten[82] der

---

[77] So *v. Bar*, GS 52, 81/97 Anm. 19; *Kern*, Abgrenzung, S. 77.

[78] Also insbesondere auch für die Rechtsprechung, die für den Bereich des § 185 StGB einen normativen Ehrbegriff vertritt (vgl. BGHSt 11, 67/70 f.).

[79] Vgl. *Schaefer*, LK, 8. Aufl., I 1 und IV vor § 185; *Welzel*, Lehrbuch, S. 304, 309; *Hirsch*, Ehre, S. 19; Arthur *Kaufmann*, ZStW 72, 418/429; *Krug*, S. 95; Karlheinz *Schmid*, S. 27 f.

[80] Vgl. hierzu allgemein *Baumann*, Lehrbuch, S. 428 f.; *Jescheck*, Lehrbuch, S. 232 ff.; *Maurach*, AT, S. 279 ff.; *Schmidhäuser*, AT, S. 313 ff.; *Stratenwerth*, AT, S. 100 f.; *Welzel*, Lehrbuch, S. 73 ff.

[81] Bezieht der Dritte die Kränkung als auf sich gemünzt, so ist bei Vorliegen einer aberratio ictus nach zutreffender h. L. (abweichend *Frank*, StGB, V 2 zu § 59; *Welzel*, Lehrbuch, S. 73) lediglich eine — straflose — versuchte, bei einem error in persona oder sonstigem Motivirrtum eine vollendete Gefühlsverletzung gegeben (a. A. *Kohler*, GA 47, 1/23, der in beiden Fällen bereits den objektiven Tatbestand verneint). — Daran könnte sich allerdings bei Zugrundelegung eines normativ korrigierten Ehrbegriffs etwas ändern, wenn der Vorwurf für den Gemeinten nicht beleidigend wäre (so *Binding*, BT I, S. 156; *Frank*, StGB, II zu § 185; *Herdegen*, LK, 21 zu § 185; *Liepmann*, VDB IV, S. 327; *Welzel*, Lehrbuch, S. 309). Geht man aber davon aus, daß entgegen Tendenzen in der neueren Rechtsprechung (vgl. BayObLG NJW 1959, 57; OLG Köln NJW 1964, 2121; zustimmend *Brandes*, S. 129 und passim; *Dreher*, StGB, 2 D d zu § 186; *Kohlrausch / Lange*, IV 2 vor und V zu § 185; *Schönke / Schröder*, 3, 17, 21 zu § 185) wegen der Notwendigkeit eines effektiven Ehrenschutzes sowie aus Gründen des systematischen Zusammenhangs (vgl. die zutreffenden Ausführungen von *Hartung*, NJW 1959, 640; 1965, 1743 und *Hirsch*, Ehre, S. 204 ff.; zustimmend *Herdegen*, LK, 22 zu § 185; *Lackner / Maassen*, 7 zu § 185; *Welzel*, Lehrbuch, S. 310) der Wahrheit im Bereich des § 185 StGB keine andere Bedeutung zukommen kann als für § 186 StGB, so erweist sich die Frage nach der objektiven Wahrheit und einem darauf gerichteten Vorsatz wegen der für den Vollbesitz der Ehre sprechenden Vermutung als unerheblich. Insbesondere von dem im Text dargelegten Verständnis der Beleidigung als Gefährdung des aus der wahren Ehre fließenden Achtungsanspruches aus bleibt es gleichgültig, ob der gute Glaube des Täters an die Wahrheit auf einer Personenverwechslung oder auf ande-

Verletzte selbst Kenntnis von der Äußerung erhält. Ob dies notwendig Straflosigkeit zur Folge hat[83], hängt im wesentlichen davon ab, auf welche Merkmale sich der Vorsatz erstreckt und wie konkret sie vom Bewußtsein erfaßt werden müssen.

Prüft man unter diesem Blickwinkel die fraglichen Fälle, ist zunächst eines klar: Erlangt versehentlich *das Opfer* selbst *statt eines Dritten* Kenntnis von einer beleidigenden Tatsachenbehauptung, so entfällt schon der objektive Tatbestand des § 186 StGB[84], da diese Vorschrift nur Anwendung findet, wenn Erklärungsempfänger und Beleidigter nicht identisch sind[85]. Wohl aber liegt objektiv eine Ehrgefühlsverletzung oder doch wenigstens -gefährdung vor, so daß § 185 StGB eingreift, sofern der subjektive Tatbestand gegeben ist:

aa) Nun ist allerdings der Kritik einzuräumen, daß eine *Ehrgefühlsverletzung nicht gewollt ist,* wenn der Täter damit rechnet, daß nur ein Dritter Kenntnis von der Äußerung erhält[86]. Das würde gemäß § 59 StGB aber nur dann zur Straflosigkeit führen, wenn es sich bei der Gefühlsverletzung oder -gefährdung um ein Tatbestandsmerkmal handeln sollte. Denn der *Vorsatz bezieht sich* allein auf die Merkmale des objektiven Tatbestandes[87], *nicht* aber *auf die Rechtsgutsverletzung.* Das läßt sich leicht am Beispiel des § 153 StGB zeigen: Hier genügt das Bewußtsein der Unrichtigkeit der Aussage, der Zuständigkeit der Stelle sowie der Zugehörigkeit zum Beweisthema; nicht erforderlich ist hingegen ein „Vorsatz", die Rechtspflege zu beeinträchtigen[88].

Ganz so einfach wie bei § 153 StGB läßt sich aber hinsichtlich § 185 StGB nicht feststellen, daß die Gefühlsbeeinträchtigung außerhalb des Tatbestandes liegt. Denn immerhin spricht das Gesetz nur von

---

ren Gründen beruht (vgl. RGSt 29, 44/45; *Kern,* Abgrenzung, S. 78 und Äußerungsdelikte, S. 34 Anm. 1; *Schaefer,* LK, 8. Aufl., IV b zu § 185 mit weiteren Nachweisen): Die *Ehrgefährdung* bleibt bestehen.

[82] Der Dritte muß nicht unbedingt mit dem Äußerungsadressaten identisch sein (heute unstreitig; vgl. statt aller *Herdegen,* LK, 23 zu § 185 mit Nachweisen; abweichend noch *v. Hippel,* Lehrbuch, S. 213 Anm. 3; *Kohler,* GA 47, 1/15 ff.; *Liepmann,* VDB IV, S. 264; *Lorsch,* S. 39 f.). Ebenfalls unerheblich ist, da Motivirrtum, im Rahmen der §§ 186, 187 StGB eine Verwechslung des Opfers; vgl. *Gabler,* S. 77; *Spiecker,* S. 53; zu Unrecht differenzierend *Freudenstein,* S. 16; siehe aber auch RGSt 18, 167.

[83] Bejahend *Spiecker,* S. 54; vgl. auch *Kern,* Abgrenzung, S. 77.

[84] Insoweit zutreffend *Kern,* Abgrenzung, S. 77.

[85] Vgl. *Hirsch,* Ehre, S. 147 ff. Zum Theorienstreit siehe oben Fußn. 59 - 61.

[86] Vgl. *Spiecker,* S. 54.

[87] Vgl. *Baumann,* Lehrbuch, S. 402; *Jescheck,* Lehrbuch, S. 218; *Maurach,* AT, S. 253 f.; *Schmidhäuser,* AT, S. 309 f.; *Welzel,* Lehrbuch, S. 65. Ob darüber hinaus auch Unrechtsbewußtsein vorliegen muß (vgl. dazu *Schönke / Schröder,* 81 ff. zu § 59), ist eine Streitfrage, die hier offen bleiben kann.

[88] Vgl. statt aller *Schönke / Schröder,* 21 ff. vor § 153.

„beleidigen“ und deshalb liegt nahe, die Art der Rechtsgutsverletzung zur Bestimmung von Inhalt und Umfang des Tatbestandes heranzuziehen[89]. Dennoch, in einer Definition der Beleidigung als Ehrgefühlsbeeinträchtigung läge eine *Verwechslung von Ursache und Wirkung;* vielmehr wird erst durch die Beleidigung, die allgemein als „Kundgebung von Mißachtung oder Nichtachtung“ verstanden wird[90], die Gefühlsverletzung oder -gefährdung bewirkt. Das bedeutet: Der *objektive Tatbestand* besteht in der Mißachtungskundgebung sowie als einzigem Außenwelterfolg in der Kenntnisnahme durch einen anderen[91], *nicht* jedoch in einer *Ehrgefühlsbeeinträchtigung*[92]. Ein Vorsatz, den Beleidigten zu kränken, ist daher nicht erforderlich[93].

bb) Schließlich könnte der subjektive Tatbestand neben dem Vorsatz auch eine *gegen das Ehrgefühl gerichtete subjektive Tendenz* erfordern; denn vielfach wird die Beleidigung als eine *„gegen die Ehre* gerichtete Mißachtungskundgebung“ definiert[94].

Kennzeichnend für Tendenzdelikte ist aber, „daß die Tathandlung durch eine Willensrichtung des Täters beherrscht wird, die im objektiven Geschehen keine volle Entsprechung findet“[95]. Das ist hier gerade nicht der Fall; vielmehr ist einer Mißachtungskundgebung die *objektive Tendenz* zur Ehrbeeinträchtigung, d. h. nach der zugrundegelegten Ehrtheorie zur Ehrgefühlsverletzung, immanent. Und nichts anderes ist auch mit der Wendung von der „gegen die Ehre gerichteten Mißachtungskundgebung“ gemeint: Der unklar gefaßte Tatbestand des § 185 StGB soll durch Angabe der Schutzrichtung plastischer werden.

cc) Erfordert § 185 StGB demnach objektiv nur die Mißachtungskundgebung und subjektiv den darauf gerichteten Vorsatz, so stellt sich allein die Frage, ob letzterer auch dann gegeben ist, wenn nicht der Betroffene, sondern ein Dritter Äußerungsadressat war. Eine Frage, die sicher zu verneinen wäre, wenn sich die beiden Fälle nicht nur im Hinblick auf den Äußerungsempfänger, sondern auch hinsichtlich der Art der Mißachtungskundgebung unterscheiden sollten. Das ergibt sich

---

[89] Vgl. auch *Baumann*, Lehrbuch, S. 146.

[90] Vgl. RGSt 10, 372/373; 28, 171/173; 40, 416; BGHSt 25, 30/34; *Frank*, StGB, I zu § 185; *Wetzel*, S. 76.

[91] Dies folgt aus dem „Kundgebungscharakter“ der Beleidigung; vgl. *Maurach*, BT, S. 136.

[92] Vgl. *Kern*, Äußerungsdelikte, S. 25, 28 und Frank-Festgabe, S. 348.

[93] Ebenso *Maurach*, BT, S. 136.

[94] Vgl. statt aller RG Rspr 9, 572; RGSt 3, 434/435; BGHSt 1, 288/289; weitere Nachweise bei *Olshausen / Hörchner*, 1 zu § 185.

[95] *Jescheck*, Lehrbuch, S. 238.

aber, wenn man einer Meinung im Schrifttum[96] folgend, in §§ 186, 187 StGB die *Ermöglichung fremder Mißachtung* durch Tatsachenbehauptungen[97], in § 185 StGB die *Kundgebung eigener Mißachtung* sehen wollte.

Diese Auslegung des § 185 StGB trägt indes die Gefahr in sich, das Merkmal „eigen" rein subjektiv zu verstehen und folglich auch objektiv ehrindifferente Äußerungen als Beleidigung zu behandeln, wenn nur der Täter ihnen erkennbar einen mißachtenden Sinn beimißt[98]. Selbst wenn aber das Opfer und Dritte erkennen sollten, daß eine Beleidigung beabsichtigt ist, besteht für die Rechtsordnung kein Anlaß, abwegigen subjektiven Wertvorstellungen der Beteiligten Rechnung zu tragen[99] und so „Wahnverbrechen"[100] zu pönalisieren.

Auf der anderen Seite müßte die Wiedergabe fremder ehrenrühriger Behauptungen dem Betroffenen gegenüber straflos bleiben, sofern sie sich der Täter nicht zu eigen macht[101]. Als *zu eng* erweist sich die Beschränkung auf die Kundgebung *eigener* Mißachtung vor allem, wenn der Täter eine Mißachtung gar nicht empfindet, etwa eine Hure ein anständiges Mädchen als unkeusch bezeichnet[102], wenn einem Mann päderastische Handlungen[103], einem Beamten die Annahme von Bestechungsgeschenken[104] oder Betätigung zugunsten einer staatsverneinenden Partei[105] zugemutet werden, aber auch wenn der Täter ein fremdes

---

[96] *Frank*, StGB, I zu § 186; *v. Liszt / Schmidt*, Lehrbuch, S. 513 f.; *Merkel*, Lehrbuch, S. 290 f.; *Gallas*, Beleidigung, S. 457 und Sitzungsbericht, S. 326 (unklar aber Niederschriften, S. 48); *Hartung*, ZStW 71, 385/387; *Jescheck*, Sitzungsbericht, S. 327 (vgl. aber Niederschriften, S. 51); Arthur *Kaufmann*, ZStW 72, 418/431; *Wetzel*, S. 108 f. Dagegen aber *Gabler*, S. 34 ff.; *Kronecker*, GS 38, 481/488.

[97] Ohne die Beschränkung auf Tatsachenbehauptungen kann die gewünschte Abgrenzung der Tatbestände nicht getroffen werden, da, wie oben im Text ausgeführt, fremde Mißachtung auch durch Mitteilung von Werturteilen hervorgerufen werden kann.

[98] Vgl. etwa BGHSt 8, 325/326; zur Kritik siehe *Kern*, Abgrenzung, S. 23 ff. und Äußerungsdelikte, S. 15 ff., 20 ff.; BayObLG JR 1963, 468 mit zust. Anm. *Schröder*.

[99] Ebenso *Sauer*, Ehre, S. 79.

[100] Vgl. dazu *Baumann*, Lehrbuch, S. 513; *Jescheck*, Lehrbuch, S. 402; *Maurach*, AT, 510; *Schmidhäuser*, AT, S. 481; *Schönke / Schröder*, 43 zu § 43; *Welzel*, Lehrbuch, S. 194.

[101] Vgl. *Maurach*, BT, S. 140; siehe auch *Dreher*, Niederschriften, S. 49; *Lackner*, Niederschriften, S. 49; *Schierloh*, S. 15.

[102] Beispiel von *Sauer*, Ehre, S. 79.

[103] RG Rspr 5, 143.

[104] RGSt 12, 140.

[105] RGSt 46, 151 mit abl. Anm. *Alsberg*, GA 61, 205/212; ähnlich RG GA 60, 441. Beide die SPD betreffenden Entscheidungen sind entsprechend den damaligen Anschauungen durchaus folgerichtig. Vgl. aber KG GA 69, 230 betreffend Zugehörigkeit zur KPD.

Mädchen wider dessen Willen küßt[106]. Stets wird das Opfer einer Behandlung ausgesetzt, die einem objektiven Betrachter den Schluß auf die Minderwertigkeit des Betroffenen in irgendeiner Hinsicht nahelegt. Daher wird im allgemeinen die Strafwürdigkeit solcher Fälle bejaht[107] und nur gefordert, daß die Kundgebung objektiv als Mißachtung verstanden wird[108].

Objektiv einen mißachtenden Sinn haben aber immer auch Behauptungen ehrenrühriger Tatsachen gegenüber Dritten[109], so daß der spezielle Vorsatz des § 186 StGB stets den allgemeinen Vorsatz „Mißachtung kundzugeben" mitumfaßt. Erhält daher statt des Dritten das Opfer Kenntnis von der beleidigenden Äußerung, so ist der *objektive und subjektive* Tatbestand des § 185 StGB erfüllt.

Da entsprechend auch im umgekehrten Fall eine Strafbarkeit gemäß § 185 StGB zu bejahen ist[110], hat die *dualistische Betrachtungsweise nicht* die befürchteten *Strafbarkeitslücken zur Folge.*

IV. Zusammenfassung

Unter dem Gesichtspunkt der *Schutzwürdigkeit* haben sich insbesondere die *psychologischen Theorien als sehr bedenklich* herausgestellt. Das gilt vor allem für die beiden *monistischen* Auffassungen, da eine subjektive Ehrsicht Beleidigungen in Abwesenheit des Betroffenen, ein Verständnis der Ehre als äußere Geltung hingegen nicht die Beleidigung unter vier Augen sowie durch Anpöbeleien und Schimpfereien zu erfassen vermag; ähnlich verhält es sich mit der *dualistischen* Betrachtungsweise, die unsubstantiierte Werturteile in Abwesenheit des Betroffenen straffrei lassen muß. Aber auch soweit auf einen *komplexen* psychologischen Ehrbegriff abgestellt wird, bleiben Strafbarkeitslücken bestehen: So können Kinder und schwer Geisteskranke, denen ein Ehrbewußtsein völlig fehlt, nicht geschützt werden, und das Ansehen ist nicht feststellbar[1], wenn sich eine Äußerung auf den Menschen in seiner Zugehörigkeit zu verschiedenen Gemeinschaften bezieht.

---

[106] Beispiel von *Frank*, StGB, I zu § 185; zu Unrecht leugnet *Sauer*, Ehre, S. 80, 128 f. einen objektiv mißachtenden Sinn.

[107] Vgl. *Frank*, StGB, I zu § 185; *Maurach*, BT, S. 140; *Givanovitch*, GA 61, 195/199; *Kern*, Äußerungsdelikte, S. 21; *Lange*, Niederschriften, S. 48 f.; *Liepmann*, VDB IV, S. 263; *Sauer*, Ehre, S. 79; Eberhard *Schmidt*, Niederschriften, S. 48.

[108] Vgl. BGH NJW 1951, 368; BayObLG NJW 1957, 1607; OLG Stuttgart NJW 1969, 684; *Kern*, Abgrenzung, S. 26, 33; *Pfleiderer*, S. 49 f.

[109] Zutreffend *Brandes*, S. 73; *Doehn*, ZStW 21, 468/509; *Gabler*, S. 38; *Liepmann*, VDB IV, S. 237; *Roxin*, Täterschaft, S. 392.

[110] Vgl. RGSt 76, 366/371; im Ergebnis ebenso *Lorsch*, S. 49 f.

[1] Da damit die allen dualistischen Auffassungen gemeinsame Komponente

Was den *Ehrinhalt* betrifft, so ist das *faktische* Ansehen bei mehrfacher Gruppenzugehörigkeit nicht feststellbar und kann bei einem zu Unrecht schlecht Beleumdeten sogar völlig fehlen. Auch die *normativ-faktische* Ansicht *Wolffs* ist zu eng, da sie den Vorwurf von Pflichtverletzungen nicht zu erfassen vermag.

Hingegen haben sich *alle anderen* in der Literatur vorgetragenen *Einwände — insbesondere die gegen einen normativen Ehrbegriff — als nicht stichhaltig* erwiesen. Ob ihm oder einem der formalen oder hypothetischen Ehrbegriffe, die im Hinblick auf die Schutzwürdigkeit offensichtlich unbedenklich erschienen, der Vorzug zu geben ist, wird erst die abschließende Prüfung der Schutzbedürftigkeit zeigen können.

4. Abschnitt

Die Schutzbedürftigkeit

Hatten sich unter dem Gesichtspunkt der Schutzwürdigkeit verschiedene Ehrbegriffe als zu eng erwiesen, so ist es andererseits ein Gebot der Rechtsstaatlichkeit[1], den einzelnen mit Eingriffen in seine Handlungsfreiheit, „hinter denen keine soziale Notwendigkeit steht"[2], zu verschonen[3].

Damit soll nicht die Frage, inwieweit Strafdrohungen, die nicht auf den Schutz von Rechtsgütern abzielen, berechtigt sind[4], angeschnitten werden; denn ein Rechtsgut, nämlich die Ehre, wird ja nach allen Ansichten zugrunde gelegt, lediglich dessen Form und Inhalt unterschiedlich bestimmt. Es kann folglich nur darum gehen, den Umfang des Rechtsbegriffs *Ehre nicht zu weit* zu verstehen.

Hierzu bietet sich zunächst das sogenannte *Subsidiaritätsprinzip* an, wonach der Gesetzgeber nur dort auf die Mittel des Strafrechts zurückgreifen darf, wo diejenigen des bürgerlichen und/oder öffentlichen Rechts keinen ausreichenden Rechtsgüterschutz zu gewährleisten vermögen[5]. Es wäre demgemäß also festzustellen, ob etwa das Zivilrecht einen befriedigenden Ehrenschutz ermöglicht, so daß eine (zusätzliche) strafrechtliche Reaktion weitgehend entbehrlich wäre.

---

ausfällt, sind auch normativ-psychologische und formal-psychologische Ehrtheorien problematisch geworden.

[1] Denn das Grundgesetz will die allgemeine menschliche Handlungsfreiheit gewährleisten; vgl. BVerfGE 6, 32/36 f.

[2] *Gallas,* Heidelberger Jahrbücher 1965, 1/15.

[3] Zutreffend *Gallas,* Heidelberger Jahrbücher 1965, 1/15.

[4] Vgl. dazu oben S. 18.

[5] Vgl. *Gallas,* Heidelberger Jahrbücher 1965, 1/14 f.; *Jescheck,* Lehrbuch, S. 2 f., 33; *Roxin,* JuS 1966, 377/382; *Rudolphi,* ZStW 83, 105/114 f.

Es stellt sich indes immerhin die Frage, ob hier nicht der Sinn des Subsidiaritätsprinzips, nämlich die Einsetzung des am wenigsten belastenden Mittels[6], angesichts der Höhe der gegenwärtig von den Gerichten zugesprochenen Schadensersatzleistungen[7] geradezu in sein Gegenteil verkehrt wird: Die durchweg gering bemessenen Geldstrafen[8] haben dazu geführt, daß die Betroffenen das „scharfe" Schwert des Strafgesetzes — trotz der mit einer strafgerichtlichen Verurteilung verbundenen sozialethischen Mißbilligung — häufig weit weniger fürchten als die Waage der austeilenden Gerechtigkeit[9].

Vor allem aber ist eine Restriktion des Ehrbegriffs nicht mit Hilfe des Zivilrechts zu gewinnen[10]. Denn die Anwendung des § 823 Abs. 2 BGB setzt ja gerade eine Verletzung der *durch das Strafrecht zu bestimmenden* Ehre voraus; aber auch zu § 823 Abs. 1 BGB hat die zivilrechtliche Judikatur ebenso wie das Schrifttum eine eigene Ehrtheorie nicht entwickelt und sich insoweit stets darauf beschränkt, auf Erkenntnisse der Strafrechtswissenschaft zurückzugreifen[11]. Der strafrechtliche Ehrbegriff ist demnach aus sich selbst und unabhängig von möglicherweise bestehenden zivilrechtlichen Sanktionen zu bestimmen.

Schutzbedürftigkeit bedeutet daher lediglich, daß kein Ehrbegriff dazu führen darf, daß strafrechtlich irrelevante oder gar positiv zu bewertende Verhaltensweisen pönalisiert werden. Ein *zu weiter Schutzbereich* kann sich dabei insbesondere aus einer verfehlten Bestimmung des *Ehrinhalts,* teilweise jedoch auch aus einer Verkennung der *äußeren Struktur* ergeben.

I. Der Ehrinhalt

In Beleidigungsverfahren stehen häufig den schutzwürdigen Belangen des Angegriffenen solche des Angreifers gegenüber; und je nach

[6] Vgl. *Rudolphi,* ZStW 83, 105/115.

[7] Vgl. etwa BGHZ 18, 149; 26, 349/359; 35, 363/365; 39, 124/127; BVerfGE 28, 1/2. Zur Verfassungsmäßigkeit dieses Geldausgleichs BVerfGE 34, 269 ff.; teilweise kritisch *Hirsch,* Ehre, S. 187 Anm. 107.

[8] Vgl. dazu *Heesen,* S. 68 ff.; *v. Lippa,* S. 73 f.

[9] Ähnlich *Arzt,* S. 334; *Hirsch,* Engisch-Festschrift, S. 319 f.; *Rötelmann,* NJW 1971, 1636/1638; *Schwinge,* MDR 1973, 801/806.

[10] Die Suche nach dem relativ mildesten Mittel erscheint auch im Hinblick darauf, daß möglicherweise nur strafrechtliche Sanktionen erfolgversprechend sein können, äußerst problematisch. Denn „auf Spatzen soll man auch dann nicht mit Kanonen schießen, wenn andere Waffen nicht zur Verfügung stehen" (*Gallas,* Heidelberger Jahrbücher 1965, 1/6).

[11] Daß durch § 823 I BGB neben der Ehre noch andere Persönlichkeitsrechte geschützt werden, steht der Identität von strafrechtlichem und zivilrechtlichem Ehrbegriff nicht entgegen; vgl. auch BGHZ 39, 124/128; *Erman / Weitnauer,* Anh. zu § 12 BGB, Rn. 33.

dem, wie das Rechtsgut gesehen wird, drohen die Interessen des einen auf Kosten des anderen verkürzt zu werden. Gleichberechtigt mit der Notwendigkeit eines umfassenden Ehrenschutzes steht deshalb die Forderung nach einer sachgerechten Beschränkung. Infolgedessen stellt sich *bei jeder inhaltlichen Bestimmung des Ehrbegriffs* die Frage der Schutzbedürftigkeit.

1. *Hypothetische und faktische Ehrbegriffe*

Den rigorosesten Standpunkt bei der inhaltlichen Fixierung des Ehrbegriffs nehmen diejenigen ein, die jegliche Kundgebung von Mißachtung oder Nichtachtung unter Strafe stellen wollen[1], und jene, die den vollen Ehrenwert unterstellen und einer Widerlegung der Ehrenvermutung — soweit sie eine solche überhaupt zulassen[2] — keine Bedeutung für das Unrecht der Tat beimessen[3].

Nicht ganz so weit wie diese *hypothetischen* Ehrtheorien gehen die sogenannten *faktischen,* die gleichfalls den Ehranspruch oder das Ehrinteresse[4] beziehungsweise das Ansehen oder das Ehrgefühl[5] zwar nicht generell, wohl aber soweit es im Einzelfall tatsächlich besteht, als Ehre anerkennen, und zwar unabhängig davon, ob und inwieweit es berechtigt ist. Theoretisch besteht also ebenfalls keine Ehrobergrenze, so daß die im Hinblick auf einen zu weiten Ehrenschutz erhobenen Einwendungen gegenüber den beiden Ehrbegriffen im wesentlichen die gleichen sind, weshalb sich eine gesonderte Untersuchung erübrigt.

Die Kritik an beiden Ehrtheorien richtet sich gegen einen Strafrechtsschutz der *subjektiven Empfindlichkeit* und gegen eine Pönalisierung *unsinniger* und vor allem *wahrer* Behauptungen.

a) Da wird zunächst hinsichtlich der *subjektiven Ehre* vorgebracht, es führe zu einer Übersteigerung des „Ehrenschutzes“, wenn sich jede

---

[1] So insbesondere *v. Bülow,* GS 46, 261/269; *Rüdorff / Stenglein,* 1, 5 zu § 192; *Stenglein,* GS 42, 79/83.

[2] Nach *v. Bülow,* GS 46, 261/268 und Hans-Werner *Hoffmann,* S. 74 ist die Vermutung unwiderlegbar.

[3] So namentlich *Kern,* Abgrenzung, S. 12 f., 27; ihm folgend *Beling,* Grundzüge, S. 81; *Pfleiderer,* S. 8.

[4] Hauptvertreter eines formal-faktischen Ehrbegriffs: *Allfeld,* Lehrbuch, S. 369 und GS 93, 225/226; *Gabler,* S. 21.

[5] Ein psychologisch-faktischer Ehrbegriff wird im wesentlichen nur hinsichtlich der äußeren Ehre (vgl. aber hinsichtlich der subjektiven Ehre *Heß,* S. 26; wohl auch *Mezger / Blei,* BT, S. 106) vertreten; vgl. insbesondere *v. Liszt / Schmidt,* Lehrbuch, S. 506; *Maurach,* BT, S. 131; *Bockelmann,* JR 1954, 327; Beleidigung, S. 476; Niederschriften, S. 18; *Liepmann,* VDB IV, S. 230, 233; Begr. zu § 138 AE, S. 19.

Kundgabe von Mißachtung oder Nichtachtung als Beleidigung darstellen oder die jeweilige subjektive Empfindlichkeit des Angegriffenen für das Vorliegen einer Beleidigung maßgebend sein sollte[6].

Und in der Tat besteht für die Rechtsordnung kein Anlaß, übersteigerte Geltungssucht und ein dem wahren inneren Wert überhaupt nicht mehr entsprechendes Ehrbewußtsein[7] *als Ehre* zu schützen. Ein Schutz des bloßen Scheins wäre allenfalls mit dem Bestreben, Seelenschmerz zu verhindern[8] oder den öffentlichen Frieden zu wahren, zu rechtfertigen, eine Begründung indes, die *allein*, wie im 1. Teil der Untersuchung ausgeführt, die Anwendung von Beleidigungsrecht nicht zu tragen vermag.

Der aufgezeigten mißlichen Konsequenz kann man nun nicht einfach dadurch entgehen, daß man auf eine *verständige objektive Betrachtung* hinsichtlich der Ehrangemessenheit abstellt[9], da damit der faktische Ehrbegriff zu Gunsten eines normativen preisgegeben wird[10]. Möglicherweise ließe sich aber eine zu weite Ausdehnung des Schutzbereichs mittels der Vorschriften über den *Wahrheitsbeweis* oder die *Wahrnehmung berechtigter Interessen* vermeiden:

aa) Nun ist eine *Berücksichtigung der erwiesenen Wahrheit* ausdrücklich nur für Tatsachenbehauptungen gegenüber Dritten, die sich nach allgemeiner Ansicht[11] gerade nicht gegen das Ehrgefühl richten, vorgeschrieben, und die Vertreter des hypothetischen und faktischen Ehrbegriffs wenden sich auch mit Nachdruck gegen jede extensive Anwendung dieser Bestimmung und wollen selbst bei Tatsachenbehauptungen gegenüber dem Betroffenen den WB nicht zulassen[12]. Das ist von ihrem Standpunkt aus durchaus folgerichtig, da die Frage der Wahrheit oder Unwahrheit beziehungsweise der Richtigkeit oder Unrichtigkeit für das Unrecht der Tat unerheblich sein soll. Aber auch ein Verständnis des WB ein Strafausschließungsgrund[13] würde einen uner-

---

[6] Vgl. die Kritik bei *Herdegen*, LK, 4 vor § 185; *Maurach*, BT, S. 132; *Sauer*, System, S. 346; *Gerland*, Lehmann-Festschrift, S. 305; *Givanovitch*, GA 61, 195/200; *Hirsch*, Ehre, S. 15; Arthur *Kaufmann*, ZStW 72, 418/430; *Krug*, S. 95 f.; *Liepmann*, VDB IV, S. 240 f.; *Ramm*, S. 31 ff.

[7] Es liegt in der menschlichen Natur, daß eine Fehlbeurteilung des eigenen Wertes seitens des Ehrenträgers meist zu seinen Gunsten ausfallen wird; vgl. *Sauer*, System, S. 346.

[8] Vgl. *Krug*, S. 96; *Sauer*, Ehre, S. 61.

[9] So aber *Liepmann*, VDB IV, S. 240 f.; ähnlich *Maurach*, BT, S. 132.

[10] Vgl. *Hirsch*, Ehre, S. 15; *Krug*, S. 97.

[11] Die monistisch-subjektive Theorie wird heute nicht mehr vertreten.

[12] Vgl. *Motive*, S. 69; KglOLGSt München 10, 60; *Köstlin*, Abhandlungen, S. 63; *Rüdorff / Stenglein*, 15 zu § 185 und 1, 5 zu § 192.

[13] So wohl *Kern*, Abgrenzung, S. 13.

klärbaren Fremdkörper im System bilden, zumal wahre Behauptungen bekanntlich das Ehrgefühl besonders hart treffen können[14].

Bei Angriffen gegen die subjektive Ehre darf daher die *Frage nach der Wahrheit gar nicht gestellt* werden, eine befriedigende Einschränkung des Schutzbereichs ist also auf diesem Wege nicht möglich.

bb) Eine ausreichende Restriktion des Anwendungsbereichs des § 185 StGB ergibt auch die Anerkennung des Rechts, *berechtigte Interessen wahrzunehmen,* nicht. Denn nur ausnahmsweise wird der Vorhalt ehrenrühriger Tatsachen oder Werturteile gegenüber dem Beleidigten selbst und niemals die abschätzige Beurteilung gegenüber Dritten dazu dienen, den Betroffenen auf den Weg zur Besserung zu führen; die Motivation wird vielmehr zumeist eine ganz andere sein, der Täter somit nicht *zum Zwecke* der Interessenwahrnehmung handeln[15]. Danach ist es zumindest hinsichtlich der *subjektiven Ehre* unvermeidlich, an sich *nicht strafbedürftige* Fälle in das Beleidigungsrecht einzubeziehen.

b) Weiter liegt die Gefahr nahe, auch *unsinnige Behauptungen* — etwa den Vorwurf der Hexerei — als Beleidigungen anzusehen, wenn sie nur dem Ruf des Betroffenen gefährlich oder seinem Achtungsinteresse abträglich sind[16].

Das ist aber keineswegs zwingend; vielmehr sind derartig abwegige Behauptungen *objektiv* nicht ehrenrührig, da sie das Opfer im Kreise normal verständiger Menschen nicht verächtlich zu machen geeignet sind. Nur hierauf darf abgestellt werden, weil es nicht Sache des Staates ist, törichten Vorurteilen durch Strafsanktionen noch Vorschub zu leisten[17]. Deshalb stellt ein diesbezüglicher Vorwurf ebenso wie das Behaupten von Verhaltensweisen oder Eigenschaften, die sich im Einklang mit der rechtlichen Wertordnung befinden, möglicherweise aber in einzelnen Kreisen als schimpflich gelten[18], nur einen straflosen Versuch mit untauglichen Mitteln dar[19].

---

[14] Vgl. *v. Bar,* GS 52, 81/128; *Heß,* S. 25; *Spiecker,* S. 62.

[15] Dieses subjektive Rechtfertigungselement ist aber stets erforderlich; vgl. RGSt 4, 316; BGHSt 18, 182/186 mit Anm. *Hengsberger,* LM 11 zu § 186 und *Schneider,* NJW 1963, 665; BGH bei *Dallinger,* MDR 1953, 401; *Dreher,* StGB, 5 C zu § 193; *Eser,* S. 25 f., 62 f.; *Herdegen,* LK, 25 zu § 193; *Lackner / Maassen,* 4 zu § 193; *Maurach,* BT, 161; *Olshausen / Hörschner,* 10 a zu § 193 mit zahlreichen Nachweisen aus der älteren Judikatur; *Schönke / Schröder,* 21 zu § 193. Die auf verfassungsrechtlichen Erwägungen (Art. 5 I 2 GG) beruhende gegenteilige Ansicht von *Dagtoglou,* DÖV 1963, 936 ff. bezieht sich ausschließlich auf Veröffentlichungen durch die Presse.

[16] So in der Tat *Liepmann,* VDB IV, S. 234 f. und Beleidigung, S. 29; *v. Lilienthal,* VDB IV, S. 392.

[17] Vgl. *Dochow,* Handbuch III, S. 343; *Freudenstein,* S. 9.

[18] Vgl. oben S. 129 Fußn. 8 a.

[19] Zutreffend *Rubo,* S. 29.

Fehlt es aber an der objektiven Ehrenrührigkeit, so vermag auch die Zugrundelegung eines hypothetischen oder faktischen Ehrbegriffs nicht die befürchtete Strafbarkeit unsinniger Behauptungen zu begründen.

c) Die Kritik richtet sich denn auch nicht so sehr hiergegen als gegen die *Nichtberücksichtigung der Wahrheit* auf der Unrechtsebene, weil damit auch durch nichts gerechtfertigte Ansprüche und Interessen sowie das unberechtigte Ansehen, der bloße Schein geschützt würden[20], was praktisch ein Mundverbot bedeute, zumindest aber das Recht der freien *Meinungsäußerung unangemessen beschränke*[21].

Und in der Tat stellt ein Verbot, die Wahrheit aussprechen zu dürfen, eine erhebliche Einschränkung der grundgesetzlich garantierten Meinungsäußerungsfreiheit[22] dar, für die gewichtige Gründe vorgebracht werden müßten[23]:

Soweit die Strafbedürftigkeit der Behauptung auch wahrer Tatsachen ausdrücklich bejaht wird[24], geschieht dies vielfach im Hinblick darauf, das Hervorzerren lange zurückliegender Strafverfehlungen zu verhindern[25] oder einen wirklich effektiven Schutz des Privatlebens zu schaffen[26], vor allem aber wird als die eigentliche ratio der üblen Nachrede der Schutz des öffentlichen Friedens angesehen[27].

Damit werden jedoch durchweg *außerhalb des Ehrbereichs* liegende — wenn auch möglicherweise eines Strafschutzes bedürftige[28] — Interessen herangezogen, die sämtlich, da sie jeden sozialethischen Bezug zu dem wahren inneren Wert vermissen lassen[29], im Hinblick auf das ver-

---

[20] Vgl. *Binding*, BT I, S. 138; *Sauer*, System, S. 345 f.; *Schaefer*, LK, 8. Aufl., I 1 vor § 185; *Bassenge*, S. 6 f.; *Beling*, Nachrede, S. 11 f., 39 ff.; *Gallas*, Niederschriften, S. 24; *Hirsch*, Ehre, S. 17; Arthur *Kaufmann*, ZStW 72, 418/429; *Krug*, S. 83 f.; *Lackner*, Niederschriften, S. 15; *Lammasch*, S. 50 ff.; Karlheinz *Schmid*, S. 25 f.

[21] Vgl. *Hirsch*, Ehre, S. 29; *Krug*, S. 92; Karlheinz *Schmid*, S. 26.

[22] Art. 5 I 1 GG.

[23] Es ist hier nicht der Ort, das Verhältnis zwischen diesem Grundrecht und seinen Schranken — insbesondere dem Ehrenschutz — im Detail aufzuzeigen; vgl. hierzu BVerfGE 34, 238/245 ff.; *Maunz / Dürig / Herzog*, 234 ff. zu Art. 5 GG; Karlheinz *Schmid*, S. 14 ff. und passim. Es genügt, darauf hinzuweisen, daß nach der Rechtsprechung des Bundesverfassungsgerichts jede Grundrechtseinschränkung „ihrerseits im Lichte der Bedeutung dieses Grundrechts gesehen" werden muß (grundlegend BVerfGE 7, 198/208).

[24] Vgl. aus neuerer Zeit *Bockelmann*, JR 1954, 327/328; NJW 1954, 1745/1747; Niederschriften, S. 18; *Maurach*, BT, S. 143; siehe auch *Finger*, GS 74, 296/313 ff.; *Liepmann*, VDB IV, S. 234; *v. Lilienthal*, VDB IV, S. 400.

[25] Vgl. etwa Begr. zu § 138 AE, S. 19.

[26] Vgl. etwa Begr. zu § 260 VE 1909, S. 709 ff.

[27] So insbesondere *Bockelmann*, Niederschriften, S. 17.

[28] Vgl. oben S. 107.

[29] Vgl. auch *Jescheck*, Niederschriften, S. 32; *Krug*, S. 84; *Lammasch*, S. 51.

fassungsrechtliche Bestimmtheitsgebot eine Anwendung der allein dem Schutz der Ehre dienenden Beleidigungsvorschriften nicht zu legitimieren vermögen[30].

Anderweitige Rechtfertigungen, den bloßen Schein dem Sein gleichzustellen und ihm durch ein Verbot, die Wahrheit aussprechen zu dürfen[31], den Schutz des Strafrechts angedeihen zu lassen, sind aber nicht ersichtlich. Deshalb muß gefragt werden, ob nicht vielleicht der zu weitgehende hypothetische beziehungsweise faktische Ehrbegriff mit Hilfe der Vorschriften über *Wahrheitsbeweis* und *Interessenwahrnehmung* auf ein vertretbares Maß zurückgeführt werden kann.

aa) Denn selbst die erklärtesten Gegner einer normativen Ehrsicht kommen nicht an der Tatsache vorbei, daß nach zwingender gesetzlicher Regelung[32] der *Beweis der Wahrheit* einer Bestrafung wegen übler Nachrede entgegensteht. Damit scheint gleichzeitig eine zureichende Restriktion des vertretenen Ehrbegriffs gewonnen. Es stellt sich indes die Frage, wie die Berücksichtigung der Wahrheit mit einem faktischen oder hypothetischen Ehrverständnis vereinbar sein soll[33].

Nach *Liepmann*[34] „schafft das StrGB. erst und zwar in seinen §§ 186 und 192: *das Recht prozessual erweisliche Wahrheiten zu sagen, auch wenn sie andere beleidigen*"[35], der geglückte (sic!) WB wird also als Rechtfertigungsgrund verstanden[36], während er nach anderen[37] einen Strafausschließungsgrund darstellen soll. Gerechtfertigt wird diese Ausnahme von der Grundposition — wenn überhaupt — damit, daß die Schutzbedürftigkeit entfallen könne, wenn die Gesellschaft ein die

---

[30] Vgl. oben S. 18 ff.

[31] Nicht zu Unrecht wird immer wieder die sittenbildende Funktion der Freiheit, wahre Tatsachen aussprechen zu dürfen, hervorgehoben; vgl. insbesondere *Baldus*, Niederschriften, S. 52; *Beling*, Nachrede, S. 12; *Hertel*, S. 56; *Lammasch*, S. 52; *Roeder*, Maurach-Festschrift, S. 352; Adolph *Weber*, Iniurien I, S. 175; *Yazici*, S. 135, 155 ff.

[32] Vgl. § 186 StGB; ebenso §§ 173 III und 175 II E 1962. In § 138 V AE ist zwar eine Einschränkung des WB vorgesehen, doch entfällt damit von vornherein die Möglichkeit, den Tatbestand auf die wirklich strafbedürftigen Fälle zu begrenzen.

[33] Dahingehend auch die Kritik von *Hirsch*, Ehre, S. 26; *Kohl*, S. 7; *Krug*, S. 84 ff.; *Sauer*, Ehre, S. 161.

[34] VDB IV, S. 258 unter Berufung auf RGSt 2, 379/381; vgl. auch VDB IV, S. 254 Anm. 4 und Beleidigung, S. 32 f.

[35] Hervorhebungen im Text.

[36] Ähnlich *Frank*, StGB, I zu § 192; *v. Hippel*, Lehrbuch, S. 214; *v. Lilienthal*, VDB IV, S. 402; *Merkel*, Lehrbuch, S. 294. Gegen ein solch allgemeines Recht auf Wahrheit oben S. 118 f.

[37] Vgl. *Allfeld*, Lehrbuch, S. 379 und GS 93, 225/230; *Hartung*, ZStW 71, 385/388; *Kern*, Frank-Festgabe, S. 342 und Materialien Bd. 1, S. 310; *Kohler*, GA 47, 1/119; *Maurach*, BT, S. 146; *Mezger / Blei*, BT, S. 115.

Individualehre überwiegendes Interesse an der Klärung des wahren Persönlichkeitsbildes habe[38].

Das aber spricht eindeutig für eine Berücksichtigung der Wahrheit auf der Unrechtsebene[39], wie sie seitens der normativen Ehrtheorie vorgenommen wird. Denn wenn die erweisbare Wahrheit — von Exzessen[40] und den Fällen strafbaren Geheimnisverrats einmal abgesehen — immer und überall gesagt werden darf, so zeigt das, daß das Gesetz ganz allgemein den guten Ruf nur insoweit in seinen Schutz einbeziehen möchte, als er auch berechtigt ist[41].

So bleibt für die faktischen und hypothetischen Ehrtheorien nur die Möglichkeit, das Aufstellen wahrer ehrenrühriger Behauptungen zwar als strafbedürftiges Unrecht anzusehen, *aus strafökonomischen Gründen* für den Fall, daß sich die Wahrheit der Äußerung erweisen läßt, aber auf Strafe zu verzichten[42]. Allein, was sollte den Gesetzgeber veranlassen, gerade die wahren Behauptungen, die doch bekanntlich den Ruf besonders schwer schädigen können[43], gegenüber allen anderen zu privilegieren[44]? Ein derartiges Verhalten wäre in sich widersprüchlich und darf dem Gesetzgeber nicht unterstellt werden. Selbst eine nur strafausschließende Wirkung eines geglückten WB ist daher *mit einer faktischen oder hypothetischen Ehrkonzeption unvereinbar*.

Es ist daher durchaus konsequent, wenn *Bockelmann*[45] de lege ferenda eine Abschaffung des WB fordert[46]. Nur, damit scheidet der WB als Korrektiv des zu weit gefaßten Ehrbegriffs selbstverständlich aus.

bb) Es bleibt dann nur die Möglichkeit, mit Hilfe des Rechts auf *Wahrnehmung berechtigter Interessen* den Anwendungsbereich der §§ 185 ff. StGB zu begrenzen:

---

38 So *Engelhard*, Ehre, S. 87 f.; ähnlich bereits *Mittermaier*, ArchCrimR 1839, 1/20 ff.

39 Das räumt selbst *Maurach*, BT, S. 152 ein, der jedoch aus Furcht vor einer — vermeintlich notwendig damit verbundenen — Prämiierung einer leichtfertigen Gutgläubigkeit hierauf verzichten zu müssen glaubt.

40 Vgl. § 192 StGB am Ende.

41 Zutreffend *Hirsch*, Ehre, S. 26.

42 Das ist ja auch die typische Funktion einer objektiven Strafbarkeitsbedingung; vgl. statt aller *Jescheck*, Lehrbuch, S. 420.

43 So *Bockelmann*, Beleidigung, S. 477; *Liepmann*, VDB IV, S. 234; *v. Lilienthal*, VDB IV, S. 400.

44 Ebenso *Gallas*, ZStW 75, 16/24; *Krug*, S. 86.

45 Beleidigung, S. 477 ff. und Niederschriften, S. 17 f., 20 f.; ähnlich § 138 V AE.

46 Zur Regelung in vergleichbaren ausländischen Rechtsordnungen vgl. *Borkott*, S. 42 ff.; *Simson / Geerds*, S. 321 ff.

Nun setzt § 193 StGB allerdings voraus, daß grundsätzlich *eigene* Interessen verfolgt werden[47]. Die Bloßstellung anderer wird aber nur ganz ausnahmsweise, etwa um die Glaubwürdigkeit eines gegnerischen Belastungszeugen zu erschüttern, ein unmittelbares eigenes oder doch ein „nahe angehendes"[47a] Interesse darstellen[47b], so daß derartige Fälle außer Betracht bleiben können.

Es ist jedoch anerkannt[48], daß auch Interessen der *Allgemeinheit*, etwa an der Aufdeckung von Straftaten oder von Verfehlungen von Abgeordneten, wahrgenommen werden dürfen[49]. Ob es jedoch im Interesse der Allgemeinheit liegt, daß auch nicht strafbare Mängel und Verfehlungen von Privatpersonen breitgetreten werden, erscheint sehr fraglich:

Mag im Einzelfall die Gemeinschaft auch ein Aufklärungsinteresse haben, vielleicht sogar mancher vor bösem Tun zurückschrecken, weil er „oft die üble Nachrede mehr, als die ordentliche Strafe" fürchtet[50], so überwiegt doch, wie schon die Bestrebungen zur Einführung eines Indiskretionsdelikts[51] zeigen, in der Regel das Interesse der Allgemeinheit an der Schaffung einer möglichst ungestörten Privatsphäre ihrer Angehörigen sowie daran, daß ihre Beziehungen untereinander nicht durch unnötige Querelen gestört werden[52]. Dem steht nicht entgegen, daß oben das Recht des einzelnen, im Rahmen der Schranken des Art. 5 II GG auch mißliebige Wahrheiten aussprechen zu dürfen, bejaht wurde; denn dieses Recht beruht ausschließlich auf seinem verfassungs-

---

[47] Vgl. *Dreher*, StGB, 5 A b zu § 193; *Herdegen*, LK, 13 zu § 193; *Lackner / Maassen*, 3 zu § 193; *Maurach*, BT, S. 159; *Olshausen / Hörchner*, 6 a, b und d zu § 193.

[47a] Vgl. *Maurach*, BT, S. 159.

[47b] Vgl. *Kadecka*, S. 165.

[48] Anders noch im Anschluß an *v. Bülow*, GS 46, 261/284 die Rechtsprechung des Reichsgerichts (vgl. insbesondere RGSt 25, 67; 63, 229/231; weitere Nachweise bei *Olshausen / Hörchner*, 6 c zu § 193); siehe auch BayObLG NJW 1965, 58.

[49] Vgl. BGHSt 12, 287/293 f. mit Anm. *Martin*, LM 9 zu § 186 und Arthur *Kaufmann*, JZ 1959, 273; 18, 182/186 f. mit Anm. *Hengsberger*, LM 11 zu § 186 und *Schneider*, NJW 1963, 665; BGH bei *Dallinger*, MDR 1956, 397; *Dreher*, StGB, 5 A b bb zu § 193; *Frank*, StGB, III 2 b zu § 193; *Herdegen*, LK, 13 zu § 193, *Lackner / Maassen*, 3 zu § 193; *Maurach*, BT, S. 159; *Mezger / Blei*, BT, S. 119; *Olshausen / Hörchner*, 6 c aa II zu § 193; *Sauer*, System, S. 392 f.; *Schaefer*, LK, 8. Aufl., III 2 zu § 193 mit zahlreichen Nachweisen pro und contra; *Schönke / Schröder*, 13 ff. zu § 193; *Welzel*, Lehrbuch, S. 321; eingehend *Fuhrmann*, JuS 1970, 70/72 ff.; *Rehbinder*, S. 30 ff.

[50] Adolph *Weber*, Iniurien I, S. 175.

[51] Vgl. Begr. zu § 182 E 1962, S. 328 ff. sowie oben S. 133 f.

[52] Im Ergebnis ebenso RGSt 40, 101/103; BGHSt 18, 182/186; BGH (Ziv.) JZ 1965, 411 mit Anm. *Koebel*; *Herdegen*, LK, 11 zu § 193; vgl. auch *Rehbinder*, S. 85 ff.; *Sauer*, Ehre, S. 150 f., 214.

rechtlich garantierten Freiheitsraum, nicht aber auf irgendwelchen Gemeininteressen.

Das „Ausposaunen“ ehrenrühriger Wahrheiten dient also im allgemeinen weder der Wahrung eigener Interessen noch solcher der Allgemeinheit. § 193 StGB ist daher[53] ebenfalls nicht geeignet, die Folgen der zu weit gefaßten faktischen und hypothetischen Ehrbegriffe auszugleichen[54].

d) *Beide Ehrtheorien* erfassen demnach Sachverhalte, nämlich die Behauptung wahrer Tatsachen[55] gegenüber dem Betroffenen und gegenüber Dritten, für die ein *Strafbedürfnis nicht besteht.*

2. *Normative Ehrbegriffe*

Aber auch der *normative Ehrbegriff* in der im Text vertretenen Form ist im Hinblick auf die Strafbedürftigkeit Angriffen ausgesetzt[56]:

a) Sieht man die Beleidigung als *abstraktes Gefährdungsdelikt* an, bei dem die Unwahrheit zwar zum Unrecht, aber nicht zum Tatbestand gehört, so ist es grundsätzlich[57] verboten, ehrenrührige Behauptungen aufzustellen. Das aber erscheint *Hirsch*[58] als zu eng, weil damit die Meinungsbildung über andere als essentieller Faktor des Soziallebens unangemessen beeinträchtigt werde.

Da aber das Schuldprinzip die Möglichkeit einer Widerlegung der Gefährdungsvermutung gebietet[59] und der Gesetzgeber dem in den Bestimmungen über den WB Genüge getan hat, bleibt derjenige von Strafe freigestellt, dessen Behauptungen sich *tatsächlich* erweisen lassen. Insofern ist niemand einem totalen Mundverbot ausgesetzt.

Durch die Ausgestaltung des WB als Strafausschließungsgrund trägt allerdings der Iniurant das Risiko des Gelingens. Aber ist das denn so

---

[53] Hinzu kommt, daß auch andere Voraussetzungen für die Anwendung des § 193 StGB — insbesondere ein Interessenkonflikt (vgl. dazu *Schaefer*, LK, 8. Aufl., III 1 A b zu § 193), der Wille zur Interessenwahrung (vgl. dazu *Herdegen*, LK, 25 zu § 193) und keine anderen angemessenen Mittel (vgl. dazu *Herdegen*, LK, 21 ff. zu § 193) — vielfach nicht gegeben sein werden.

[54] Vgl. auch *Baldus*, Niederschriften, S. 19, der die Interessenwahrnehmung wegen ihrer begrifflichen Unschärfe als untaugliches Regulativ ansieht.

[55] Entsprechendes gilt für zutreffende Werturteile.

[56] So dem Sinne nach *Frank*, StGB, III zu § 186 und ZStW 12, 277/307; *Gallas*, Beleidigung, S. 451 ff.; Sitzungsbericht, S. 328 f.; Niederschriften, S. 25; *Hirsch*, Ehre, S. 169 ff.; *Jescheck*, Sitzungsbericht, S. 329 f. und Niederschriften, S. 33; *Otto*, Schwinge-Festschrift, S. 88; *Rudolphi*, Maurach-Festschrift, S. 60; Ferdinand *Schmid*, S. 67; *Welzel*, Lehrbuch, S. 313.

[57] Es sei denn, der Täter halte die Beweise für seine Behauptungen in der Hand; vgl. *Baltin*, S. 49.

[58] Ehre, S. 154; vgl. auch *Gallas*, Niederschriften, S. 25.

[59] Vgl. oben S. 122 f.

unberechtigt? Greift er doch in erheblichem Maße nicht nur in die Privatsphäre seines Opfers ein, sondern verstößt vor allem auch gegen ein wesentliches Interesse der Gesellschaft, das sie daran hat, daß keine unbewiesenen und unbeweisbaren Behauptungen im Raume stehen, die das friedliche Zusammenleben ihrer Angehörigen vergiften[60].

Fraglich könnte nur sein, ob ein Strafbedürfnis auch dann besteht, wenn der Täter an die *Wahrheit* seiner Behauptung *mit guten Gründen geglaubt* hat[61]. Denn sein Wille war ja gerade auf Vermeidung des Sachverhaltsunwerts ausgerichtet[62]. Andererseits darf nicht außer acht gelassen werden, daß der Erfolgsunwert[63] bestehen bleibt, wenn die Ehrvermutung im Prozeß nicht widerlegt werden kann. Es sprechen daher hier, wo keine dogmatisch zwingende Lösung vorgezeichnet ist, kriminalpolitische Erwägungen dafür, jene Täter nicht grundsätzlich dem staatlichen Strafanspruch zu entziehen[63a]. Vielmehr erscheint eine *differenzierende Behandlung* geboten, die nur auf der Rechtswidrigkeitsebene erfolgen kann.

b) Hierzu bietet sich § 193 StGB an, durch dessen Anwendung die Praxis in der Tat die weite Ausdehnung des § 186 StGB korrigiert[64]:

Im Unterschied zur Auffassung *Hirschs*, der stets, wenn ein Sorgfaltsverstoß in Bezug auf die Wahrheitsfrage nicht erwiesen wird, eine Strafbarkeit ablehnt[65], können im Rahmen des § 193 StGB nur diejenigen privilegiert werden, die ein *berechtigtes Interesse* wahrnehmen. Wann das der Fall ist, bestimmt sich nach der von *Hubmann*[66] entwickelten „Sphärentheorie"[67]: Während Berichte über die Intimsphäre niemals, solche über die Öffentlichkeitssphäre jedoch immer als berechtigt gelten müssen, ist bei Äußerungen, die die Privatsphäre betreffen,

---

[60] Insofern dienen die Beleidigungstatbestände — wenn auch nur in zweiter Linie — dem *Friedensschutz*. Dieser wird jedoch nicht, wie meist angenommen wird (vgl. etwa *Bockelmann*, Niederschriften, S. 17 f.), durch ein Verbot des WB, sondern gerade erst durch seine Zulassung erreicht: Wird die Wahrheit erwiesen, so beendigt dies den zwischen den Beteiligten bestehenden Zustand der Unruhe und Unklarheit; vgl. auch *Gallas*, Niederschriften, S. 24.

[61] Verneinend *Hirsch*, Ehre, S. 154.

[62] So *Rudolphi*, Maurach-Festschrift, S. 59.

[63] Zur Eigenständigkeit des Erfolgsunwerts vgl. statt aller *Jescheck*, Lehrbuch, S. 6; *Maurach*, AT, S. 22; *Würtenberger*, Situation, S. 51 ff.

[63a] Vgl. dazu unten im Text.

[64] Vgl. *Fuhrmann*, JuS 1970, 70/71; *Wolff*, ZStW 81, 886/908.

[65] Ehre, S. 169 ff.

[66] Persönlichkeitsrecht, S. 268 ff.; dort auch zu Einzelheiten.

[67] Ähnlich *Fuhrmann*, JuS 1970, 70/75; *Henkel*, Gutachten, S. 80 ff.; *Rehbinder*, S. 85 ff.; *Uhlitz*, NJW 1967, 129/133; wohl auch BGHSt 18, 182/186.

eine Interessenabwägung im Einzelfall vorzunehmen[68], da sich hier das Grundrecht der freien und ungestörten Entfaltung der Persönlichkeit und das der Meinungsäußerungsfreiheit gleichberechtigt gegenüberstehen.

Ist ein berechtigtes Interesse gegeben, so muß der Täter, um sich erfolgreich auf § 193 StGB berufen zu können, weiter seiner *Informationspflicht* über den Wahrheitsgehalt seiner Äußerung nachgekommen sein[69]. Der dabei anzulegende Sorgfaltsmaßstab entspricht im wesentlichen[70] den Anforderungen, auf die *Hirsch*[71] bei Prüfung der (kupierten) Fahrlässigkeit zurückgreift, so daß sich insoweit im Ergebnis keine nennenswert ins Gewicht fallenden Unterschiede ergeben[72].

Liegt also ein berechtigtes Interesse vor und ist der Informationspflicht Genüge getan, so ist der Täter, falls auch die übrigen Voraussetzungen des § 193 StGB[73] erfüllt sind, gerechtfertigt[74]. Wer aber aus nichtigen Gründen Ehrenrühriges über andere verbreitet, ohne seine Vorwürfe belegen zu können, gefährdet grundlos die Ehre anderer und den Rechtsfrieden[75]; ihn von Strafe freizustellen, besteht kein Anlaß[76].

---

[68] Kritisch hierzu unter dem Gesichtspunkt der Rechtssicherheit Karlheinz *Schmid*, S. 96 ff. Hier dürfte jedoch der Einzelfallgerechtigkeit der Vorrang einzuräumen sein (grundsätzlich zur Antinomie von Rechtssicherheit und Gerechtigkeit *Radbruch*, Rechtsphilosophie, S. 168 ff.), zumal die obergerichtliche Rechtsprechung (vgl. BVerfGE 7, 198 ff.; 12, 113/126 ff.; 20, 162/174 ff.; 25, 256/263 f.; 27, 71/81 f.; 30, 173/196 f.; 34, 238/246 ff. und 269/282 ff.; RGSt 15, 15/16; 62, 83/93 f.; 63, 229/231; 64, 10/13 mit Anm. *Eyck*, JW 1930, 2138; RG JW 1931, 200; BGHSt 18, 182/186 mit Anm. *Schneider*, NJW 1963, 665; BGH bei *Dallinger*, MDR 1953, 401; BGHZ 45, 296/308; BGH NJW 1965, 1476/1477; JZ 1965, 411 mit Anm. *Koebel;* BayObLGSt 19, 206; KG JW 1928, 825; 1929, 1257 mit Anm. *v. Dohna* und 2759 mit Anm. *Mannheim*) doch allmählich gewisse Kriterien herausgearbeitet hat.

[69] So BVerfGE 12, 113/130; RGSt 63, 92/94; BGHSt 3, 73/75; 14, 48/51; BGHZ 31, 308/313; § 178 II E 1962 und § 138 IV AE; *Dreher*, StGB, 5 zu § 193; *Herdegen*, LK, 15 ff. zu § 193; *Lackner / Maassen*, 5 zu § 193; *Maurach*, BT, S. 160 f.; *Schaefer*, LK, 8. Aufl., III 1 B b zu § 193; *Schönke / Schröder*, 11 zu § 193; *Eser*, S. 64; *Fuhrmann*, JuS 1970, 70/75; *Lenckner*, Mayer-Festschrift, S. 180; Karlheinz *Schmid*, S. 92 ff.; kritisch *Rehbinder*, S. 106 f. Für *Hirsch* ist der Sorgfaltsgesichtspunkt kein Bestandteil des § 193 (vgl. Ehre, S. 200), sondern der Tatbestandsmäßigkeit (vgl. Ehre, S. 169 ff.).

[70] Zu Einzelheiten vgl. die in Fußn. 69 Genannten sowie BayObLG JR 1953, 192; OLG Hamm JMBlNRW 1951, 141; NJW 1954, 441; OLG Köln NJW 1963, 1634; OLG Stuttgart JZ 1969, 77; NJW 1972, 2320; *Coing*, Ehrenschutz, S. 22 ff. mit Nachweisen aus der zivilgerichtlichen Judikatur.

[71] Ehre, S. 190 f.

[72] Allerdings ist bei § 193 ein Sorgfaltsverstoß schon dann zu verneinen, wenn schon objektiv die Wahrheitsfrage nicht geklärt werden kann; vgl. *Herdegen*, LK, 20 zu § 193 mit weiteren Nachweisen.

[73] Insbesondere das Handeln „zum Zwecke" der Wahrnehmung.

[74] Heute herrschende Lehre; für bloßen Schuldausschluß *Erdsiek*, JZ 1969, 311 ff.

[75] Zutreffend *Kadecka*, S. 165.

Ansonsten bleiben aber neben denjenigen, die erfolgreich den WB geführt haben, auch jene straffrei, deren nicht leichtfertig aufgestellten Äußerungen der Interessenwahrnehmung dienten[77].

Mit Hilfe des § 193 StGB sehen sich daher die *normativen Ehrtheorien* in die Lage versetzt, all die *Fälle* aus dem Anwendungsbereich der §§ 185 ff. StGB *ausscheiden* zu können, *für die ein Strafbedürfnis nicht besteht.*

3. *Die Ansicht Wolffs*

Großen Bedenken ist hingegen die Ansicht *Wolffs* ausgesetzt, wonach unter Ehre „das die Selbständigkeit ermöglichende Anerkennungsverhältnis“[78], unter dem Ehrinhalt also *all* das, worin sich der Unselbständige vom Selbständigen unterscheidet[79], verstanden wird.

Vielerlei kann nämlich die *Selbständigkeit ermöglichen:* neben der Ehre als dem Freisein von Unehre[80] auch der Ruhm[81], das Prestige[82], die Gesundheit, das Vermögen und anderes mehr. Damit werden in den Ehrbegriff sachfremde Elemente einbezogen, wodurch dieser seine festen Konturen verliert; das aber führt, da die Verletzungshandlung nach dem Rechtsgut ausgerichtet ist, zu einem Verständnis der *Beleidigung als Verletzung des allgemeinen Persönlichkeitsrechts* — ein Rückfall in die Iniurialehre des römischen[83] und gemeinen[84] Rechts.

Die Ansicht *Wolffs* ist daher als zu weitgehend *zu verwerfen.*

II. Die Ehrstruktur

Nicht nur hinsichtlich der inhaltlichen Bestimmung des Ehrbegriffs, sondern auch der seiner formalen Struktur besteht, wie die Übersicht über die verschiedenen Ehrauffassungen gezeigt hat, die Gefahr einer zu weiten Ausdehnung des Beleidigungsrechts. Einmal bedarf der Begriff des *angeborenen Menschenwerts* unbedingt fester Konturen,

---

[76] Die Ansicht *Hirschs* ist daher nicht nur dogmatisch (vgl. oben S. 114 ff.), sondern auch kriminalpolitisch verfehlt.

[77] Vgl. auch § 138 IV AE.

[78] ZStW 81, 886/899, 901.

[79] S. 896.

[80] Vgl. oben S. 40.

[81] Vgl. dazu *Engelhard*, Ehre, S. 65.

[82] Vgl. dazu *Korff*, S. 115 ff.

[83] Vgl. dazu *Mommsen*, S. 784 ff.

[84] Vgl. dazu *Thiel*, S. 22 ff.

zum anderen stellt sich die Frage nach der Praktikabilität *formaler Ehrbegriffe*[1].

1. *Der angeborene Menschenwert*

Als den konstanten Faktor der Ehre, den *angeborenen Menschenwert*[2], erfaßt die *Rechtsprechung*[3] all das, was gemeinhin als *allgemeines Persönlichkeitsrecht* verstanden wird[4]. Wegen der Denaturierung der Beleidigung als Auffangtatbestand und dem damit verbundenen Verstoß gegen den Grundsatz „nullum crimen sine lege" wurde diese Auffassung bereits bei der Darstellung des Streitstandes als unrichtig zurückgewiesen[5] und die verschiedenen in der Literatur vertretenen Gegenvorschläge aufgezeigt.

a) Als offensichtlich zu eng stellte sich dabei die Beschränkung der Ehre auf die *sittlich-rechtliche* Integrität[6] heraus, da damit Angriffe auf den geistig-körperlichen Bereich dem Ehrenschutz entzogen würden[7]. Es mußte also nach Zwischenlösungen gesucht werden:

aa) Ausgangspunkt seiner Überlegungen ist für *Hirsch*[8] die Tatsache, daß die Personqualität eines Menschen im Einzelfall nicht voll entwickelt zu sein braucht. Er erblickt hierin einen Ehrdefekt, so daß der Vorwurf solch *elementarer menschlicher Unzulänglichkeiten* wie „Trottel", „Idiot", „Zwitter", „Kastrat" sowie die Ausdrücke aus dem zoologischen und dem Fäkalienbereich als Beleidigung anzusehen seien[9]. Hingegen sollen die sogenannten „Ehrzuwiderhandlungen"[10], wie die

---

[1] Soweit andere Ehrbegriffe als zu weit bezeichnet werden, beruht dies auf einer fehlerhaften Auslegung; vgl. etwa *Hammeley*, S. 11 und *Heins*, S. 18, die unter Ansehen nicht nur die Ehre im negativen Sinn verstehen wollen.

[2] Vgl. oben S. 41.

[3] Vgl. RGSt 10, 372; 41, 61/62; 65, 1 und 337; 70, 94; 74, 224; RG JW 1913, 154; DR 1941, 45 und 149; BGHSt 1, 288/289; 7, 129/130 mit zust. Anm. *Kohlhaas*, LM 13 zu § 185; 8, 367; 9, 17/18 mit zust. Anm. *Hülle*, LM 16 zu § 185; 16, 58/60 mit zust. Anm. *Martin*, LM 4 zu § 235; BayObLG MDR 1958, 264; GA 1963, 20; JR 1963, 468; OLG Koblenz NJW 1955, 602; OLG Stuttgart MDR 1969, 684.

[4] Ebenso *Brügger*, S. 4; *Krug*, S. 147 ff., 156, 171; *Merkel*, Lehrbuch, S. 289 f.; teilweise zustimmend *Dreher*, StGB, 1 A a zu § 185; *Schaefer*, LK, 8. Aufl., II 2 c zu § 185; *Mezger*, DR 1941, 147; *v. Weber*, MoKrimbi 31, 273/276.

[5] S. 44 f.

[6] Vgl. namentlich *Binding*, BT I, S. 143 f. und *Kohler*, GA 47, 1/29 ff.

[7] Vgl. oben S. 43.

[8] Ehre, S. 82 ff.

[9] Ebenso *Herdegen*, LK, 10 vor § 185; *Kohlrausch / Lange*, II vor § 185; *Welzel*, Lehrbuch, S. 303.

[10] Vgl. *Krug*, S. 67; *Sauer*, Ehre, S. 97, 128.

Wegnahme der Kleider einer Badenden[11] oder das Anzünden eines Streichholzes am rauhen Kinne eines Fremden[12], ehrirrelevant sein[13].

Dabei bereitet aber schon die Erklärung für die Strafbarkeit *animalischer Schimpfwörter* Schwierigkeiten: Sicher soll mit Ausdrücken wie „Hund“ und „Schwein“ die sittliche, mit „Kamel“, „Schaf“, „Ochse“ und dergleichen die intellektuelle Integrität abgesprochen werden[14]. Wie aber, wenn eine überschlanke Dame als „ausgemolkene Ziege“[15], eine üppige hingegen als „Nilpferd“ bezeichnet wird[16]? Da körperliche Mängel gerade nicht den elementaren Unzulänglichkeiten zugerechnet werden[17], käme ein Ehrenschutz nicht in Betracht — gewiß kein erfreulicher Gedanke.

Vor allem aber ergeben sich Strafbarkeitslücken im Bereich der *Ehrzuwiderhandlung:* Die von *Hirsch*[18] geschilderten Beispielsfälle muten geradezu idyllisch an, vergleicht man sie mit den Methoden, über die totalitäre Systeme, aber auch jugendliche Rockerbanden verfügen, wenn sie einen Gegner dadurch erniedrigen wollen, daß sie seine *Würde* verletzen. Soll es etwa kein Angriff auf die Ehre sein, wenn jemand gezwungen wird, seinen eigenen Urin zu trinken[19]?

Mit einer Verurteilung wegen Nötigung oder Körperverletzung wird nicht das Spezifische derartiger Handlungen erfaßt, das darin liegt, daß das Opfer gezielt von der menschlichen auf die tierische Ebene herabgestuft, also in seiner Menschenehre verletzt wird[20].

bb) Deshalb wird von einigen Autoren[21] auch dann eine Beleidigung angenommen, wenn jemand als *minderwertig* hingestellt oder behan-

---

[11] Beispiel von *Heins,* S. 122 nach RGSt 6, 231.

[12] Beispiel von *Merkel,* Lehrbuch, S. 289 f.

[13] *Hirsch,* Ehre, S. 71.

[14] Vgl. *Hirsch,* Ehre, S. 85.

[15] Vgl. BGHZ 39, 124 ff.

[16] Hinzu kommen Ausdrücke, denen bei objektiver Auslegung kein bestimmter Sinn zukommt, die einfach beschimpfend sein sollen (so auch *Sauer,* Ehre, S. 130); die menschliche Phantasie läßt hier reichliche Blüten sprießen, und zwar nicht nur bei „Leute(n) aus den unteren Schichten der Bevölkerung“ (Sauer, Ehre, S. 130).

[17] Vgl. *Hirsch,* Ehre, S. 83 f. Dem ist beizupflichten; soweit trotz der körperlichen Mängel irgendwelche (beruflichen) Pflichten übernommen werden, die nicht erfüllt werden können, ist die variable Ehrkomponente betroffen.

[18] Ehre, S. 71.

[19] Weitere — jedoch hinsichtlich der Frage einer Ehrverletzung teilweise zu weit gehende — Beispiele bei *Dreher / Lackner / Schwalm,* 5 zu § 31 WStG; *Maunz / Dürig / Herzog,* 41 zu Art. 1 GG.

[20] Im Ergebnis ebenso *Maunz / Dürig / Herzog,* 41 zu Art. 1 GG.

[21] Vgl. *Allfeld,* Lehrbuch, S. 376; *Frank,* StGB, I 2 a zu § 185; *Schönke / Schröder,* 5, 10 zu § 185; *Hammeley,* S. 15; *Heins,* S. 120 ff.; *Sauer,* Ehre, S. 96 f., 130 f. und System, S. 347, 369 f.; Karlheinz *Schmid,* S. 46.

delt wird; durch *quantitative Steigerung* soll — jedenfalls soweit die einzelnen Handlungen von einem Gesamt- oder Fortsetzungsvorsatz umfaßt sind[22] — selbst an sich völlig sinn- und zwecklosen Verhaltensweisen die Qualität von Ehrangriffen zukommen[23]. Werden beispielsweise Steinchen an das Fenster eines Nachbarn geworfen, um ihn zu ärgern[24], so soll diese Fopperei zur Beleidigung werden, wenn sie „gegen den Widerspruch des anderen Teils wie zum Hohn fortgesetzt wird"[25].

Hieran ist richtig, daß an sich harmlose Taktlosigkeiten, Scherze und Neckereien, *wenn sie sich gegen die Ehre richten*[26], erst durch intensive oder extensive Steigerung zu strafbedürftigen Beleidigungen werden. Ist das Angriffsziel aber nicht die Ehre, so vermag kein noch so großer Exzeß eine Fopperei in ein Ehrdelikt zu transformieren, da Grundlage jeder Beleidigung ein *objektiv* beleidigender Inhalt ist[27].

Die Lehre von der quantitativen Steigerung besagt also — soweit ihr zugestimmt werden kann — nur etwas Selbstverständliches und ist daher ungeeignet, die zu enge Auffassung *Hirschs* zu korrigieren.

b) Da die bisherigen Lösungsversuche demnach keine befriedigenden Kriterien zur Bestimmung des „angeborenen Menschenwerts" erbracht haben, muß nach anderweitigen Ausschau gehalten werden. Weiterhelfen könnte hier möglicherweise der verschiedentlich in der Beleidigungsliteratur[28] auftauchende, jedoch nicht mit dem konstanten Ehrfaktor gleichggesetzte[29] Begriff der *Menschenwürde:*

Soweit nicht das Schrifttum resignierend von einer Begriffsbestimmung überhaupt absieht[30], besteht insofern Einigkeit, daß unter Menschenwürde die dem Menschen kraft seines Geistes zukommende Fähigkeit, „seiner selbst bewußt zu werden, sich selbst zu bestimmen und

---

[22] Vgl. *Schröder*, JZ 1972, 651/653.

[23] So *Schröder*, JR 1963, 468; JZ 1972, 651/653.

[24] Vgl. BayObLG JR 1963, 468.

[25] *Schröder*, JR 1963, 468.

[26] Vgl. dazu die Beispiele bei *Rogowski*, GA 58, 367 ff.

[27] Vgl. oben S. 46. Widersprüchlich *Schröder*, JR 1963, 468, wenn er einerseits mit dem BayObLG einen objektiv beleidigenden Sinn fordert, andererseits „Handlungen, die unter keinen Umständen einen wirklichen Sinn haben können", für ausreichend erachtet. Im Beispielsfall ist das Werfen der Steinchen gegen das Nervenkostüm oder die Nachtruhe des Nachbarn gerichtet, nicht aber gegen seine Ehre.

[28] Vgl. etwa *Dreher*, StGB, 1 A zu § 185; *Schaefer*, LK, 8. Aufl., I 1 vor § 185; *Gallas*, Niederschriften, S. 50; *Rehbinder*, S. 51; Karlheinz *Schmid*, S. 41 ff.

[29] Ausdrücklich aber *Rehbinder*, S. 77.

[30] Vgl. die Nachweise bei Karlheinz *Schmid*, S. 42.

sich und die Umwelt zu gestalten"[31], zu verstehen ist[32]. Nach einer restriktiven Auffassung[33] soll es sich dabei jedoch nur um einen Teilbereich der menschlichen Persönlichkeit handeln, nämlich den gewaltunterworfenen Menschen, der bei der Ausübung (staatlicher) Macht zu respektieren sei. Damit soll wohl vor allem der weit verbreiteten Tendenz entgegengetreten werden, auch die geringste Kleinigkeit als Verletzung der Menschenwürde[34] zu behandeln und damit Art. 1 I GG zu einer „kleinen Münze ... im Sinn eines erweiterten Ehrenschutzes oder einer Abwehr von Geschmacklosigkeiten" zu degradieren[35].

So begrüßenswert dies ist, scheint es doch verfehlt, das *Schutzobjekt* durch die Art und Weise der *Verletzungshandlung* bestimmen zu wollen. Denn das Rechtsgut erfährt keine Veränderung dadurch, daß der Angriff nicht innerhalb eines — möglicherweise nicht rechtlichen, sondern nur faktischen — Subordinations-, sondern eines Koordinationsverhältnisses erfolgt[36].

Zudem zeigt § 130 StGB, der in Nrn. 1 und 3 eine Gewaltunterworfenheit nicht voraussetzt[37], daß der Strafgesetzgeber eine derartige Einschränkung nicht anerkennt und unter Menschenwürde den gesamten *Kernbereich der Persönlichkeit*, das vernunftbegabte Geisteswesen versteht[38].

Übertragen auf den Ehrsektor bedeutet dies, daß die Menschenwürde als konstanter Ehrfaktor in dreifacher Hinsicht angegriffen werden kann:

aa) Die Behauptung, die Persönlichkeit eines anderen sei nicht voll aus- oder wieder zurückgebildet, beinhaltet den Vorwurf *elementarer menschlicher Unzulänglichkeiten*, also minderer Menschenwürde, und ist wie jede andere Tatsachenbehauptung dem WB zugänglich.

---

[31] *Maunz / Dürig / Herzog*, 18 zu Art. 1 GG mit Nachweisen.

[32] Vgl. *Dreher / Lackner / Schwalm*, 6 zu § 31 WStG; *Hubmann*, S. 41 ff., insbesondere S. 47; *Schafheutle*, JZ 1960, 470/473; Karlheinz *Schmid*, S. 43.

[33] *Androulakis*, S. 96; *Hirsch*, Ehre, S. 53 Anm. 24; wohl auch *Maunz / Dürig / Herzog*, 28 ff. zu Art. 1 GG.

[34] Vgl. zu den verschiedenen Formen der Verletzung BVerfGE 1, 97/104; *Maunz / Dürig / Herzog*, 28 ff. zu Art. 1 GG mit zahlreichen Nachweisen.

[35] *Maunz / Dürig / Herzog*, 16 zu Art. 1 GG.

[36] Im Ergebnis ebenso *Schafheutle*, JZ 1960, 470/473; Karlheinz *Schmid*, S. 44; für das Verfassungsrecht auch *Stöcker*, JZ 1968, 685/688.

[37] Gegen die rechtliche Verbindlichkeit dieser Bestimmungen deshalb *Androulakis*, S. 95; kritisch auch *Mezger / Blei*, BT, S. 306; *Schönke / Schröder*, 11 zu § 130.

[38] Vgl. BT-Drucks. III/1746, S. 3; BGHSt 21, 371/373; *Dreher / Lackner / Schwalm*, 6 zu § 31 WStG; *Lackner / Maassen*, 3 zu § 130; *Schafheutle*, JZ 1960, 470/473; Karlheinz *Schmid*, S. 46.

bb) Der Gebrauch *zoologischer Schimpfwörter* würdigt den vernunftbegabten Menschen auf die Stufe eines Tieres herab[39]. Da ein derartiger Ehrmangel niemals vorliegen kann, ist die Beschimpfung stets beleidigend, die Erhebung eines WB also ausgeschlossen[40].

cc) Die *Behandlung eines Menschen als nicht den allgemein-menschlichen Regeln und Konventionen unterstehend* richtet sich gegen das jedem Menschen angeborene und unverlierbare Mindestmaß menschlicher Würde[41]. In derartigen Fällen[42] ist daher immer die Ehre verletzt, ein WB kommt also nicht in Betracht[43]. Hingegen sind Angriffe gegen alle anderen Aspekte der menschlichen Persönlichkeit, etwa die Nichtrespektierung der persönlichen Freiheit, der Körperintegrität oder des Selbstbestimmungsrechts im sexuellen Bereich[43a], nicht gegen die Menschenwürde gerichtet und stellen deshalb keine Beleidigungen dar.

Die *Gleichsetzung* von *Menschenwürde und konstantem Ehrfaktor* erlaubt somit, aus der Vielzahl der Persönlichkeitsverletzungen nur die wirklich strafbedürftigen auszusondern. Auf der anderen Seite werden aber im Gegensatz zu der Lösung *Hirschs* alle strafwürdigen Fälle erfaßt, so daß Strafbarkeitslücken nicht auftreten.

Auch die Rechtsprechung sollte deshalb unter Aufgabe ihres zu weiten Verständnisses des konstanten Ehrfaktors das Vorliegen einer Beleidigung nur bei Angriffen auf die Menschenwürde bejahen.

2. *Formale Ehrbegriffe*

Während eine unerwünschte Beschränkung des Ehrenschutzes bei Zugrundelegung eines *formalen Ehrbegriffs* nicht denkbar ist, besteht durchaus eine gewisse Gefahr der *Ausuferung* des Beleidigungsrechts:

Das läßt sich am deutlichsten an der Ansicht *Gerlands*[44] aufweisen, der unter Ehre den Zustand, wonach niemandem Ehre versagt werden

---

[39] Ebenso BGHZ 39, 124 ff.; *Binding*, Rede, S. 14; *Rehbinder*, S. 78; Karlheinz *Schmid*, S. 47. Anderer Ansicht *Hirsch*, Ehre, S. 86, der sich auf das „positive Vokabular" („mein Täubchen" usw.) beruft; da es aber keine absoluten Beleidigungen gibt (vgl. statt aller *Herdegen*, LK, 11 zu § 185), ist auch bei Tieridentifikationen stets der Sinn der Äußerung festzustellen.

[40] Vgl. oben S. 146.

[41] Vgl. *Maunz / Dürig / Herzog*, 20 ff. zu Art. 1 GG.

[42] Vgl. die zutreffenden Beispiele bei *Dreher*, StGB, 3 B zu § 130.

[43] So wohl auch *Gallas*, Niederschriften, S. 50.

[43a] Vgl. auch die Beispiele oben S. 43 f.

[44] Lehrbuch, S. 492 und Lehmann-Festschrift, S. 307; vgl. auch die S. 68 Fußn. 35 Genannten.

darf, versteht. *Jeder Zustand*[45] *wird aber schon durch die geringste Erschütterung verändert,* so daß auch die leichteste Hänselei, die ihrer Intensität nach unterhalb der Schwelle des Strafbedürftigen liegt, als Ehrverletzung zu qualifizieren wäre.

Diese — sicher nicht beabsichtigte — Konsequenz ließe sich nur dadurch vermeiden, daß man nicht auf die Verletzung des Zustandes, sondern darauf abstellt, ob das dahinter stehende Gut selbst verletzt oder gefährdet ist[46]. Damit entpuppt sich aber der zwischen den Wert und die Verletzung eingeschobene Begriff des Zustandes, mit dessen Hilfe das Vorliegen einer „realen" Verletzung erklärt werden sollte, als völlig sinnlos.

Entweder dehnt also die *Formalisierung* des Wertes den Strafbarkeitsbereich *zu weit* aus, *oder* aber sie erweist sich als *überflüssige Hilfskonstruktion*[47], überflüssig deshalb, weil eine Verletzung des Wertes selbst durchaus möglich ist[48].

Demnach sollte man auf einen formalen Ehrbegriff nur dann zurückgreifen, wenn man eine einheitliche Struktur aller Rechtsgüter als notwendig gegeben erachtet[49].

---

[45] Gleiches gilt für das von *Wolff*, ZStW 81, 886/891 angenommene Beziehungsverhältnis.

[46] Vgl. auch *Bassenge*, S. 13; *Heß*, S. 8 Anm. 1.

[47] Auch die „Anspruchstheorie" (vgl. die S. 66 Fußn. 18 Genannten) kann die Frage, *wann* eine Verletzung anzunehmen ist, nicht ohne Rückgriff auf die Verletzung des Wertes selbst beantworten.

[48] Vgl. oben S. 82 ff.

[49] Vgl. aber oben S. 28 ff.

Ergebnis der Untersuchung

Betrachtet man die Ausführungen in der Strafrechtsliteratur zum Ehrbegriff, so ist das Bild auf den ersten Blick höchst verwirrend, scheint doch nahezu jeder Autor ein eigenes Ehrverständnis zu haben. Bei näherem Zusehen kristallisieren sich aber einzelne Gruppen von Ehransichten heraus, die — mit Abweichungen in Einzelpunkten — gemeinsame Merkmale aufweisen:

So wird der äußeren Struktur nach die Ehre als ein Wert (normativer Ehrbegriff), als eine Verrechtlichung dieses Wertes (formaler Ehrbegriff) oder als sein Reflex im Innern des Menschen und/oder der Umwelt (psychologischer Ehrbegriff) angesehen. Unterscheidungen werden aber auch nach dem Ehrinhalt vorgenommen: Der Wert, so wie er dem betreffenden Menschen zukommt (normative Betrachtungsweise), so wie er beurteilt wird (faktische Betrachtungsweise) oder als Idee (hypothetische Betrachtungsweise).

Bei einer näheren Analyse dieser verschiedenen Ehrbegriffe konnte keiner als unbrauchbar bezeichnet werden, da sich alle als des Rechtsschutzes fähig zeigten. So mußte gefragt werden, ob sich mit jeder Ehrtheorie alle als strafwürdig erachteten Fälle erfassen lassen und ob nicht umgekehrt bei Zugrundelegung eines bestimmten Ehrbegriffs strafrechtlich irrelevante Verhaltensweisen pönalisiert werden.

Dabei stellte sich der psychologische Ehrbegriff in zahlreichen Punkten als zu eng, die faktischen Auffassungen als teils zu eng, teils zu weit und die hypothetischen sowie die formalen als zu weit heraus. Hingegen erwiesen sich sämtliche gegen den normativen Charakter der Ehre vorgebrachten Einwendungen als nicht zwingend, sofern man die überkommene Auslegung in einzelnen Punkten zu korrigieren bereit war:

Der wahre innere Wert findet seine Grundlagen in der Persönlichkeit und in der Gemeinschaft. Die Ehre, worunter nur das Freisein von Unehre zu verstehen ist, setzt sich aus zwei Komponenten zusammen, der angeborenen Menschenwürde und der Pflichterfüllung. Die „Ehrverletzung“ erfolgt durch Beeinträchtigung des Handlungsobjekts, das heißt des aus der wahren inneren Ehre fließenden Achtungsanspruchs. Die Beleidigung stellt sich in der Regel als abstraktes Gefährdungsdelikt dar, weil für den Vollbestand der Ehre eine Rechtsvermutung spricht. Die Vermutung ist sowohl bei Tatsachenbehauptungen als auch bei Werturteilen widerlegbar; allerdings ist entgegen der bisherigen Praxis die Erhebung des Wahrheitsbeweises ausgeschlossen, wenn ein Inhalts- oder Formexzeß vorliegt. Die tätliche Beleidigung, die sich gegen die Menschenwürde richtet, ist Verletzungsdelikt.

Da der so verstandene normative Ehrbegriff *als einziger* dogmatisch unbedenklich ist und zu kriminalpolitisch befriedigenden Ergebnissen führt, ist er *allen* Beleidigungstatbeständen zugrunde zu legen.

Für die Systematik bedeutet dies zweierlei: Die Auslegung von Einzelfragen hat sich stets an dem einheitlichen, allen Tatbeständen gemeinsamen Rechtsgut zu orientieren. Und zum anderen ist eine Abgrenzung der Tatbestände untereinander nur nach der Art der Angriffshandlung möglich.

Literaturverzeichnis

Allfeld, Philipp — Die Beleidigung nach dem Entwurf von 1925. In: GS 93 (1926), 225 ff.

Allfeld, Philipp — Lehrbuch des Deutschen Strafrechts. 8. Aufl., Leipzig 1922 (abgekürzt: Allfeld, Lehrbuch).

Alternativentwurf — Alternativentwurf eines Strafgesetzbuchs (vorgelegt von Baumann u. a.). Allgemeiner Teil. 2. Aufl., Tübingen 1969. Besonderer Teil. Straftaten gegen die Person, 2. Halbband. Tübingen 1971.

Amelung, Knut — Rechtsgüterschutz und Schutz der Gesellschaft. Frankfurt 1972.

Androulakis, Nikolaos — Die Sammelbeleidigung. Neuwied und Berlin 1970.

Aristoteles — Nikomachische Ethik (übersetzt von F. Dirlmeier). Darmstadt 1956.

Arzt, Gunther — Der strafrechtliche Schutz der Intimsphäre. Tübingen 1970.

Baltin, Max — Das Rechtsgut der Ehre und sein Schutz gegen üble Nachrede. Diss. Erlangen 1917.

Bar, Ludwig von — Zur Lehre von der Beleidigung mit besonderer Rücksicht auf die Presse. In: GS 52 (1896), 81 ff.

Bassenge, Friedrich — Ehre und Beleidigung. Berlin 1937.

Baumann, Jürgen — Strafrecht. Allgemeiner Teil. 6. Aufl., Bielefeld 1974.

Beling, Ernst — Grundzüge des Strafrechts. 11. Aufl., Tübingen 1930 (abgekürzt: Beling, Grundzüge).

Beling, Ernst — Die Lehre vom Verbrechen. Tübingen 1906 (abgekürzt: Beling, Lehre).

Beling, Ernst — Rechtsprechung des Reichsgerichts. In: ZStW 18 (1888), 267 ff.

Beling, Ernst — Wesen, Strafbarkeit und Beweis der üblen Nachrede. Tübingen 1909 (abgekürzt: Beling, Nachrede).

Bemmann, Günter — Was bedeutet die Bestimmung „wenn nicht diese Tatsache erweislich wahr ist“ im § 186 StGB? In: MDR 1956, 387 ff.

Beseler, Georg — Kommentar über das Strafgesetzbuch für die Preußischen Staaten. Leipzig 1851.

Bickert, Armin — Objekt der Beleidigung. Diss. Erlangen 1908.

Binding, Karl — Die Ehre und ihre Verletzbarkeit. 1./2. Aufl., Leipzig 1892 (abgekürzt: Binding, Rede).

Binding, Karl — Lehrbuch des gemeinen deutschen Strafrechts. Besonderer Teil. Bd. 1. 2. Aufl., Leipzig 1902 (abgekürzt: Binding, BT I).

Binding, Karl — Die Normen und ihre Übertretung. 1. Bd. 1. Aufl., Leipzig 1872. 4. Aufl., Leipzig 1922 (abgekürzt: Binding, Normen I).

Birnbaum, J. N. F. — Über das Erforderniß einer Rechtsverletzung zum Begriffe des Verbrechens, mit besonderer Rücksicht auf den Begriff der Ehrenkränkung. In: ArchCrimR 15 (1834), 149 ff.

Bleeck, Siegfried — Die Majestätsbeleidigung. Berlin 1909.

Bockelmann, Paul — Leitsätze und Fassungsvorschlag zum Thema Beleidigung. In: Niederschriften, Bd. 9, S. 476 ff. (abgekürzt: Bockelmann, Beleidigung).

Bockelmann, Paul — Der Nachweis des Hehlervorsatzes. In: NJW 1954, 1745 ff.

Bockelmann, Paul — Ist die Weitergabe ehrverletzender Tatsachen strafbar, die der Beleidigte selbst mitgeteilt hat? In: JR 1954, 327 ff.

Bockelmann, Paul — Urteilsanmerkung. In: NJW 1953, 554 f.

Bolze — Die Beleidigung kollektiver Personeneinheiten. In: GA 26 (1878), 1 ff.

Borkott, Heinrich — Der Wahrheitsbeweis bei Beleidigungen nach dem geltenden und dem kommenden Strafrecht. Diss. Erlangen 1935.

Brandes, Günter — Der Irrtum über die Wahrheit bei Tatsachenbehauptungen unter vier Augen. Diss. Göttingen 1969.

Brockamp, Helga — Die Tatvollendung bei den Beleidigungsdelikten. Diss. Münster 1967.

Brügger, Andreas — Der Schutz der Ehre. Mit besonderer Berücksichtigung der schweizerischen Strafgesetzgebung. In: Strafrechtliche Abhandlungen, Heft 239. Breslau 1928.

Brugger, Walter — Philosophisches Wörterbuch. 9. Aufl., Freiburg 1962.

Bruhns — Können juristische Personen und Körperschaften Gegenstand einer Beleidigung sein? In: GS 27 (1875), 481 ff.

Bruns, Hans-Jürgen — Zur Frage der passiven Beleidigungsfähigkeit handelsrechtlicher Kapitalgesellschaften. In: NJW 1955, 689 ff.

Bruns, Hans-Jürgen — Strafzumessungsrecht. Allgemeiner Teil. 2. Aufl., Köln, Berlin, Bonn u. München 1974 (abgekürzt: Bruns, Strafzumessungsrecht).

Bülow, Frhr. von — Über den Schutz der Ehre und das Recht freier Meinungsäußerung. In: GS 46 (1892), 261 ff.

Buri, Maximilian von — Zum Begriffe der Ehrenkränkung. In: GS 28 (1876), 233 ff.

Buri, Maximilian von — Zu § 193 des Reichs-Strafgesetzbuchs. In: GS 26 (1874), 561 ff.

Buri, Maximilian von — Zu §§ 240, 242, 193 des St.G.B.'s. In: GS 33 (1881), 409 ff.

Busch, Richard — Urteilsanmerkung. In: LM Nr. 19 zu § 185.

Calker, Fritz van — Strafrecht. 4. Aufl., München, Berlin u. Leipzig 1933 (abgekürzt: van Calker, Strafrecht).

Calker, Fritz van — Die Zeitung als Objekt der Beleidigung. In: DJZ 1902, 277 ff.

Christiansen, Hans — Die Beleidigung. Eine strafrechtlich-kriminologische Untersuchung unter besonderer Berücksichtigung der Fälle sozialtypischen Verhaltens, dargestellt an Hand der im Landgerichtsbezirk Kiel in den Jahren 1960 - 1962 durchgeführten Verfahren. Diss. Kiel 1965.

Coing, Helmut — Ehrenschutz und Presserecht. Karlsruhe 1960 (abgekürzt: Coing, Ehrenschutz).

Coing, Helmut — Grundzüge der Rechtsphilosophie. 2. Aufl., Berlin 1969 (abgekürzt: Coing, Rechtsphilosophie).

Cramer, Peter — Der Vollrauschtatbestand als abstraktes Gefährdungsdelikt. Tübingen 1962.

Dähn, Gerd — Die öffentliche Bloßstellung in der Strafrechtsreformdiskussion unter besonderer Berücksichtigung des § 145 AE. Tübingen 1971.

Dagtoglou, Prodromos — Motiv der Pressekritik und Pressefreiheit. Zur Wahrnehmung berechtigter Interessen durch die Presse. In: DÖV 1963, 636 ff.

Dahm, Georg — Ehrenkränkung. In: Das kommende deutsche Strafrecht. Besonderer Teil. Bericht über die Arbeit der amtlichen Strafrechtskommission (hrsg. von Franz Gürtner), S. 397 ff. 2. Aufl., Berlin 1936 (abgekürzt: Dahm bei Gürtner).

Dahm, Georg — Der Methodenstreit in der heutigen Strafrechtswissenschaft. In: ZStW 57 (1938), 225 ff.

Dahm, Georg — Verbrechen und Tatbestand. In: Grundfragen der neuen Rechtswissenschaft (hrsg. von Dahm u. a.), S. 62 ff. Berlin 1935 (abgekürzt: Dahm, Grundfragen).

Dalcke, Albert, *Fuhrmann*, Ernst und *Schäfer*, Karl — Strafrecht und Strafverfahren. 37. Aufl., Berlin 1961.

Deipser, Johannes — Ehrenschutz. In: Materialien Bd. 2, II. Bonn 1955.

Delaquis, Ernst — Der Wahrheitsbeweis bei Beleidigungen. In: Festgabe für Otto v. Gierke, Bd. 3, S. 157 ff. Breslau 1910.

Dochow, Adolf — Beleidigung. In: Handbuch des deutschen Strafrechts (hrsg. v. Holtzendorff), Bd. 3, S. 329 ff. Berlin 1874.

Doehn, B. — Der Begriff der Majestätsbeleidigung und ihr Verhältnis zur gewöhnlichen Beleidigung nach dem Reichsstrafgesetzbuch. In: ZStW 21 (1901), 468 ff.

Dohna, Alexander Graf zu — Neue Mittel des Ehrenschutzes. In: ZStW 57 (1938), 158 ff.

Dohna, Alexander Graf zu — Die Rechtswidrigkeit als allgemeingültiges Merkmal im Tatbestande strafbarer Handlungen. Halle 1905 (abgekürzt: v. Dohna, Rechtswidrigkeit).

Dohna, Alexander Graf zu — Unzucht und Beleidigung. In: DStR 1941, 34 ff.

Dreher, Eduard — Strafgesetzbuch mit Nebengesetzen und Verordnungen. 34. Aufl., München 1974 (abgekürzt: Dreher, StGB).

Dreher, Eduard, *Lackner*, Karl und *Schwalm*, Georg — Wehrstrafgesetz. Kommentar. München 1958.

Dreßler, Hans-Heinrich — Das deutsche Beleidigungsrecht des 16. und 17. Jahrhunderts. Diss. Frankfurt 1967.

Droste, Wulf Heinrich — Beleidigung als Sittlichkeitsdelikt. Diss. Kiel 1972.

Entwurf 1962 — Entwurf eines Strafgesetzbuches (StGB). E 1962 mit Begründung. Bonn 1962.

Eckstein, Joseph — Die Ehre in Philosophie und Recht. Leipzig 1889.

Eichmann, Arthur — Über das Wesen der verleumderischen Beleidigung und der falschen Anschuldigung nach deutschem Strafrecht. Diss. Leipzig 1896.

Eisler, Fritz — Rechtsgut und Erfolg bei Beleidigungen und Kreditgefährdung. In: Strafrechtliche Abhandlungen, Heft 140. Breslau 1911.

Engelhard, Herbert — Die Ehre als Rechtsgut im Strafrecht. Mannheim, Berlin u. Leipzig 1921 (abgekürzt: Engelhard, Ehre).

Engelhard, Herbert — Wahrheitsbeweis und Wahrung berechtigter Interessen nach dem Amtlichen Entwurf eines Allgemeinen Strafgesetzbuchs. Leitsätze und Referat. In: IKV, Neue Folge Bd. 2, S. 143 ff. Berlin u. Leipzig 1927 (abgekürzt: Engelhard, IKV).

Engelhard, Herbert — Urteilsanmerkung. In: JW 1925, 1647.

Engelhard, Herbert — Urteilsanmerkung. In: JW 1932, 1742 f.

Engisch, Karl — Zur Strafbarkeit unzüchtiger Handlungen mit Abkömmlingen. In: ZAkDR 1939, 568 f.

Erdsiek, Gerhard — Wahrnehmung berechtigter Interessen ein Rechtfertigungsgrund? In: JZ 1969, 311 ff.

Erman, Walter — BGB, Handkommentar Bd. 1 (Anh. zu § 12 bearb. von H. Weitnauer). 5. Aufl., Münster 1972.

Eser, Albin — Wahrnehmung berechtigter Interessen als allgemeiner Rechtfertigungsgrund. Bad Homburg, Berlin u. Zürich 1969.

Eßlinger, Ludwig — Das Schuldmoment bei der üblen Nachrede. Diss. Würzburg 1905.

Feisenberger, Albert — Literaturbericht. Besonderer Teil. In: ZStW 31 (1911), 723 ff.

Feuerbach, Anselm Ritter von — Lehrbuch des gemeinen in Deutschland gültigen peinlichen Rechts. 4. Aufl., Gießen 1808.

Finger, August — Kritische Bemerkungen zum Entwurf eines Gesetzes betr. Änderung des Strafgesetzbuches. In: GS 74 (1909), 296 ff.

Flatten, Karl-Josef — Strafrechtlicher Ehrenschutz der Handelsgesellschaften. Berlin 1962.

Frank, H. — Nationalsozialistischer Ehrenschutz. Wien 1938.

Frank, Reinhard von — Rechtsprechung des Reichsgerichts in Strafsachen. In: ZStW 12 (1892), 277 ff.

Frank, Reinhard von — Das Strafgesetzbuch für das deutsche Reich. 11. - 14. Aufl., Tübingen 1915. 18. Aufl., Tübingen 1931 (abgekürzt: Frank, StGB).

Freisler, Roland — Allgemeines zur Ehrenwahrung im Strafverfahren. In: Der Ehrenschutz im neuen deutschen Strafverfahren (hrsg. von Freisler u. a.), S. 9 ff. Berlin 1937.

Freudenstein, Carl G. — System des Rechts der Ehrenkränkungen nach Theorie und Praxis des StGB und der StPO für das Deutsche Reich. Hannover 1880.

Friedmann, Otto — Das Recht der Wahrheit und der Schutz des guten Namens vom legislativen Standpunkt. Leipzig 1901.

Fuhrmann, Hans — Die Wahrnehmung berechtigter Interessen durch die Presse. In: JuS 1970, 70 ff.

Gabler, Joseph — Das Vergehen der sogenannten üblen Nachrede. Würzburg 1892.

Gallas, Wilhelm — Beleidigung und Sittlichkeitsdelikt. In: ZAkDR 1941, 15 ff.

Gallas, Wilhelm — Zum Begriff der „Falschheit“ der eidlichen und uneidlichen Aussage. In: GA 1957, 315 ff.

Gallas, Wilhelm — Fassungsvorschläge und Bemerkungen zum Thema Beleidigung. In: Sitzungsbericht, S. 451 ff. Bonn 1960 (abgekürzt: Gallas, Beleidigung).

Gallas, Wilhelm — Abstrakte und konkrete Gefährdung. In: Festschrift für Ernst Heinitz, S. 171 ff. Berlin 1972.

Gallas, Wilhelm — Gründe und Grenzen der Strafbarkeit. In: Heidelberger Jahrbücher 1965, 1 ff.

Gallas, Wilhelm — Zur Kritik der Lehre vom Verbrechen als Rechtsgutsverletzung. In: Festschrift zum 60. Geburtstag von Graf W. Gleispach, S. 50 ff. Berlin u. Leipzig 1936.

Gallas, Wilhelm — Der Schutz der Persönlichkeit im Entwurf eines Strafgesetzbuches (E 1962). In: ZStW 75 (1963), 16 ff.

Gallas, Wilhelm — Zum gegenwärtigen Stand der Lehre vom Verbrechen. In: ZStW 67 (1955), 1 ff.

Gamm, Otto-Friedrich von — Persönlichkeits- und Ehrverletzung. München 1969.

Gemmingen-Fürfeld Karl von — Zur Lehre der Beleidigung Verstorbener. In: Strafrechtliche Abhandlungen, Heft 66. Breslau 1905.

Gerland, Heinrich — Einige Bemerkungen zur Beleidigungslehre im geltenden und künftigen Strafrecht. In: GS 110 (1938), 9 ff.

Gerland, Heinrich — Einige Bemerkungen zum Ehrenschutz im geltenden und künftigen Strafrecht. In: Festschrift für Heinrich Lehmann zum 60. Geburtstag, S. 301 ff. Berlin 1937.

Gerland, Heinrich — Die Geldfälschungsdelikte des deutschen Strafgesetzbuchs. In: GS 59 (1901), 81 ff.

Gerland, Heinrich — Deutsches Reichsstrafrecht. 2. Aufl., Berlin u. Leipzig 1932 (abgekürzt: Gerland, Lehrbuch).

Givanovitch, Thomas — Über den Begriff der Beleidigung. In: GA 61 (1914), 195 ff.

Goehrs, O. — Der Rechtsfrieden als besonderes Rechtsgut im modernen Strafrechtssystem und seine Stellung im geltenden Reichsstrafrecht. Straßburg 1900.

Gollwitzer, Walter — siehe Löwe / Rosenberg.

Grolman, Karl — Über Ehre und guten Namen. In: Magazin für die Philosophie und Geschichte des Rechts, Bd. I, S. 5 ff. Gießen u. Darmstadt 1800 (abgekürzt: Grolman, Magazin I).

Grolman, Karl — Grundsätze der Criminalrechtswissenschaft. 2. Aufl., Gießen 1805 (abgekürzt: Grolman, Grundsätze).

Hälschner, Hugo — Das gemeine Deutsche Strafrecht, Bd. 2: Der besondere Teil des Systems, 1. Abtlg. Bonn 1884 (abgekürzt: Hälschner, Deutsches Strafrecht).

Hälschner, Hugo — System des Preussischen Strafrechts 3. Teil. Bonn 1868 (abgekürzt: Hälschner, Preußisches Strafrecht).

Haider, Franz — Die Ehre als menschliches Problem. München, Paderborn u. Wien 1972.

Hafter, Ernst — Ehrbegriff und Beleidigung. In: SchwZStR 47 (1933), 405 ff.

Hammeley, Karl — Die Kollektivbeleidigung. In Strafrechtliche Abhandlungen, Heft 121. Breslau 1910.

Hanack, Ernst-Walter — Zur verfassungsmäßigen Bestimmtheit und strafrechtlichen Auslegung des Begriffs „unzüchtige Schrift" (§184 Abs. 1 Nr. 1 StGB, Art. 103 Abs. 2 GG). In: JZ 1970, 41 ff.

Hanack, Ernst-Walter — Empfiehlt es sich, die Grenzen des Sexualstrafrechts neu zu bestimmen? In: Gutachten zum 47. Deutschen Juristentag. München 1968 (abgekürzt: Hanack, Gutachten).

Hardwig, Werner — Studien zum Vollrauschtatbestand. In: Festschrift für Eberhard Schmidt, S. 459 ff. Göttingen 1961.

Hartung, Fritz — Die Beleidigungsdelikte im Entwurf 1959. In: ZStW 71 (1959), 385 ff.

Hartung, Fritz — Gefahr für den Ehrenschutz. In: NJW 1965, 1743 ff.

Hartung, Fritz — Urteilsanmerkung. In: NJW 1959, 640 f.

Hassemer, Winfried — Theorie und Soziologie des Verbrechens. Frankfurt 1973.

Heesen, Hans-Günter — Die Beleidigungskriminalität im Landgerichtsbezirk Krefeld. Diss. Bonn 1962.

Hegel, G. W. F. — Vorlesungen über Ästhetik. In: Sämtliche Werke (hrsg. von H. Glockner), Bd. 13. 3. Aufl., Stuttgart 1953.

Hegler, August — Urteilsanmerkung. In: JW 1931, 2792 ff.

Heins, Engelhard — Der historische und der soziale Gehalt der Ehre. In: Strafrechtliche Abhandlungen, Heft 427. Breslau 1941.

Helfer, Chr. — Besprechung der Monographie von Hirsch, Ehre und Beleidigung. In: GA 1969, 351.

Helle, Ernst — Die Rechtswidrigkeit der ehrenrührigen Behauptung. In: NJW 1961, 1896 ff.

Helle, Ernst — Der Schutz der persönlichen Ehre und des wirtschaftlichen Rufes im Privatrecht vornehmlich auf Grund der Rechtsprechung. 2. Aufl., Tübingen 1969 (abgekürzt: Helle, Schutz der Ehre).

Helle, Ernst — Die Unwahrheit und die Nichterweislichkeit der ehrenrührigen Behauptung. In: NJW 1964, 841 ff.

Henkel, Heinrich — Literaturbericht. Strafrecht. Besonderer Teil. In: ZStW 58 (1939), 703 ff.

Henkel, Heinrich — Die „praesumtio doli" im Strafrecht. In: Festschrift für Eberhard Schmidt, S. 578 ff. Göttingen 1961.

Henkel, Heinrich — Der Strafschutz des Privatlebens gegen Indiskretion. Gutachten für den 42. Deutschen Juristentag. In: Verhandlungen des 42. Deutschen Juristentages, Bd. II/D, Erste Abt., S. 59 ff. Tübingen 1958 (abgekürzt: Henkel, Gutachten).

Herdegen, Gerhard — siehe Leipziger Kommentar.

Hertel, Franz — Der Wahrheitsbeweis bei Iniurien und seine Beschränkungen. Diss. Breslau 1902.

Heß, Anton — Die Ehre und die Beleidigung nach § 185 StGB. Hamburg 1891.

Hippel, Robert von — Lehrbuch des Strafrechts. Berlin 1932 (abgekürzt: v. Hippel, Lehrbuch).

Hippel, Robert von — Deutsches Strafrecht, Bd. 1. Allgemeine Grundlagen. Berlin 1925. Bd. 2. Das Verbrechen. Berlin 1930 (abgekürzt: v. Hippel, Strafrecht).

Hirsch, Hans Joachim — Zur Abgrenzung von Strafrecht und Zivilrecht. In: Festschrift für Karl Engisch, S. 304 ff. Frankfurt a. M. 1969.

Hirsch, Hans Joachim — Ehre und Beleidigung. Karlsruhe 1967 (abgekürzt: Hirsch, Ehre).

Hirsch, Hans Joachim — Urteilsanmerkung. In: JR 1972, 516 ff.

Hirschberg, Alfred — Kollektivehre und Kollektivbeleidigung. Berlin 1929.

Hirschberg, Max — Die Schutzobjekte der Verbrechen. In: Strafrechtliche Abhandlungen, Heft 113. Breslau 1910.

Hoffmann, Hans-Werner — Die Reformbedürftigkeit des Ehrenschutzes. Diss. Heidelberg 1951.

Hoffmann, Wolfgang — Beweislast und Rechtfertigung bei ehrverletzenden Behauptungen im politischen Bereich. In: NJW 1966, 1200 ff.

Honig, Richard — Die Einwilligung des Verletzten. Mannheim, Berlin u. Leipzig 1929.

Hubmann, Heinrich — Das Persönlichkeitsrecht. 2. Aufl., Münster u. Köln 1967.

Hübner, Christian Gotthelf — Über Ehre, Ehrlosigkeit, Ehrenstrafen und Iniurien. Leipzig 1800.

Hurwicz, E. — Beleidigung sozialer Einheiten. In: ZStW 31 (1911), 873 ff.

Jäger, Herbert — Strafgesetzgebung und Rechtsgüterschutz bei Sittlichkeitsdelikten. In: Beiträge zur Sexualforschung, Heft 12. Stuttgart 1957.

Jaspers, Karl — Philosophische Logik, 1. Bd. Von der Wahrheit. München 1958.

Jescheck, Hans-Heinrich — Lehrbuch des Strafrechts. Allgemeiner Teil. 1. Aufl., Berlin 1969. 2. Aufl., Berlin 1972 (abgekürzt: Jescheck, Lehrbuch).

Jescheck, Hans-Heinrich — Die Rechtsprechung des Bundesgerichtshofs in Strafsachen. In: GA 1956, 97 ff. und GA 1958, 1 ff.

Jhering, Rudolph von — Geist des römischen Rechts auf den verschiedenen Stufen seiner Entwicklung. 8./9. Aufl., Nachdruck Darmstadt 1955.

Kadecka, Ferdinand — Die wahre üble Nachrede. In: Gesammelte Aufsätze (hrsg. von Rittler und Nowakowski), S. 153 ff. Innsbruck 1959.

Kant, Immanuel — Metaphysik der Sitten (hrsg. von K. Vorländer). 4. Aufl., Leipzig 1922.

Kattenbusch, Ferdinand — Ehren und Ehre. Gießen 1909.

Kaufmann, Armin — Die Bedeutung hypothetischer Erfolgsursachen im Strafrecht. In: Festschrift für Eberhard Schmidt, S. 200 ff. Göttingen 1961.

Kaufmann, Arthur — Zur Frage der Beleidigung von Kollektivpersönlichkeiten. In: ZStW 72 (1960), 418 ff.

Kaufmann, Hilde — Beleidigung und falsche Anschuldigung. In: Handwörterbuch der Kriminologie (hrsg. von R. Sieverts), Bd. 1, S. 75 ff. 2. Aufl., Berlin 1965.

Kempermann, Eugen — Die Erkenntnis des Verbrechens und seiner Elemente. Berlin-Grunewald 1934.

Kern, Eduard — Die systematische Abgrenzung der Verbrechenselemente bei der Beleidigung. In: Strafrechtliche Abhandlungen, Heft 144. Breslau 1912 (abgekürzt: Kern, Abgrenzung).

Kern, Eduard — Die Äußerungsdelikte. Tübingen 1919 (abgekürzt: Kern, Äußerungsdelikte).

Kern, Eduard — Die Beleidigung. In: Festgabe für Reinhard v. Frank, Bd. II, S. 335 ff. Tübingen 1930.

Kern, Eduard — Der Ehrenschutz im künftigen Strafrecht. In: Materialien, Bd. 1, S. 303 ff. Bonn 1954 (abgekürzt: Kern, Materialien Bd. 1).

Klein, Ernst F. — Über des Hrn. Harscher v. Almendingen Grundzüge zu einer neuen Theorie über Verletzungen des guten Namens und der Ehre, im Magazin für die Philosophie und der Geschichte des Rechts und der Gesetzgebung von D. Carl Grolmann. In: ArchCrimR 3, Stück II (1800/1801), 88 ff.

Kleinknecht, Theodor — Strafprozeßordnung mit GVG und Nebengesetzen. 31. Aufl., München 1974.

Kleinschrod, Gallus — Grundzüge der Lehre von Iniurien. In: ArchCrimR 1, Stück IV (1799/1800), 1 ff.

Köstlin, C. Reinhold — Abhandlungen aus dem Strafrecht. Tübingen 1858 (abgekürzt: Köstlin, Abhandlungen).

Köstlin, C. Reinhold — Die Einrede der Wahrheit. In: GA 3 (1855), 306 ff.

Köstlin, C. Reinhold — Die Ehrverletzung nach deutschem Rechte. In: ZfdR 15 (1855), 151 ff., 364 ff.

Kohl, Jürgen — Beleidigende Äußerungen im engsten Kreise über außenstehende Dritte. Diss. Hamburg 1971.

Kohler, Josef — Ehre und Beleidigung. In: GA 47 (1900), 1 ff., 98 ff.

Kohlrausch, Eduard und *Lange*, Richard — Strafgesetzbuch. 43. Aufl., Berlin 1961.

Korff, Wilhelm — Ehre, Prestige, Gewissen. Köln 1966.

Koschmann, Günther — Kredit und Ehre. Berlin 1931.

Kratz, Hermann — Der strafrechtliche Ehrbegriff und das passive Subjekt der Ehrverletzung. Diss. Gießen 1891.

Kronecker, Ernst — Zur Auslegung des § 186 StGB. In: GS 32 (1880), 62 ff.

Kronecker, Ernst — Zu § 193 des Strafgesetzbuchs. In: GS 38 (1886), 481 ff.

Krug, Paul-Eberhard — Ehre und Beleidigungsfähigkeit von Verbänden. Berlin 1965.

Kühl, Fritz — Der Wahrheitsbeweis bei einem nach § 185 StGB eingeleiteten Strafverfahren. Diss. Jena 1934.

Küper, Wilfried — Die Grundlagen der Kompensation und die Voraussetzungen der Straffreierklärung nach § 199 StGB. In: JZ 1968, 651 ff.

Lackner, Karl — Das konkrete Gefährdungsdelikt im Verkehrsstrafrecht. Berlin 1967.

Lackner, Karl und *Maassen*, Hermann — Strafgesetzbuch mit Erläuterungen. 8. Aufl., München 1974.

Lammasch, Heinrich — Diebstahl und Beleidigung. Wien 1893.

Leipziger Kommentar — Strafgesetzbuch. 8. Aufl., Berlin 1958 (hrsg. v. Jagusch u. a.; §§ 185 ff. bearb. v. Schaefer). 9. Aufl., Berlin 1970 ff. (hrsg. von Baldus u. a.; §§ 185 ff. bearb. von Herdegen).

Lenckner, Theodor — Die Rechtfertigungsgründe und das Erfordernis pflichtgemäßer Prüfung. In: Festschrift für Hellmuth Mayer, S. 165 ff. Berlin 1965.

Lenckner, Theodor — Wertausfüllungsbedürftige Begriffe im Strafrecht und der Satz „nullum crimen sine lege“. In: JuS 1968, 249 ff., 304 ff.

Lentner, Ferdinand — Das Ehrendelikt der Verleumdung. Wien 1870.

Leonhard, Rudolf — Die Begriffsgrenzen der Beleidigung. In: ZStW 32 (1911), 66 ff.

Liepmann, Moritz — Die Beleidigung (Abschnitt 14 des II. Teiles des RStrGB). In: VDB, Bd. IV, S. 217 ff. Berlin 1906 (abgekürzt: Liepmann, VDB IV).

Liepmann, Moritz — Die Beleidigung. In: Sammlung von Abhandlungen für Juristen und Laien. Bd. II und III. Berlin 1909 (abgekürzt: Liepmann, Beleidigung).

Lilienthal, Karl von — Der Entwurf eines Gesetzes betreffend Änderung des Strafgesetzbuches. In: ZStW 29 (1909), 647 ff.

Lilienthal, Karl von — Üble Nachrede und Verleumdung (§§ 186 und 187 RStGB). In: VDB, Bd. IV, S. 375 ff. Berlin 1906 (abgekürzt: v. Lilienthal, VDB IV).

Lippa, Christoph von — Der Ehrenschutz im deutschen Strafrecht. Bonn 1966.

Lippert, Erwin — Die Abgrenzung der Beleidigung von den Sittlichkeitsdelikten. Diss. Erlangen 1942.

Lissner, Walter — Die prozessuale Behandlung des Wahrheitsbeweises. In: ZStW 51 (1931), 742 ff.

Lissner, Walter — Urteilsanmerkung. In: JW 1932, 410.

Liszt, Franz von — Der Begriff des Rechtsguts im Strafrecht und in der Enzyklopädie der Rechtswissenschaft. In: ZStW 8 (1888), 133 ff.

Liszt, Franz von — Rechtsgut und Handlungsbegriff im Bindingschen Handbuche. In: ZStW 6 (1886), 663 ff.

Liszt, Franz von — Der Zweckgedanke im Strafrecht. In: ZStW 3 (1883), 1 ff.

Liszt, Franz von und *Schmidt*, Eberhard — Lehrbuch des Deutschen Strafrechts. 25. Aufl., Berlin u. Leipzig 1927 (abgekürzt: v. Liszt / Schmidt, Lehrbuch). 26. Aufl., Berlin u. Leipzig 1932 (abgekürzt: v. Liszt / Schmidt, AT).

Löwe, Ewald und *Rosenberg*, Werner — Die Strafprozeßordnung und das Gerichtsverfassungsgesetz Bd. 2 (§§ 213 ff. bearb. von W. Gollwitzer). 22. Aufl., Berlin 1973.

Löwenstein, Siegfried — Wahrheitsbeweis und Wahrung berechtigter Interessen nach dem Amtlichen Entwurf eines Allgemeinen Strafgesetzbuchs. Leitsätze und Referat. In: IKV, Neue Folge Bd. 2, S. 167 ff. Berlin u. Leipzig 1927 (abgekürzt: Löwenstein, IKV).

Löwenstein, Siegfried — Urteilsanmerkung. In: JW 1926, 2750.

Lorenz, Hanns — Die üble Nachrede des § 186 StGB, die Beleidigung des § 185 StGB und ihr Verhältnis zueinander. Diss. Erlangen 1933.

Lorsch, Willi — Angegriffene, Destinatäre und Gedankenträger bei der Beleidigung. Diss. Freiburg 1904.

Mahlberg, Elly — Die Beleidigung einer Kollektivperson und deren Stellung im Strafprozeß. Diss. Köln 1927.

Maunz, Theodor, *Dürig*, Günter und *Herzog*, Roman — Grundgesetz. Kommentar. München, Stand 1973.

Maurach, Reinhart — Deutsches Strafrecht. Allgemeiner Teil. 4. Aufl., Karlsruhe 1971 (abgekürzt: Maurach, AT).

Maurach, Reinhart — Deutsches Strafrecht. Besonderer Teil. 5. Aufl., Karlsruhe 1969 (abgekürzt: Maurach, BT).

Mayer, Hellmuth — Strafrecht. Allgemeiner Teil. Stuttgart u. Köln 1953 (abgekürzt: H. Mayer, AT).

Mayer, Hellmuth — Strafrecht. Allgemeiner Teil (Kohlhammer Studienbücher). Stuttgart, Berlin, Köln u. Mainz 1967 (abgekürzt: H. Mayer, Grundriß).

Merkel, Adolf — Lehrbuch des deutschen Strafrechts. Stuttgart 1889.

Mezger, Edmund — Strafrecht. Ein Lehrbuch. 3. Aufl., Berlin u. München 1949 (abgekürzt: Mezger, Lehrbuch).

Mezger, Edmund — Die subjektiven Unrechtselemente. In: GS 89 (1924), 207 ff.

Mezger, Edmund — Urteilsanmerkung. In: JW 1931, 938.

Mezger, Edmund — Urteilsanmerkung. In: DR 1941, 147 ff.

Mezger, Edmund und *Blei*, Hermann — Strafrecht. Ein Studienbuch. Allgemeiner Teil. 15. Aufl., München 1973 (abgekürzt: Mezger / Blei, AT).

Mezger, Edmund und *Blei*, Hermann — Strafrecht. Ein Studienbuch. Besonderer Teil. 9. Aufl., München 1966 (abgekürzt: Mezger / Blei, BT).

Mirkoff, Wladislaus — Strafbare Handlungen wider die Ehre nach deutschem und bulgarischem Rechte. Diss. Halle 1905.

Mittasch, Helmut — Die Auswirkungen des wertbeziehenden Denkens in der Strafrechtssystematik. Berlin 1939.

Mittermaier, C. J. A. — Über die Zulässigkeit des Beweises der Einrede der Wahrheit einer Beschuldigung und den Einfluß auf das Strafurteil. In: ArchCrimR 20 (1839), 1 ff.

Mommsen, Theodor — Römisches Strafrecht. Leipzig 1899.

Müller, Arthur — Urteilsanmerkung. In: NJW 1947/48, 349 f.

Müllereisert, F. Arthur — Die Ehre im deutschen Privatrecht. Berlin 1931.

Niethammer, Emil — Lehrbuch des Besonderen Teils des Strafrechts. Tübingen 1950.

Nink, Caspar — Ontologie. Freiburg 1952.

Noack — Besprechung der Gemeinschaftsarbeit von Freisler u. a., Der Ehrenschutz im neuen deutschen Strafverfahren. In: JW 1937, 2345 f.

Olshausen, Justus von — Kommentar zum Strafgesetzbuch für das Deutsche Reich. 11. Aufl., Berlin 1927 (§§ 185 ff. bearb. von Freiesleben). 12. Aufl., Berlin 1942 (§§ 185 ff. bearb. von Hörchner).

Oppe, Wilfried — Ist eine Beleidigungsabsicht zur Strafbarkeit nach §§ 192, 193 StGB erforderlich? In: MDR 1962, 947 ff.

Oppenheim, L. — Die Objekte des Verbrechens. Basel 1894.

Osenbrüggen, Eduard — Die Ehre im Spiegel der Zeit. Berlin 1872.

Otto, Harro — Persönlichkeitsschutz durch strafrechtlichen Schutz der Ehre. In: Festschrift für Erich Schwinge, S. 71 ff. Köln u. Bonn 1973.

Otto, Harro — Rechtsgutsbegriff und Deliktstatbestand. In: Strafrechtsdogmatik und Kriminalpolitik (hrsg. von H. Müller-Dietz), S. 1 ff. (abgekürzt: Otto, Rechtsgutsbegriff).

Otto, Harro — Besprechung der Monographie von Krug, Ehre und Beleidigungsfähigkeit von Verbänden. In: MSchrKrim 1967, 420.

Ottow, Joachim — Üble Nachrede und Verbotsirrtum. In: NJW 1956, 211 f.

Passauer, Gerd — Strafrechtlicher Schutz der Volksehre. In: Strafrechtliche Abhandlungen, Heft 350. Breslau 1935.

Pauli, Hans — Die Strafbarkeit ehebrecherischer Handlungen. In: JR 1971, 194 f.

Peters, Karl — Ehre und Ehrenschutz. In: Staatslexikon (hrsg. von der Görres-Gesellschaft) Bd. 2, Sp. 1048 ff. 6. Aufl., Freiburg 1958 (abgekürzt: Peters, Staatslexikon).

Peters, Karl — Strafprozeß. Ein Lehrbuch. 1. Aufl., Karlsruhe 1952. 2. Aufl., Karlsruhe 1966 (abgekürzt: Peters Strafprozeß).

Pfeiffer, Gerd, *Maul*, Heinrich und *Schulte*, Benno — Strafgesetzbuch. Kommentar, Essen 1969.

Pfleiderer, Wolfgang — Der Wahrheitsbeweis bei Beleidigungen mit besonderer Berücksichtigung der in den Entwürfen vorgesehenen Regelung. In: Strafrechtliche Abhandlungen, Heft 315. Breslau 1933.

Radbruch, Gustav — Rechtsphilosophie. 6. Aufl., Stuttgart 1963 (abgekürzt: Radbruch, Rechtsphilosophie).

Radbruch, Gustav — Zur Systematik der Verbrechenslehre. In: Festgabe für Reinhard v. Frank, Bd. I, S. 158 ff. Tübingen 1930.

Ramm, Harry — Der Ehrbegriff als Grundlage des Ehrenschutzes im Strafrecht. In: Strafrechtliche Abhandlungen, Heft 366. Breslau 1936.

Reding, Marcel — Metaphysik der sittlichen Werte. Düsseldorf 1949.

Rehbinder, Manfred — Die öffentliche Aufgabe und rechtliche Verantwortung der Presse. Berlin 1962.

Roeder, Hermann — Wahrheitsbeweis und Indiskretionsdelikt nach deutschem und österreichischem Strafgesetzentwurf. In: Festschrift für Reinhart Maurach, S. 347 ff. Karlsruhe 1972.

Rötelmann, Wilhelm — Persönlichkeitsrechte, insbesondere der Widerruf ehrenrühriger Behauptungen. In: NJW 1971, 1636 ff.

Rogowski, Erich — Die komische Beleidigung. In: GA 58 (1911), 367 ff.

Rosenfeld, Ernst Heinrich — Die Nebenklage des Reichsstrafprozesses. Berlin 1900.

Roxin, Claus — Zur Kritik der finalen Handlungslehre. In: ZStW 74 (1962), 515 ff.

Roxin, Claus — Pflichtwidrigkeit und Erfolg bei fahrlässigen Delikten. In: ZStW 74 (1962), 411 ff.

Roxin, Claus — Sinn und Grenzen staatlicher Strafe. In: JuS 1966, 377 ff.

Roxin, Claus — Täterschaft und Tatherrschaft. 2. Aufl., Hamburg 1967 (abgekürzt: Roxin, Täterschaft).

Rubo, Ernst T. — Zur Lehre von der Verleumdung mit besonderer Bezugnahme auf alle gegenwärtig geltenden deutschen Strafgesetzbücher. Berlin 1861.

Rudolphi, Hans-Joachim — Die verschiedenen Aspekte des Rechtsgutsbegriffs. In: Festschrift für Richard M. Honig, S. 151 ff. Göttingen 1970.

Rudolphi, Hans-Joachim — Inhalt und Funktion des Handlungsunwertes im Rahmen der personalen Unrechtslehre. In: Festschrift für Reinhart Maurach, S. 51 ff. Karlsruhe 1972.

Rudolphi, Hans-Joachim — Straftaten gegen das werdende Leben. In: ZStW 83 (1971), 105 ff.

Rüdorff, Hans und *Stenglein*, M. — Strafgesetzbuch für das Deutsche Reich. 3. Aufl., Berlin u. Leipzig 1881.

Sauer, Wilhelm — Die Ehre und ihre Verletzung. Kritische Untersuchungen über Tatbestand und Rechtswidrigkeit der Beleidigung mit besonderer Rücksicht auf die deutsche Strafrechtsreform. Berlin 1915 (abgekürzt: Sauer, Ehre).

Sauer, Wilhelm — Zur Lehre von der Beleidigung mit besonderer Berücksichtigung des Strafgesetzentwurfs von 1925. In: ZStW 46 (1925), 349 ff.

Sauer, Wilhelm — System des Strafrechts. Besonderer Teil. Köln u. Berlin 1954 (abgekürzt: Sauer, System).

Sauer, Wilhelm — Die beiden Tatbestandsbegriffe. Zur Lehre von den äußeren Strafbarkeitsvoraussetzungen. In: Festschrift für Edmund Mezger, S. 117 ff. München u. Berlin 1954.

Sauer, Wilhelm — Das Wesen der Ehre. In: Logos 9 (1921), 64 ff.

Schaefer, August — siehe Leipziger Kommentar.

Schaffstein, Friedrich — Rechtswidrigkeit und Schuld im Aufbau des neuen Strafrechtssystems. In: ZStW 57 (1938), 295 ff.

Schaffstein, Friedrich — Der Streit um das Rechtsgutsverletzungsdogma. In: DStR 1937, 335 ff.

Schaffstein, Friedrich — Das Verbrechen als Pflichtverletzung. In: Grundfragen der neuen Rechtswissenschaft (hrsg. von Dahm u. a.), S. 108 ff. (abgekürzt: Schaffstein, Grundfragen).

Schafheutle, Josef — Das sechste Strafrechtsänderungsgesetz. In: JZ 1960, 470 ff.

Scheler, Max — Der Formalismus in der Ethik und die materiale Wertethik. 4. Aufl., Bern 1954.

Scheunert, Harry — Der systematische Aufbau der Beleidigungsvergehen in seiner Beziehung zum Schutzobjekt der Beleidigung. Diss. Erlangen 1931.

Schewe, Günther — Bewußtsein und Vorsatz. Neuwied u. Berlin 1967.

Schierloh, Nicolaus — Die Beleidigung in den §§ 185, 186, 187 RStGB und die Wahrnehmung berechtigter Interessen mit besonderer Berücksichtigung der Presse. In: Strafrechtliche Abhandlungen, Heft 209. Breslau 1925.

Schmid, Ferdinand — Die Präsumtionen im deutschen Reichsstrafrecht. Diss. Jena 1884.

Schmid, Karlheinz — Freiheit der Meinungsäußerung und strafrechtlicher Ehrenschutz. Tübingen 1972.

Schmidhäuser, Eberhard — Strafrecht. Allgemeiner Teil. Tübingen 1970 (abgekürzt: Schmidhäuser, AT).

Schmidhäuser, Eberhard — Der Unrechtstatbestand. In: Festschrift für Karl Engisch, S. 433 ff. Frankfurt a. M. 1969.

Schmidt, Erwin — Das Wesen der Ehre. Diss. Breslau 1940.

Schmidt, Gerhard — Zur Problematik des Indiskretionsdelikts. In: ZStW 79 (1967), 741 ff.

Schmidt, Richard — Grundriß des Deutschen Strafrechts. 2. Aufl., Leipzig 1931.

Schmidt, Werner — Der Wahrheitsbeweis bei Beleidigungen. Diss. Jena 1926.

Schmitz, Charlotte I. — Zum Problem der Beleidigung durch Karrikaturen. Diss. Köln. 1969.

Schönke, Adolf und *Schröder*, Horst — Strafgesetzbuch. Kommentar. 14. Aufl., München 1969. 17. Aufl., München 1974.

Schopenhauer, Arthur — Aphorismen zur Lebensweisheit (hrsg. von Rudolf Marx). Stuttgart 1968.

Schroeder, Friedrich C. — Die Bestimmtheit von Strafgesetzen am Beispiel des groben Unfugs. In: JZ 1969, 775 ff.

Schröder, Horst — Die Addition strafloser Handlungen zu einer Straftat. In: JZ 1972, 651 ff.

Schröder, Horst — Die Gefährdungsdelikte im Strafrecht. In: ZStW 81 (1969), 7 ff.

Schröder, Horst — Urteilsanmerkung. In: JR 1963, 468 f.

Schütze, Theodor R. — Lehrbuch des deutschen Strafrechts. 2. Aufl., Leipzig 1874.

Schwarze, Friedrich v. — Bemerkungen zur Lehre von der Einrede der Wahrheit. In: GS 32 (1880), 561 ff.

Schweikert, Heinrich — Strafrechtliche Haftung für riskantes Verhalten? In: ZStW 70 (1958), 394 ff.

Schweikert, Heinrich — Die Wandlungen der Tatbestandslehre seit Beling. Karlsruhe 1957 (abgekürzt: Schweikert, Tatbestandslehre).

Schwinge, Erich — Ehrenschutz im politischen Bereich. In: MDR 1973, 801 ff.

Schwinge, Erich — Zur Reform des Beleidigungsrechts. In: GA 1956, 309 ff.

Siess, Waldemar — Beleidigung von Körperschaften. In: GroßArch 38 (1910), 1 ff.

Simson, Gerhard und *Geerds*, Friedrich — Straftaten gegen die Person und Sittlichkeitsdelikte in rechtsvergleichender Sicht. München 1968.

Sina, Peter — Die Dogmengeschichte des strafrechtlichen Begriffs „Rechtsgut". Basel 1962.

Spiecker, Walter — Beiträge zur Lehre von der Beleidigung. Straßburg 1895.

Steiner, Albert — Der Ehrbegriff im Strafrecht. Diss. Bern 1916.

Steiner, Gerhard — Der Parteibegriff im Privatklageverfahren, zugleich ein Beitrag zur Lehre von der Beleidigung. In: Strafrechtliche Abhandlungen, Heft 292. Breslau 1931.

Stenglein, M. — Das Antragsrecht des Vorgesetzten. In: GS 42 (1889), 79 ff.

Stöcker, Hans — Menschliche Würde und kritische Jurisprudenz. In: JZ 1968, 685 ff.

Stranz, J. — Die Öffentlichkeit und der Wahrheitsbeweis im französischen Beleidigungsrecht. In: ZStW 19 (1899), 212 ff.

Stratenwerth, Günter — Handlungs- und Erfolgsunwert im Strafrecht. In: SchwZStR 79 (1963), 233 ff.

Stratenwerth, Günter — Strafrecht. Allgemeiner Teil I. Köln, Berlin, Bonn u. München 1971 (abgekürzt: Stratenwerth, AT).

Stree, Walter — In dubio pro reo. Tübingen 1962.

Sturtzel, Herbert — Die strafrechtliche Behandlung wahrer herabsetzender Tatsachenbehauptungen. Diss. Hamburg 1959.

Tiedemann, Klaus — Neue Monographien zum Besonderen Teil des Strafrechts. In: JurA 1970, 257 ff.

Thiel, Kasimir — Iniurien und Beleidigung. In: Strafrechtliche Abhandlungen, Heft 62. Breslau 1905.

Thomsen, Andreas — Das deutsche Strafrecht. Allgemeiner Teil. Berlin 1906.

Thyrén, Johann — Über den Wahrheitsbeweis in Ehrenbeleidigungssachen. In: ZStW 43 (1922), 225 ff.

Uhlitz, Otto — Politischer Kampf und Ehrenschutz. In: NJW 1967, 129 ff.

Vorentwurf — Vorentwurf zu einem Deutschen Strafgesetzbuch. Berlin 1909.

Volkmann, Siegfried v. — Begriff der Beleidigung im Sinne des Abschn. XIV. R.St.G.B. Diss. Halle 1896.

Waack — Üble Nachrede durch Behauptung von Tatsachen, welche ein bestimmter Volkskreis im Widerspruch mit allgemeinen Anschauungen für ehrenrührig ansieht? In: DJZ 1911, 1439 ff.

Wachenfeld, Friedrich — Lehrbuch des Deutschen Strafrechts. München 1914.

Weber, Adolph D. — Über Iniurien und Schmähschriften. 4. Aufl., Leipzig 1820.

Weber, Alfred — Das Recht der freien Meinungsäußerung im Lichte von §§ 192, 193 RStGB. In: JW 1927, 2671 ff.

Weber, Alfred — Urteilsanmerkung. In: JW 1930, 948 f.

Weber, Alfred — Urteilsanmerkung. In: JW 1931, 2800 ff.

Weber, Helmuth von — Die Bestrafung des Exhibitionismus. In: MoKrimBi 31 (1940), 273 ff.

Welzel, Hans — Das neue Bild des Strafrechtssystems. Göttingen 1951 (abgekürzt: Welzel, Neues Bild).

Welzel, Hans — Über die Ehre von Gemeinschaften. In: ZStW 57 (1938), 28 ff.

Welzel, Hans — Leitsätze zum Thema Beleidigung. In: Niederschriften, Bd. 9, S. 504 ff. Bonn 1959 (abgekürzt: Welzel, Beleidigung).

Welzel, Hans — Naturalismus und Wertphilosophie im Strafrecht. Untersuchungen über die ideologischen Grundlagen der Strafrechtswissenschaft. Mannheim 1935 (abgekürzt: Welzel, Naturalismus).

Welzel, Hans — Naturrecht und materiale Gerechtigkeit. 4. Aufl., Göttingen 1962 (abgekürzt: Welzel, Naturrecht).

Welzel, Hans — Regelung von Vorsatz und Irrtum im Strafrecht als legislatorisches Problem. In: ZStW 67 (1955), 196 ff.

Welzel, Hans — Das Deutsche Strafrecht. 10. Aufl., Berlin 1967. 11. Aufl., Berlin 1969 (abgekürzt: Welzel, Lehrbuch).

Welzel, Hans — Studien zum System des Strafrechts. In: ZStW 58 (1939), 491 ff.

Welzel, Hans — Urteilsanmerkung. In: MDR 1951, 501 ff.

Wendt, Günther — Einige Bemerkungen zur Rufreparation des Ehrverletzten. In: DRZ 1950, 554 ff.

Wenzel, Karl E. — Tatsachenbehauptungen und Meinungsäußerungen. In: NJW 1968, 2353 ff.

Wetzel, Günter — Das Verhältnis der Beleidigungstatbestände zueinander und zu anderen Strafvorschriften. Diss. Göttingen 1950.

Wilhelm, Eugen — Die Rechtmäßigkeit der Ehrverletzung gemäß § 193 des StGB's. In: GS 45 (1891), 161 ff.

Wolff, Ernst A. — Ehre und Beleidigung. In: ZStW 81 (1969), 886 ff.

Würtenberger, Thomas — Die geistige Situation der deutschen Strafrechtswissenschaft. 2. Aufl., Karlsruhe 1959.

Yazici, Turan — Der Wahrheitsbeweis bei ehrenrührigen Behauptungen im deutschen und türkischen Strafrecht unter besonderer Berücksichtigung der geschichtlichen Entwicklung. Diss. Freiburg 1961.

Zimmermann, Friedrich — Über die Beleidigung gegen juristische Personen. In: GA 25 (1877), 97 ff.

FSC
www.fsc.org
MIX
Papier | Fördert gute Waldnutzung
FSC® C083411

Kolibri 360 GmbH
Ferdinand-Jühlke-Straße 7
99095 Erfurt, Deutschland
produktsicherheit@kolibri360.de

Druck:
CPI Druckdienstleistungen GmbH
im Auftrag der
Kolibri 360 GmbH
Ferdinand-Jühlke-Str. 7
99095 Erfurt